林玲子
谷本雅之 編

白木屋文書

諸問屋記録

るぼわ書房 刊行

刊行にあたって

本書は、『白木屋文書　問屋株帳』（石井寛治・林玲子編、るぼわ書房刊行、販売・吉川弘文館、一九九八年）に続く、白木屋文書の翻刻、第二集である。東京大学経済学部図書館に所蔵される白木屋文書は、商業史、町人史等の分野を中心に、近世史・近代史研究の史料の宝庫として知られている。今回は、近世期の文書群を対象とし、近世前期、中期、後期の三つの時期について、それぞれ重要と思われる史料を選択し、翻刻を行なった。収録された文書には、白木屋の経営内容を示す史料をはじめ、十組問屋の活動が伺われる文書類、嘉永の問屋再興にまつわる記録など、多様な情報が盛り込まれている。本書が、多面的な展開をみせる近世史研究の発展に資することを念願している。

編者の一人林玲子は二〇〇〇年一二月に、流通関係の旧稿をまとめた著作集『近世の市場構造と流通』（吉川弘文館）を出版したが、本書収録史料はそれら論文を執筆するにあたって、第一集史料集『問屋株帳』とともに基本的なより所となっている。

なお、今年中に刊行予定の著作集第二巻目には、町人関係の旧稿を収録する予定であるが、史料集白木屋文書三冊目も江戸店町人の生活を反映する諸史料を収めるつもりで準備中である。

史料の筆写・翻刻原稿の作成は、林玲子が行なった。校正に際しては、近世史研究者の桜井由幾氏にご尽力頂き、専門的な立場から、多くの助言を受けた。なお、出版にあたっては、所蔵者からその旨の許可を得た。

末筆ながら、労苦の多い校正作業を担われた桜井氏、文書閲覧の便宜をはかっていただいた東京大学経済学部文書室の冨善一敏氏に、感謝の意を表したい。

二〇〇一年一月

林　玲子

谷本雅之

凡例

一　本書は東京大学経済学部所蔵の白木屋文書から翻刻したものである。
一　漢字は原則として常用漢字を使用したが、「廻」「嶋」「附」「躰」など常用漢字では語感が変わりそうなものは原文通りとした。また「ゟ」（より）はそのままにした。
一　平仮名・変体仮名は、平仮名に統一したが、助詞に使われた「江」「而」「者」「与」は残した。また、片仮名も原文通り残した。
一　丁移り、改行の注は施さなかった。全編にわたり適宜読点と並列点を付した。
一　明瞭な誤字は注さず訂正し、脱字、衍字はそのまま表記し、（ママ）を傍注とした。
一　朱書は「　」でくくり、（朱書）と傍注した。
一　汚損で不明部分には□をあてた。
一　抹消は抹消部分の左側にゝゝを付けた。
一　欠字字は注せず続き書とした。
一　編者の注は（住所欠）のように（　）に入れ、編者の推定は〔脱カ〕のように〔　〕に入れた。
一　下げ札・貼札は、（下ケ札）（貼札）で注し、「　」でくくった。原文内の下ケ札の注記は原文どおりとした。
一　印・㊞は原文どおりである。

目次

I　近世前期

（一）万記録

抑通町内店両組諸色問屋商売之儀、東照権現様御仁政を慕ひ奉り、御入国之砌ゟ御当地罷下り、御代々諸色問屋商売相勤来候、依之従御公儀様商売躰之儀ニ付御尋被為成候趣、諸色相場書差上申候様子、或ハ御訴訟之子細、且又組合定法等之帳面往古より有之候処、元禄之比類焼之節焼失候ニ付、其後家々の覚書等取集、粗書記有之候、蓋シ御入国之砌者問屋中買小売と申差別もなく、何商人も幽成事之由、其砌当組合之儀ハ京・大坂其外諸国之産物、絹・布・木綿并小万物類等を買廻し、御当地江罷下り、御用等も差上ケ、御屋鋪様御当地ハ不及申、在々所々へ売買いたし候、其比ハいまた世上穏ならさる時節ゆへ、非常姦曲之者御防之為、諸商売人へ商売御免札被下置候由、其後万治二己亥年にも町御奉行神尾備前守様・村越治左衛門様両御奉行御印鑑居り候御免札被下置、爾今所持之衆有之候、然所世上一統御静謐御繁昌に随ひ、商売躰も段々手広相成、国々へ店を出し、或ハ仕入問屋を相立、諸国の産物を買集、此外国々より送荷物等引請、御当地・奥筋・関東国々の売子を扣、繁花の市中に甍をならへ、連綿として家業故障なく相勤候事、是唯東照権現様慈視《ミソナワシ》眼の深き御恵と難有奉存、御法度之趣大切ニ相守可申旨、一ケ年ニ両度宛参会、能々示合可致候、尤当組合諸帳面焼失往古の事ハ知兼候、依之明暦年中以来之儀粗記置候、然者明暦年中諸色相場書被為仰付候儀有之候、其後ハ数度相場書差上ケ申候所、貞享三丙寅年呉服物御用可被為仰付旨、御町年寄衆へ当組合被召寄御申渡有之、元禄十二己卯とし小判壱両六拾目通用之儀奉願上候所御聞済、其以来諸勘定差引通用宜敷由、御評定所におゐて御褒美被為成候、同拾五壬午年金銀出入之滞等、御取上ケ無之御触有之候へ共、諸問屋之儀ハ格別ニ被為成、御取上ケ御裁許被成下候、其砌外問屋之衆、売掛滞金御願被申上候へハ、当組合行司被為召出御尋之上御裁許被為成候由、十組仲間之儀、当両組ニ而取立候由、其後元禄之比、船手猥ニ相成候所、当組内大坂屋伊兵衛と申仁之丹誠にて再興、運送荷物紛失等無之、諸国荷主中積合工面能相成候、元禄十六辛未年、問屋商売致方御尋被為成候ニ付、両度書付相認、御町年寄衆へ相納申候、此節ゟ三十軒組諸色問屋と書上ケ等相認来候、享保年中ニ新規仕出シ物はやり、万物の直段不平ニ付御吟味有之、江戸中諸商売人商売致方書上ケ候様ニ追々御触有之候砌、当組合之儀ハ往古より諸色問屋商売仕候ニ付、奈良屋御役所へ被召寄、御吟味被成方御尋ニ付、参会之上、吟味致方相認差上申候、此外諸商売躰之儀ニ付、新規願ひ、或ハ諸国ゟ運送荷物等之役銀を出させ御奉公之筋を申立相願候族等有之候へハ、十組諸問屋へ御尋被為成候ニ付、則参会之上、世上之差支ニ相成候義有之候へ者、其趣御返答書差上ケ来候、惣而商人ハ天下に財用を通して国家の調法と成物候、別而諸色問屋之儀ハ国々の産物を引請売買いたし候へハ、聊も一分之勝手を不存世上の差支なく、万物を天下に融通して国家の貨と成候様組合能々申合、万事大切ニ相慎、倹約第一にして家業相勤候事肝要也、惣而商売躰之儀ニ付、御公儀様御触或ハ御訴訟、亦ハ御尋之筋有之候節返答書等之儀、末々心得ニ相成候様、始終之所此帳面江叮嚀ニ相記可申者也

覚

一 従御公儀様被為仰出候趣、堅相守可申事

一 先年御公儀様江書上ケ仕候三拾軒之外、差加へ申間敷候、若名題譲・名前改・所替等之儀有之候ハヽ、仲間江致披露相談之上、町御年寄衆へ相窺、先年差上ケ置候帳面書替相願可申事

一 名題譲請候仁有之候節ハ、仲間弘之上、入銀弐枚宛出可申候

(以下空白)

一

右之通堅相守可申候、以上

正徳五年未三月

明暦三酉正月十八日・十九日江戸中大火之事

一 明暦三年酉正月十八日昼五ツ過ゟ北風強く、土ほこりを吹立、江戸中朧夜のことく相成り候処、本妙寺と申日蓮宗寺ゟ火出、御弓町・湯嶋・旅籠町・鎌倉

河岸・浅草御門之内町家まて焼広かり、通町筋・霊岸嶋辺一面ニ海はた迄焼ぬけ、夜九ッ過ニ漸々火鎮り申候、然ル処、翌十九日朝五ッ時分より北風烈敷、焼場之灰交り土ほこりを吹揚ケ、二三間先キの事は一切見得不申位ニ有之候処、又々小石川より出火、牛込御門之内江焼入、田安御門之内大名屋敷不残やけ、場広ニ成候得とも、土埃ニ而𥇍与相知さる処ニ、竹橋御内〔門カ〕之内、紀州様・水戸様両御屋鋪一度ニ燃上り、其火御本丸江移り、金唐魚之五重之天守江燃付、夫より御本丸之御殿不残焼失、大手先江焼出、神田橋・常盤橋・すきや橋等之御門櫓不残焼落チ、西ハ八代洲河岸を限ニ焼通り候処ニ、其日之八ッ過頃ニ又候六番町辺より火出、半蔵御門之外、松平越後守様屋敷江火移り、山王之御社・井伊掃部頭様、此外霞ケ関桜田屋敷方不残焼失、虎之御門より愛宕之下、増上寺門前ゟ芝札之辻焼火鎮り候、江戸中ニ而ハ西御丸・和田倉馬場先キ外桜田御門内計焼残り候儀、此節夥敷人死有之候ニ付、弾左衛門・善七ニ被仰付、焼死者共取集させ、本庄一ッ目埋、常念仏堂御建立、則回向院これなり

一　明暦三丁酉年正月十八日・十九日両日江戸中大火ニ付諸色高直ニ相成候間、諸商売人より諸色直段付御取被為成候、当組合之儀者諸色問屋商売仕候ニ付、絹・布・太物・小万もの其外直段付相認、差上ケ可申旨被為仰付候、其後追々相場書差上ケ申候

一　貞享二乙丑年、御町年寄衆へ御呼寄、商売躰之品相認差上候様被仰付、則左之通書上ケ申候

一　繻子・純（緞）子・繻珍類
一　加々羽二重類
一　紗綾・綸子・縮めん
一　関東織絹物類
一　京織桟留類
一　帷子類
一　けさ衣類
一　晒布類
一　真綿・繰わた
一　木綿類
一　小万物類品々

右之通相認差上ケ候、尤此外ニも商売品余多有之候へ共、荒増之品書付差上候間、其段断書ニ申上候、尤其砌糸物類・木綿類相場書も差上ケ申候様ニ被仰付、則相認持参仕候

一 貞享三丙寅年、御町年寄衆へ当組合行司御呼出し、呉服物御用差上ケ候様被仰渡候ニ付、難有仕合奉存候、組合之者共へ為申聞、御返答可申上段申上罷帰、早速参会相談致候所、御大切之御用無調法有之候而ハいかゝと奉恐候ニ付、依之翌日御断奉申上候、今般御用之品差上候様被仰付、難有仕合奉存候へ共、私共儀御当地幷在辺商人向計仕候へハ、御用之儀不奉望候旨、書付を以御返答御断申上候

一 諸色相場書、貞享五辰四月廿五日迄上ケ候、其後御尋も無之候ニ付上ケ不申候

一 大坂廻船諸商売荷物運送積合之儀、当組合ハ諸色問屋別而仲間人数も多候ニ付、往古積合等之仲間当組合ゟ発起取建、無故障運送致来候、然所貞享二乙丑年、小松屋仲右衛門船遙〳〵の海上無事ニ乗下り候所、船頭私欲之為、斧を以態と船底を打破り、積合之荷物盗取売払候而、相州沖にて難風に遭破船いたし候由ニ利倉屋三郎兵衛方へ申越候へ共、取〆吟味致候事もなく、其分差置有之ニ付、夫ゟ船手弥猥りニ相成、元禄五壬申年迄諸廻船荷打・破船・水船有之候節、船頭水主共、浦々湊々の者共をかたらひ、無事荷物迄盗取、剰無難之船も荷打いたし候抔と偽横道成致方度々有之、積合之荷主数度損金ニ逼り及難義候、尤難船支配之義ハ、往古ゟ十組諸問屋組合にて世話いたし来候へ共、年移候ニ随ひ、世話人も替り候故、舟方不鍛錬ニ付、勘定合も自から船問屋のはからひと相成難船残荷物振分散勘定等も、江戸・大坂共ニ船問屋手代共立合ニ而相仕廻、其割賦金荷主方へ相渡シ不申候、船手如是猥ニ相成、不埒成致方ニ有之候、然所当組合通町仲間之内、大坂屋伊兵衛と申仁、近年かやうに成行候を其儘ニ打捨置候ハヽ、自然と海上運送諸荷物之往来不自由相成、世上一統之難義とならん事を推シ量り、元禄七甲戌年橋町惣助と申茶屋ニおゐて十組参会相催し、船手再興相続相極リ候、依之川岸仲間・綿店両組を嶋極

印と定、表仲間を表極印とし、塗物仲間を櫃極印と極〆、右四組にて三極印と定、右極印を以船足の分量を相極〆、渡海上下ことに船具・船足等、掛り〳〵之極印元ゟ委細相改候様ニ定、難船振分散勘定之節、十組仲間行司立合、組々之荷物引分ケ、少々之濡痛等ハ一組〳〵之帳面ニ引相立候筈定、十組之外諸国通り荷物ハ、幸通町内店両組ハ諸色品々の問屋ニ候へハ、両組にて引請世話いたし候様ニとの事候へ共、諸国入込之荷物候得者、若不都合成義有之候而ハいかゝ無覚束旨申候所、十仲間衆中被申候ハ、万一も左様成義有之候とも、惣組合中引受可申旨請合有之候ニ付、通り荷物取捌キ、内店・通町両組にて世話いたし候、且又難船等有之候節、是迄ハ今切ゟ西ハ大坂船問屋、今切より御当地迄ハ江戸船問屋にて相改支配いたし候へ共、向後ハ江戸ハ十組、大坂表ハ十組積問屋ニ而支配いたし、破船・水舟等有之候とも、残荷物船粕迄御当地へ積下し江戸支配ニ相極、十組立合勘定いたし、猥ニ無之様急度相守、勘定帳面ニ時々行司印形致、船問屋ニ取捌かせ不申候様ニ十組一統相談相究申候、其比十組衆中参会之砌申談候ハ、かやう諸事格式能相改候へハ、諸問屋ハ不及申、世上一統荷主中の為ニハ勝手宜候へ共、仮初ならぬ義候へハ成就之程難計、殊江戸・大坂船問屋之為ニハ不宜之筋ニ相見得候間、若船持中船頭一統ニ申合、十組の荷物積不申候時ハ、商売物手支ニ相成可申之察当有之候所、伊兵衛殿被申候ハ、成程御尤ニ候、兼而ケ様之義も存寄候ゆへ工面いたし置候、万一荷積差支之所無心元存、呉服町鴻池三家之衆中へ内談いたし、大坂鴻池一家中へ相談申候所、左様之儀ニも罷成候ハヽ、鴻池中手船を先ツ百艘余出シ可申候、其上手支候ハヽ、新造百五拾艘造り足、少シも手支させ申間敷段慥請合被申候、契約之ため、大坂鴻池中ゟ手代衆一人態々下り被申、堅ク相究置申候旨披露有之候ニ付、十組一統安堵、弥丈夫示合相堅り申候、右之様子ニ候故、大坂船問屋船頭共十組随身無故障成就、船手繁栄之基、誠大坂屋伊兵衛殿丹誠による者也、委細十組定帳有之候へ共、船手再興意趣粗記置候

一　元禄八乙亥年、金銀御吹替有之、慶長金銀元ノ字金銀取遣り有之、銀相場次第ニ高直相成、上方下り物諸取受代ロ物高直ニ付、其上諸差引等差支難義いたし候ニ付、元禄十二卯年、御町奉行保田越前守様・松前伊豆守様へ諸国一統六拾匁通用之御定法御触被成下候様相願申候へ共、重き御事ゆへ御聞済も無御座候へ共、十組諸問やハ不及申、世上一統之難義相見へ申候間、十組申合段々相願申候所、翌辰年霜月八日ゟ小判六拾匁通用仕候様御触有之候、則御礼三御奉行所へ上り申候、但し此時関東其外国々小判壱両六拾匁遣ひ始也

一　従御公儀様今度被仰出候通、売買諸差引小判壱両六拾匁ニ取遣可仕事

一　上方買物送り物等之代銀、御定之通金壱両六拾匁ニ仕為差登可申候、自今以後私之相場堅仕間敷候、以上

十組大行司

元禄十三年
辰十二月十三日

通町御行司　塗物店御行司
内店御行司　川岸御行司
紙店御行司　釘店御行司
表店御行司　綿店御行司
酒店御行司　薬種店御行司

乍恐口上書を以奉願上候

一　御当地十組諸問屋共奉申上候、去冬ゟ段々御願申上候所、当十一月八日ゟ小判六拾匁、銭四貫文取遣り仕候様被為仰付、万民潤ひ難有奉存候

一　御当地御触之以後、諸色商売物代銀取遣り、小判六拾匁・銀四〆文ニ請払仕候所、御触前ニ金壱両四拾七八匁、銭三〆七百文前後仕候節ニも、銀銭共ニ両替屋共沢山ニ売買仕候処、御払銀御出シ被為成候上ハ弥以銀銭共沢山ニ取遣り可仕筈ニ御座候所、頃日ハ以之外銀銭共調不申、万民迷惑仕候

一　京大坂ニ而両替屋共切引と名付、金壱両ニ付弐匁余引ヲ立、五拾六匁位ニ相場相当り候様仕候、夫ニ付諸色買物代御定之通、小判壱両六拾匁ニ受取不申迷

惑仕候、其上諸職人互ニ申合候歟、一円受取不申候
様ニ申越候

一　京大坂共ニ私之相場相立候ニ付、〔金脱カ〕銀之間金壱両ニ付
四、五匁余も違御座候ニ付、御当地六拾匁之通用之
積ニ合不申、商売物高直ニ罷成迷惑奉存候事

一　乍恐御触之無之国々ニ而銀子高直ニ商売仕候由、風
聞仕候事

一　御触以後、京大坂之儀、御当地とハ相場不同御座候
ニ付、諸商人銀為替不自由ニ御座候而難義仕候、何
卒京大坂共御当地同前ニ金銀通用仕候様奉願上候

右之通被為聞召分、京大坂共御当地同様、受払仕候
様被為仰付被下候ハヽ、難有奉存候、以上

元禄十三年
辰十二月十七日　御当地諸色問屋共

御奉行様

商売躰御尋ニ付口上書を以申上候

一　権現様御代ゟ私共儀諸色問屋商売仕候ニ付、京大坂
ハ不及申上、諸国ゟ之産物、絹布木綿類・くり綿・
小万物其外諸色直買、又ハ送り荷物等引請、御当
地・奥筋・関東辺所々之中買商人共へ百両ニ付三両
程ツヽ之歩合を取、売渡申候

一　上方ゟ送下申候船荷物之儀者、伊豆下田御関所罷通
候節ハ、御当地ニ三軒、大坂ニ六軒、船問屋印鑑ニ
而罷通り申候、私共判鑑ハ入不申候

一　御公儀様へ毎年諸色相場書、貞享五辰年四月迄差上
ケ来候へ共、其後御尋も無御座候間、書上ケ不仕候

右之通御座候、以上、

元禄十六年　内店行司
未六月晦日　八兵衛
勘三郎

御町年寄衆三人認遣ス

一　元禄十五壬午年龝巳之年前売懸金御取上ケ無之候間、
相対ニ而受取申候様ニ御触有之候所、惣而問屋分之
者共売掛金ハヽ年月ニ御構なく御取上ケ被為成候趣、
未春御触有之候、然所当組合之儀ハ、東照権現様御

代ゟ之諸色問屋相勤来候ニ付、北村殿被召寄、別段ニ被仰聞候、依之外組問屋衆売掛滞金御訴訟申上候砌ハ、当組合之者共へ御尋被為成候ニ付、書付を以御返答申上候、其上御裁許被為仰付候事

口上書を以申上候

一 通油町清兵衛店弥兵衛儀、諸色問屋ニ候哉と御尋被遊候、成ほと弥兵衛儀、十組之内通町東組ニ而、古来より問屋ニ紛無御座候、為其仍如件

内店行司

元禄十六年
未九月十二日

御町年寄中

又々商売躰御尋ニ付口上書を以申上候

一 十組之内、内店組通町組、三拾人組諸色問屋共申上候、私共儀七十五、六年以前ゟ問屋商売仕来候、尤問屋仕廻申候者共有之候節、問屋仕度旨望申者御座候へハ、私共立合詮儀仕、有来候問屋名題株相譲らせ、其段町御年寄様へ御願申、私共組合へ仲間入為致申候

一 私共先年ゟ問屋仕来り候義ハ、京大坂・堺・奈郎(良)・近州・勢州・尾州・三州・播州・紀州・河内・加賀・越前此外諸国ゟ荷物引請、中買売子方へ相渡シ申候、尤手前徳用之儀ハ、金子百両ニ付金三両程ツ、歩銭之取売渡シ申候、中買と申候ハ、御当地・奥筋在々所々有之候商人共、私共方ゟ諸色買請、少々之徳用を以世利売之者共へ売渡し候を中買と申候、尤私共方よりも、右中買へも売渡し、又世利売仕候者へも売渡遣申候

一 四年以前辰十一月、小判六拾匁通用御触無之前、銀相場事之外狂ひ申候ニ付、上方荷主共ハ不及申、私共取欠多御座候ニ付、両組之者共行司元ゟ時々相場、仲ケ間内不同無之様申合候、右申上候通、商売致方之様子如此御座候、委細之儀去ル六月晦日書付を以申上候通御座候、以上

通町組
内店組
南組

久　三　郎　　四郎兵衛
太郎右衛門　　久次郎
八郎右衛門　　庄左衛門
仁　兵　衛　　重兵衛
孫左衛門　　庄兵衛
喜左衛門　　九兵衛
八　兵　衛　　与七郎
彦左衛門　　三郎兵衛
四郎兵衛　　彦太郎
弥兵衛
元禄十六年　　喜右衛門
未九月十三日　　長右衛門
藤右衛門
樽屋藤左衛門殿　　五郎兵衛

同断
東組
喜兵衛
三郎兵衛
勘兵衛
仁兵衛
甚右衛門
弥兵衛

乍恐書付を以申上候

一　御当地諸問屋共申上候、私共儀、先達而御尋之上書付を以申上候通、古来ゟ諸色問屋ニ紛無御座候ニ付、年月ニ無御構売懸金御取上ケ被為成下難有奉存候、然所私共組合之内、小林久三郎方ゟ南鑓屋町甚右衛門・宇田川町源右衛門・同町長八・山下町五郎兵衛・通四丁目彦兵衛、右五人者共方へ木綿・絹・布・小万物売掛代金相済不申候ニ付、十一月廿一日、林土佐守様へ御訴訟申上、十二月五日之御差紙頂戴仕、御前へ双方罷出候所、相手源右衛門・甚右衛門申上候ハ、久三郎方ゟ呉服物買掛り、小万物類ハ一切買不申候由申上候ニ付、御詮義之上、十五日双方罷出候所、又候相手両人右之通申上候ニ付、来正月廿三日ニ可罷出旨被為仰付候、私共義ハ古来ゟ木綿・絹・布・小万物諸色問屋仕来り候、依之御公儀様ゟ木綿・呉服・小万物直段付被為仰付候間、貞享五年迄年々相場書差上ケ申候、則此度其節之相場付懸御眼申候、右之通被為聞召分宜被仰付候様奉願候

宝永元甲申歳　　　　　　　　行司

十二月十七日　　　　八郎右衛門

　　　　　　　　　　仁兵衛

御町御年寄中様

一　宝永二乙酉年十一月、切金通用之儀、丹羽遠江守様へ度々御訴訟出申候事、委細ハ十組公用帳記有之候

一　宝永三丙戌年四月銀高直ニ付上方諸代ロ物高直ニ付、世上一統難義仕候間、数度願出申候処、丹羽遠江守様被為成御意候ハ、銀子時々の相場ニいたし候而も諸人之構ニも不成哉と御尋被為成候ニ付、相対相場ニ罷成候而ハ諸色高直ニ付候故、諸人之難義ニ相成候旨、口上書を以遠江守様へ差上ケ申候、尤十組行司判形いたし差上申候、委細ハ十組公用帳記有之候

一　宝永四丁亥年四月、御当地諸色商売問屋名前書出し候様ニ被仰付、内店組・通町組両組合三拾軒組問屋帳出し申候、左之通

日比谷三丁目家持

　河内屋　久次郎

南伝馬町三丁目太左衛門店

　錠屋　四郎兵衛

通四丁目家持

　壺屋　庄左衛門

同三丁目利兵衛店

　河内屋　十兵衛

同二丁目次郎兵衛店

　木屋　庄兵衛

同町勘兵衛店

　木屋　九兵衛

同町半兵衛店

　大和屋　与七郎

同壱町目与兵衛店

　鍵屋　三郎兵衛

同町家持

　白木屋　彦太郎

同町作右衛門店
森　田　弥兵衛
室町二町目家持
井ツヽや喜右衛門
同三町目勘右衛門店
小山や長右衛門
本町三丁目家持
岸部や藤右衛門
本石町三町目重兵衛店
紅屋　五郎兵衛
同四丁目三右衛門店
大黒屋三郎兵衛
本石町四丁目家持
伊勢や　庄兵衛
通油町半兵衛店
中　屋　勘兵衛
同町半太夫店
大坂や　仁兵衛
同町喜兵衛店

鍵屋　甚左衛門
同町源兵衛店
鍵　や　弥兵衛
本町四丁目喜右衛門店
小林や　久三郎
同町家持
帯　屋　仁兵衛
同丁仁兵衛店
柏屋　孫左衛門
同丁喜左衛門店
大黒や彦左衛門
同町庄左衛門店
橘や　四郎兵衛
同町家持
越前や　八兵衛
同町四郎兵衛
いせや　勘三郎
同町家持
土や太郎右衛門

同町太郎右衛門店
松や八郎右衛門
同町仁兵衛店
川崎や喜左衛門

右之通諸色商売之品四冊ニ相認、上書諸色問屋三拾人組といたし、亥四月四日ニ御奉行所へ差上ケ申候、

乍恐書付を以御訴訟奉申上候

一 御当地十組諸色問屋共申上候、元ノ字新金之義、御当地ハ通用仕候へ共、京大坂通用難成、為替等不自由ニ御座候而迷惑仕候、諸国一統ニ通用仕候様御触被為成下候様奉願上候、以上

御当地十組諸色問屋

宝永七年庚寅十月十五日

御奉行様

右丹羽遠江守様御番所へ願申候、尤其後追々相願申候、委ハ十組公用帳有之候

乍恐口上書を以御訴詔奉申上候

一 御当地十組諸問屋共其外諸廻船積合之商売仕候者共申上候、近年廻船遭難風寄津仕所々ニ而不届之義有之旨被聞召届、今度諸国浦々へ御廻文并高札御添書、廻船難義之時分別而吟味御座候旨承知仕候而難有奉存候

一 去辰十一月五日嵐ニ而豆州下田御番所前ゟ三里程沖ニ而大坂菱垣船頭大津や順兵衛と申船破船仕候所、下田御奉行様ゟ御下知被成下、下田浦并洲崎浦之漁船助舟被仰付、其上御役人中様沖間迄舟にて御出御下知被成下候ニ付散乱之荷物并船具等相集り、則御当地へ積取、当月三日勘定割符仕荷主共受取申候、沖間之義、難及力所、下田御番所ゟ御下知を以、荷物舟具等相集難有仕合奉存候

一 近年数度之難風ニ而諸廻船捨荷物数多御座候而難義仕候所、今度右之通被為仰出、乍恐御慈悲難有奉存候、以上

御当地十組 諸問屋

正徳三年癸

巳正月廿三日

御奉行所様

右之通相認三御番所へ御礼申上候

覚

一 正徳四年甲午八月八日、尾州船・三州船、豆州中木浦ニ而破船いたし候所、中木浦入間村之者共取揚候荷物ハいつれも十分一之積ニ取可申旨申候ニ付、積主中承引無之御願申御十判頂戴、入間村へ付候而、双方被召出対決有之候へ共埒明キ兼候ニ付、委キ義ハ十組諸問や共御尋被成下候様積主相願申候ニ付、則十組罷出御請負申上、菱垣舟之内木綿積合舟破船仕候歩一受取証文三通御評定へ差上ケ申候所、御吟味之上左之通書付被仰付候

申渡之覚

沈荷物分一遂吟味候所、入間村之者共取上ケ候木綿荷物ハ海中ゟ取上ケ候間、十歩一之賃受取申度由申候へ共、前々所々ニ而破船之節、浦手形数通江戸・大坂諸問屋共差出シ吟味之上、木綿荷物ハ縦海中ゟ出し候而も浮荷物ニ相立、弐拾歩一之賃渡し候旨、右浦証文ニも委細有之候上、只今迄例之通相心得、取上ケ候木綿荷物弐拾歩一之積りニ可請取者也

午十二月

右之通ニ御書付にて御渡し此証文伝馬町ニ有り

一 正徳四甲午年五月ゟ金銀御吹替可被遊候ニ付、新古金銀割合之次第被仰出候

慶長古金ハ　乾ノ字金十割増、但シ今吹(ママ)金割同前也

慶長古銀ハ　四ツ宝銀十割増、但シ今吹銀割合同前也

元禄銀ハ　四ツ宝銀ニ六割増、但シ元禄銀壱〆匁ニハ四ツ宝銀壱〆六百匁

宝永初銀ハ　四ツ宝銀ニ三割増、但シ宝永初之銀壱〆匁ニハ四ツ宝銀壱〆三百匁

右之法被為定置、新古金銀無構通用可仕旨之御触有之候

一　正徳五乙未四月晦日、北村御役所へ十組大行司被召寄被仰渡候趣ハ、去七月金銀御吹替被仰付、則通四丁目引替会所被仰付、元禄以来之金銀、町中諸商売人共町所付をいたし人数書上ケ、其催（最）寄月行持（事）を定、金銀引替所へ差出し、元禄以来之金銀を引替候様被仰付候、然所十組諸問や之儀ハ別而其組々之人数書を相認、中山出雲守様御番所へ一冊、引替所へ一冊、北村殿へ一冊差出候様被仰渡候故、則組々ゟ三冊宛相認候様新材木町名主殿へ相渡し、右之三ケ所へ相納候

一　正徳五未五月十五日、北村御役所へ十組大行事幷組々行事二人ツヽ、被召寄被仰渡候ハヽ、一組ゟ金三百両ゟ五百両迄之間を以引替可申旨、右之趣中山出雲守様ゟ被仰出候間、則引替之金高十日ニ一度ツヽ、一組ゟ両役所へ書上ケ申候様ニ御申渡被成候ニ付、十組之内五月十八九日比ゟ初申候　大行司

未五月　薬種店

一　正徳五乙未年、新金銀上方筋不通用之場所有之候ニ付、遠国所々迄無差支通用仕候様御追触被成下候様、十一月十七日ニ中山出雲守様へ御訴詔申上候所、御聞済御再触有之候、委細ハ十組公用帳ニ記有之候

一　正徳五未年、銀相場高直にて諸代ロ物高直相成候故、同五月七日ゟ追々願出申候、委ハ十組帳面記有之候

一　正徳五年未十一月十四日、ひのや権右衛門舟八丈嶋へ吹流され破船いたし候ニ付、御願申上候所御聞済、残荷物御売払代金被下置候、委細十組公用帳記有之候

一　享保元丙申年ゟ銀相場引上ケ、下り諸代ロ物高直ニ付、商事致悪敷、世上一統之迷惑ニ候間、一ケ月両三度程ツヽ、追々御願申上候、委ハ十組公用帳記有之候

享保三年戊戌ノ閏十月廿八日御触之趣

新金銀を以当戌ノ十一月ゟ通用可仕覚

一 金吹直被仰付候ニ付、段々出来仕候得者最前相触候通、亥ノ年限りニ乾ノ字金通用停止ニ候、依之向後諸色相対ヲ以直段相極候事者各別、献上被下金又者給金・借金・払残り金、すへて前々ゟ定り来候員数ニ御通用候儀、左之通被仰出候事

附り

乾ノ字金ニ而何両と申取遣候得共、当戌ノ十一月ゟ新金ニ而何両と取遣可仕候事、尤乾ノ字金通用有之内ハ新金替り乾ノ字金引替候法ヲ以遣候儀勝手次第事

一 金者正味之有目吹直され足シ金に不及候故、右のことく出来候得共、銀者正ミ不足有之によつて灰吹銀ニ而足銀被仰付候所ニ、近年山々ゟ出候銀之出方ニ而者、廿ケ年余ニ而成就難計候、依之金之通向後銀之有目ニ而吹直被仰付候、員数随ひ通用候儀、是又左之通被仰出候事

附り

通用銀ニ而何枚何貫目と申取遣候得共、当戌ノ十一月ゟ新銀ニ而何枚何貫目と取遣可仕候、通用銀等通用有之内ハ、新銀替り通用銀引替候法を以遣候儀勝手次第之事

一 乾ノ字金引替ハ当戌ノ年ゟ来寅年迄五ケ年ヲ限るへし、元禄金引替ハ来亥ノ年ニ可限事

新金銀引替之法

乾ノ字金元禄金と新金ニ引替候儀、只今迄之通相違無之候

慶長古銀幷新銀拾貫目ニ付、元禄銀ハ二割半増、拾弐貫五百匁を以代之、但シ元禄銀正味之割合無相違故、只今迄之割合

宝永銀ハ六割増　拾六貫目ヲ以テ代之

中銀者十割増　弐拾貫目ヲ以代之

三ツ宝銀ハ十五割増　廿五貫目ヲ以代之

四ツ宝銀ハ三拾割増　四拾貫目ヲ以代之

右之割合ヲ以、当戌十一月ゟ来寅年迄五ケ年を限り急度可引替事

一 年貢幷小物成諸運上之員数を定、元禄九丙子年以前ゟ納候金銀者、新金銀に而も只今迄之員数相納へし、

子ノ年ゟ納来り候分者新金銀ニ而者半減たるへし、
但シ子ノ年ゟ納来候品ニ而も古来之格ヲ以納候分ハ、
新金銀ニ而も員数差別なく可相納事

一 元禄九丙子ノ年ゟ以来請負直段ニ而相究候類、此以
来も右員数可用者当時之直段積りを以究メ直シ可申
事

一 年貢并小物成諸運上諸色共ニ、元禄丙子ノ年ゟ当戌
ノ閏十月迄、其時々之直段積りを以相究候品々納残
又者諸色代物払残之類者、乾ノ字金百両ノ所ハ新金
五拾両、通用銀拾貫目之所者新銀弐貫五百目可遣之
事

一 献上并被下金銀古来ゟ格式有之ニ付、新金銀ニ而も
差別無之、世上祝儀取かわし或者礼物等遣候儀可准
事

一 借金銀者元禄九子ノ年以前借用之返済残、新金銀ニ
而も其員数可返之、子ノ年以来之借用ハ金百両之所
者新金五拾両、銀拾貫目之所ハ新銀弐貫五百目可相
返事

一 給金銀ハ元禄九子年前後共差別なく、新金銀ニ而も
只今迄之員数たるへし、然共相対を以召抱候わたり
奉公人類者、近年之給金銀員数不可用、猶又相対次
第たるへき事

附タリ

元禄九子年以来金銀位悪鋪成、続兼候子細を以、
別段ニ金銀遣候類、元高新金ニ而遣候上ハ増金
銀ハ相止可申事

一 合力等入用之積りを以相究候類者、元禄九子年以前
相究候分者、新金銀ニ而も其員数たるへし、尤子ノ
年以来相究候上ハ半減たるへき事

右之通堅相守へし、此外之儀書面之趣可准之、且又
割合改候事者宝永以来之銀計之事ニ候へハ、新金銀
銭両替、或ハ売買之直段等ニ付、紛敷手たて仕にお
ゐて者、急度御詮儀之上、可被処厳科者也

享保三年戌

通町行司

戌閏十月　木屋九兵衛

右御触御座候ニ付、三拾間〔軒カ〕相談之上、新金之積りを
以割合張紙相廻し申候、以上

乍恐以書付を申上候

一　十組諸問屋之内三拾人組絹・布・太物・小万物諸色問屋共申上候、私共儀、権現様従御代々私共儀、問屋相勤来候、常憲院様迄年々呉服物相場書指上ケ申候、相場書写掛御目ニ申候

一　貞享三寅ノ年ニ茂、我々共仲間ゟ呉服物御用指上ケ申間鋪哉と被為成御尋候得共、私共儀在辺其外商人向計仕候得者上々様へ差上候儀不奉望上候段、御年寄中様迄書上ケ仕候、又貞享五辰ノ年相場書御尋被為成候付、有合候分直段付仕、持所（ママ）不仕分ハ断書仕指上ケ申候、其後者被仰付茂無御座候故書上ケ茂不仕候、但シ外ニ相場書之写三通、北村殿へ亥七月廿三日ニ指上ケ申候

一　常憲院様御代、巳ノ年已前出入御上〔取カ〕上ケ不被為成候御触御座候処ニ、其後未ノ年ニ至り、我々共儀者御代々問屋相勤来り候得者、年月無構御取上成シ被下候由、御年寄中様ニ而被仰渡、御上ゟ御尋被仰付候儀者、仲間ニ由緒ニ而も有之哉と被遊御尋候ニ付、古来ゟ問屋相勤来り候儀、御年寄中様へ未ノ六月書上ケ連判差上ケ申候、右之写一昨廿三日ニ掛御目ニ申候

但シ外ニ前書ニ有之候元禄十六年未ノ六月之書上ケ写、宝永元年申ノ十二月小林久三郎巳ノ年前、絹・布仲間願ニ而御証文被為仰付候写弐通指上ケ申候

一　其後売掛出入ニ付御番所へ罷出候節、絹・布之儀御尋被為成候得共、林土佐守様・松野壱岐守様・丹波遠江守様・坪内能登守様御町奉行之節、右之書付ヲ以御願申上候得者、御証文ニ被仰付被下候、度々預御尋候ニ付、正徳三巳ノ年、古来ゟ絹・布・木綿織物類其外取ませ売買仕候儀、御年寄中様江御書付指上ケ置申候

一　御当地所々中買共方ゟ前々私共仲間へ取置候中買之請負証文、此度掛御目ニ申候、右之外、古来ゟ我々共仲間ニ而売買仕来候色品荒増左ニ書付掛御目ニ申候

一　純子（ママ）・繻珍・繻子類　　一　錦・毛織・天鵞絨

一　紗綾・縮緬・羽二重類　　一　郡内絹紬類

一　棧留・羽織地・袴地類　一　木綿類・布類
一　真綿・くり綿　一　帷子類・衣類
一　扇子・水引・線香類　一　下り笠・足袋・引はこ類
一　綿油・下り蠟燭類　一　素麵・傘・雪踏類
一　きせる・櫛・針類　一　墨・筆・白粉類
一　次箔・珠数類　一　下り鮫・鞠之類
一　鋏・鑷・剃刀類

其外商売之色品数多御座候ニ付、委細ニハ不申上荒増如此御座候

右之通古来ゟ御代々商売仕来候儀ニ御座候得者、諸色無差別向後被為仰付被下候様ニ奉願上候、已上

十組諸問屋之内
三拾人組諸色問屋共

享保四年己亥
七月廿五日

町御年寄中様

北村彦右衛門殿へ七月廿五日ニ納申候

右之通書付指上ケ候儀ハ、土屋太郎右衛門方ゟ長谷川町十右衛門・柳町市右衛門・同町徳兵衛方へ売懸金有之、六月廿七日大岡越前守様へ御訴訟申上ケ、七月二日ニ被召出問屋之儀御聞届被遊、十日切之御証文被為仰付、其後御訴訟仕、同廿三日ニ被召出候処、相手申上ケ候者、太郎右衛門儀小間物問屋ニ而ハ御座候得共、私共買掛り候者呉服物計ニ而御座候得者、日切御宥免被下候様ニ与申上候ニ付、御番所ゟ帰り候処、同日夕方北村殿ゟ仲ケ間之内弐・三人参候様ニと申来候ニ付、則参候得者右之様子御尋被成候ニ付有増申上、廿三日・廿五日両度ニ前書之通書上ケ仕候得者、同廿九日越前守様江双方被召出、我々儀ハ呉服物其外不寄何ニ古来ゟ商売仕来り候へ者問屋ニ紛無之候ニ付、弥十日切に相済、今日之日切金も指出し候様ニ被仰付、則金子請取申候

乍恐以書付を申上候

一　三拾人組諸色問屋共申上候、仲間之内土屋太郎右衛門と申者方ゟ絹・布売掛金御座候ニ付、大岡越前守様江御訴訟申上候得者、被召出御僉儀之上、問屋之

儀ニ御座候ニ付、十日限之御証文被仰付候処ニ、其後相手申上候者、太郎右衛門儀小間物問屋ニ而御座候得共、私共儀者呉服物計買掛り申候得者、日切御宥免被下候様ニ与申上候ニ付、先罷帰り候様ニ被仰付、同日北村彦右衛門様へ仲間之者被召出、小間物問屋ニ而絹・布商売仕候儀御尋有之、其品相立候様ニ思召候得共、子細も有之候ハヽ、書上ケ申様ニ与被仰付候ニ付、書付指上ケ候処、被為聞召分ケ被仰付難有奉存、則右書上ケ之通り御年寄り三人様江差上ケ申候

一　権現様従御代々私共儀問屋相勤来、常憲院様迄年々呉服物相場書指上ケ申候、右相場書之写三通、七月廿三日ニ北村彦右衛門様へ差上ケ申候

一　貞享三寅ノ年ニも、我々共仲ケ間ゟ呉服物御用指上ケ申間鋪哉と被為成御尋候得共、私共儀在辺其外商人向計仕候へ者、上々様江指上ケ候儀不奉望上候段、御年寄中様迄書上仕候、又貞享五辰ノ年相場書御尋被為成候ニ付、有合候分直段付仕、持所不仕分ハ断書仕差上ケ申候、其後ハ被仰付茂無御座候故書上不仕候

一　常憲院様御代巳ノ年以前出入御取上不被為成候御触御座候処ニ、其後未ノ年ニ至り、我々共儀者御代々問屋相勤来候得者、年月ニ無構御取上ケ成シ被下候由、御年寄中様ニ而被仰渡、従御上御尋被仰付候儀者、仲ケ間ニ由緒ニ而も有之哉と被遊御尋候ニ付、古来ゟ問屋相勤来候儀者御年寄中様江未ノ六月書上ケ連判差上ケ申候、右之写七月廿三日ニ北村彦右衛門様へ指上ケ置申候

一　其後売掛出入ニ付御番所江罷出候節、絹・布之儀御尋被為成候得共、林土佐守様・松野壱岐守様・丹波遠江守様・坪内能登守様御町奉行之節、右之書付を以御願申上候得者、御証文ニ被仰付被下候、度々預御尋候ニ付、正徳三巳ノ年、古来ゟ絹・布・木綿織物其外取ませ売買仕候儀、御年寄中様へ御書付指上ケ置申候

一　御当地所々中買共方ゟ前々私共仲ケ間江取置申候中買請負証文、此度数通北村彦右衛門様へ指上ケ、掛御目ニ申候、右之外古来ゟ我々共仲ケ間ニ而商売仕

来候色品荒増、左ニ書付ケ掛御目申候、右商売之色品七月廿五日ニ北村殿書上候通り書付指上ケ申候

一 其外商売之色品数多ク御座候ニ付、委細ニハ不申上候、有増如此御座候

一 私共組合之儀、古来ゟ呉服・太物・小万物諸色商売仕来候、則先達色品荒増書付掛御目申候、従御代々右之通り商売仕来り候儀ニ御座候得者、諸色無差別向後被仰付被下候様ニ奉願上候

十組諸問屋之内
三拾人組諸色問屋共

享保四年
亥八月

御町年寄中様

右之写北村彦右衛門様計へ納メ、残りへハ相納メ不申候

一 享保四己亥年十一月ニ売懸金相対之御触有之候処、懸方不埒ニ相見得候ニ付、十組参会相談之上、段々相願申候へ共御取上ケ無之候、委細十組公用帳面ニ記し有之候

一 享保六辛丑年閏七月六日ニ町人身上向幷諸商売躰、其所名主支配限りニ相認差上ケ可申旨御触之写

一 絹紬問屋　一 太物問屋
一 小万物問屋　一 書物問屋
一 革細工問屋　一 紙問屋
一 椀問屋　一 諸道具塗物問屋
一 紺屋　一 瀬戸物問屋
一 たはこ入鼻紙袋問や　一 菓子や
一 練人形問屋　一 火鉢土器問や
一 組いとや　一 人形張子雛や
一 草双紙問や　一 絵馬屋
一 版木屋　一 扇子団〔扇脱カ〕問や
一 きせる問屋

右之品々町々ニ有之候分、銘々其名幷身上向キ書付、今日中ニ樽屋方へ可差出候、急御用ニ有之候間、町々に而無滞早々相廻し書付差急今明日中ニ書付可申来候、少も油断有間敷者也

享保六年丑閏七月六日

右之品々商売問屋、町御年寄なら屋市右衛門殿へ御呼寄被仰渡候趣者、只今ゟ商売物有来候外新規之仕出物一切御停止ニ候、為吟味之此方ゟ役人付可申哉、又者其方ニ而吟味致方有之候哉と御尋ニ付、則仲間相談之上、吟味致方書付組中連判いたし、ならや市右衛門殿へ相納申候、尤右書付相談之義、会所茂兵衛方ニ而三組寄合相認、三拾軒行事伊セ屋庄兵衛方ゟ差上ケ申候、則左之通

以口上書申上候

一　諸色問屋共申上候、商売之儀、前々ゟ仕来り候外不寄何ニ、新規ニ仕出シ商売仕候儀堅御停止之趣被為仰付奉畏候、依之仲間吟味之致方御尋被遊奉承知候、私共も先年ゟ絹・布・太物幷小万物商売仕来りニ付、絹・布・太物・小万物吟味致方、別々ニ書付差出候様ニ被仰付、則別紙書付差上申候、則私共組合吟味仕方左ニ書付申上候

一　我々仲間之儀、先年問屋御吟味之節相改、御奉行所様へ書上ケ仕候軒数三拾軒ニ而御座候、右仲間之内所々ニ住居仕候、右之内商売相止メ逼塞仕罷有候者共七人御座候、残而廿三人只今相続仕罷有候、右組合之内、手寄〳〵一組と仕、内店六軒、通町組拾壱軒、東組六軒と相別れ罷有候、右三組之内是迄共ニ一組ニ両人ツヽ月行事相究、御公儀様御法度御趣者不及申上、商売躰示合等共仕来り申候、然ル上者、此度右被為仰付候御趣、乍恐御大切成事ニ奉存候間、吟味仕方之儀者、一組〳〵毎月三度宛寄合、其上銘々不絶相廻り吟味仕候、尚以荷物着之節者、我々仕入方見分仕唯今迄仕来り候商売之外、仕出シ物一切売買致させ不申様ニ仕、勿論遠国荷主共へも右被為仰付候趣急度申遣シ、新規ニ替り候品送り不申様ニ為仕、若又万一送来り候ハヽ、其節御訴申上、御差図を請申様ニ仕、其外無油断銘々申合急度吟味仕、其上御年寄衆中様迄、堅御請合申上候趣、組合行事両人ツヽ、判形仕、一組ゟ証文壱通ツヽ、三組より三通、毎月晦日ニ差上申様ニ仕、明白急度吟味仕候様ニ被為仰付被下度奉存候、以上

内店組

享保六年辛丑閏七月十三日　通町組

東　組

行事　伊勢や　庄兵衛
　　大黒屋三郎兵衛

右之通弐通書上仕候

右之通書上相済候以後、九月中比迄何之一左右も無之候之所、九月十八日、年番名主湯嶋六右衛門殿・鎌倉町平次郎殿右御両人ゟ、本石町名主伝左衛門方へ、商売銘々色品書分候而町御年寄ならや市右衛門殿方江差出候様ニ申来候、依之通二丁目会所茂兵衛方ニ而、船仲間通町組計相談之上、商売物色品不残書立、年番名主衆中江差出置申候、其後段々追触有之、則左之通

九月廿二日配符之覚

一　仕立屋共不残
　右者明廿三日四ツ時ならや方へ可参者也
一　太物問屋不残　一　蒔絵師不残
一　経師不残
　右三品ハ同日八ツ時ならや方へ可参者也
一　鼻紙袋屋不残　一　白銀屋不残
一　火鉢土器屋不残　一　鋳物師不残
一　小間物屋不残
　右五品ハ廿四日朝五ツ時ならや方へ可参者
　也
一　地傘屋不残　一　合羽屋不残
　右弐品同日八ツ時ならや方へ可参者也
一　屏風屋不残　一　小間物糶売不残
一　箸屋不残　一　銅細工人不残
一　彫物師不残　一　瀬戸物問屋不残
　右六品ハ廿五日九ツ時ならや方へ可参者也
〆十七口

九月廿六日配符之覚

一　きせる屋不残　一　造花屋不残
一　絹紬問屋不残　一　塗物問屋不残
一　金具屋不残　一　椀問屋不残
一　鏡屋不残　一　水引屋不残
一　張子人形屋不残　一　花昆布屋不残
一　下り傘屋不残　一　鼈甲屋不残
　右十弐品明廿七日八ツ時ならや方へ可参者

也

九月廿七日配符之覚

一　呉服屋不残　一　多葉粉入問屋不残　但し鼻紙袋たはこ入やハ重而呼出可申事

一　はま弓羽子板屋　一　人形屋不残

一　鯨細工人不残　一　紺屋形彫不残

一　櫛挽不残　一　板木屋不残

一　楊弓師不残　一　宮造り不残

一　煎餅屋不残

右十一品廿八日四ツ時ならや方へ可参者也

一　正草染屋不残　一　紙子屋不残

一　飴問屋不残　一　唐紙子不残

一　張貫人形屋不残　一　張貫細工人不残

一　紫染屋不残　一　雪駄糶売不残

右八品同廿八日八ツ時ならや方へ可参者也

九月廿八日配符之覚

一　呉服屋之内ニ而紙子類商売致候者共

一　辻見世前店江罷出商売致候者共

一　ゆかけ屋不残　一　革柄巻師不残

一　瀬戸物屋不残　但しせり売ニ而ハ無之候

右之類追尋御座候間右商売人不残可罷出者

也

一　尋儀有之間、町々足駄屋共不残廿九日朝六ツ

時ならや方へ可参者也

九月廿八日配符之覚

一　太物問屋不残　但し先達而相渡候帳面持参可申事　一　塗物屋不残

一　ささら太鼓同太鼓屋　一　玉細工人不残

一　土人形問屋不残　一　駄菓子屋不残

一　花火屋不残　一　挽物屋不残

一　唐木細工人不残　一　簾屋不残

一　駿河細工屋不残　一　錫屋不残

一　練人形問屋不残　并細工人共不残　一　印籠師不残

一　たはこ入屋不残　一　たは粉入地拵屋

一　菖蒲甲問屋

右十七品廿九日四ツ時ならや方へ可参者也

九月廿九日配符之覚

一　雪駄屋不残　一　雛同道具屋

一　金具師不残　一　絵土器屋不残

一 硝子屋不残　一 扇子や不残
一 土人形請売不残　一 京都ゟ出商人糸屋
右八品廿九日八ッ時ならや方へ可参者也
九月廿九日配符之覚
一 小刀問屋不残　一 たばこ入裏桐油師
一 蒔絵師手間取　一 武道具馬道具
一 錺屋手間取　一 子共手遊物問屋并細工人共
一 糸組屋不残　一 雪駄問や不残但し請売ハ重而呼出し可申候
右九品十月朔日四ッ時ゟ八ッ時迄ならや方へ可参者也
十月朔日配符之覚
一 革羽織屋不残　一 革問屋不残
一 鞠屋并沓師　一 旅人革羽織屋并足袋屋共
一 革柄巻師　一 鞢師
一 革巾着師　一 革鼻緒師
一 白革屋　一 ふすへ革屋
一 辻売小間物屋　一 紙子屋
一 瀬戸物屋　是ハ先達而書出候問屋之外請売ニ而、瀬戸物計一通り見世ニ而売候者、又附ケ商売ニ致候者可出候、糶売ハ参ルニ不及候事

一 股引仕立屋　并先達而、仕立屋之内へ書加へ、出候者ハ罷出ルニ不及申候事
右十六品明二日九ッ時ならや方へ可参者也
右之通商売躰色品不限何ニ一色々を五拾人・七拾人宛組合壱組と御究、帳面御渡シ被成、精帳相認印形居候而、持参候様ニ被仰渡候、然ル所、古来ゟ之組合無御構、所々入込中買・小売等迄一列ニ相成、其上人数多、吟味示合等之筋も不勝手ニ付、以書付御願申候事
一 太物問屋組合之儀、弐拾五人有之候所、此度五人差加へ申候様ニ被為仰付、都合三拾人壱組ニ精帳相認差上ケ申候
一 絹紬問屋之儀、町中不残壱組ニ被仰付、帳面請取参り申候、然レ共、中買・小売又ハ遠所入込有之面々不勝手ニ付、鉄砲町、岩付町絹問屋三軒ハ一烈（ママ）ニ相願候へハ、則三人壱組ニ被仰付候、其外芝筋四谷組拾人、日本橋南北拾弐人、当仲間組合弐拾九人、何れも書付を以御願申候へハ、則右願之通四組ニ相究、精帳連判差上ケ候
一 小間物類　一 水引類　一 下り扇子類

一 下り鏡類　一 きせる類

右五品ハ三拾軒仲間弐拾三人一烈ニ書付を以願候へハ、則右願之通被仰付候事

口上書を以申上候

一 諸色問屋共申上候、此度新規仕出し物商売仕間敷旨被為仰付、今日町御年寄様ゟ組合六十一人と御定被成、御帳面一冊御渡し被下奉承知候、右帳面之内、私共仲間廿三人之儀ハ、古来ゟ根元問や商売仕来り候而、御代々書上ケ等も差上置申候、尤先達而仕出し物仕間敷之旨吟味之筋、御尋被為成候ニ付、則吟味之仕方相認連判仕、丑七月十一日、町御年寄様へ差上ケ申候、然ル所、所々方々中買同前之商売人一組被成下、吟味仕候様ニ被仰付候へ共、乍恐明白ニ吟味仕かたく奉存候、依之私共御願申上候ハ、右被仰付候組合六十一人之内、私共仲間廿三人壱組、残三拾八人一組と、二組ニ被仰付被下度奉願候、乍恐此度之御詮義、大切至極奉存候ニ付、右之通御願申上候、御聞届被成下、我々共仲間之儀ハ一組ニ被仰付被下度奉願上候、以上

享保六年
丑九月廿五日　通町組
内店組

右之通相認年番名主へ遣申候

一 享保六丑年九月廿一日、諸商売人ならや殿へ被召寄、諸商売人新規替り物仕間敷旨被仰付、夫ニ付諸商売人端々小売世利等迄不残被召寄、一色宛之組合被仰付候、当仲間之儀ハ東照権現様御入国ゟ御代々諸色問屋相勤来候ニ付、是迄之通之組合ニ而被為差置被下候様御願申候所、御聞届被遊、三拾軒仲間組合書上ケ、町年寄ならや殿へ一色帳面弐冊ツヽ、相認相納申候、尤組合左之通、右色書組合帳之口ニ、三人ハ何れニ而も其帳面元之筈ニいたし、町年寄衆迄其断を立置、若御改之砌ハ右帳元へ御尋有之筈也、其砌三拾軒行司方へ申遣候示合在之候、此度之当行司ハ東組ニ候間、伊セや庄兵衛殿方ニ而も参会有之、不残帳面相認、十月三日相納申候

一 絹紬之儀ハ三十軒組之内ニ而組合ニ願候ヘ共、右之
内人数無数候由ニ而、此内ヘハ外之衆加入被仰付候
一 筆硯石之儀ハ、此品ハ御尋之名目ニ候故、前方々通
十一軒ヲ申合、組合之内御加入被仰付候
書上組合次第
一 小間物問屋廿三人
壱番組 本町四町目家持
孫左衛門
同町仁兵衛店
喜左衛門
室町三丁目作右衛門店
太郎右衛門
本町四町目家持
仁兵衛
同町仁兵衛店
惣三郎
同町庄兵衛店
彦左衛門
本石町弐町目久兵衛店
半四郎
同三町目重兵衛店
五郎兵衛
同四町目三右衛門店
三郎兵衛
同町家持
庄兵衛
本町三丁目家持
藤右衛門
通油町平左衛門店
勘兵衛
同町久兵衛店
利右衛門
同町喜兵衛店
清兵衛
小伝馬下町家持
八兵衛
室町弐丁目十郎兵衛店
喜右衛門

通壱丁目五兵衛店
彦太郎
同弐町目徳兵衛店
九兵衛
通弐町目茂左衛門店
与七郎
同三町目利兵衛店
十兵衛
同四町目喜兵衛店
庄左衛門
神田鍛冶町弐町目金兵衛店
吉兵衛
本石町四丁目九兵衛店
四郎右衛門
本町四丁目杢右衛門店
忠兵衛
同町新右衛門店
久兵衛
鉄炮《(ママ)》町四郎兵衛店

源右衛門

一 太物問屋三拾人

四番組

本石町四丁目三右衛門店
三郎兵衛
通壱丁目五兵衛店
彦太郎
本町四丁目八兵衛店
彦左衛門
通油町宇兵衛店
利右衛門
同町平左衛門店
勘兵衛
大伝馬町弐丁目八兵衛店
庄五郎
同町孫四郎店
治右衛門
通油町久兵衛店
清兵衛
小伝馬町下町家持

八兵衛
通新石町甚右衛門店
三四郎
鉄鉋町四郎兵衛店
源右衛門
室町弐丁目重兵衛店
喜右衛門
本町四丁目家持
孫左衛門
同町　家持
仁兵衛
室町三丁目作右衛門店
太郎右衛門
本町四丁目仁兵衛店
惣三郎
同町仁兵衛店
喜左衛門
本町三丁目家持
藤右衛門

本石町四丁目家持
庄兵衛
同弐丁目九兵衛店
四郎右衛門
駿河町喜兵衛店
勝之助
本町壱町目伝三郎店
太兵衛
同三丁目平右衛門店
六右衛門
同四丁目杢右衛門店
忠兵衛
同壱丁目長右衛門店
惣兵衛
通弐町目茂左衛門店
与七郎
同四丁目喜兵衛店
庄左衛門
竹川町家持

平次郎

南伝馬町弐丁目久右衛門店
庄左衛門

本町四丁目新右衛門店
久兵衛

一 きせる問屋廿三人

本石町四丁目家持
庄兵衛

同町三右衛門店
三郎兵衛

通油町平左衛門店
勘兵衛

同町久兵衛店
利右衛門

同町喜兵衛店
清兵衛

小伝馬下町家持
八兵衛

本町四丁目家持
孫左衛門

同町仁兵衛店
喜左衛門

室町三丁目作右衛門店
太郎右衛門

本町四丁目家持
仁兵衛

同町仁兵衛店
惣三郎

同町庄兵衛店
彦左衛門

本石町弐丁目久兵衛店
半四郎

同三町目重兵衛店
五郎兵衛

本町三丁目家持
藤右衛門

室町弐丁目十郎兵衛店
喜右衛門

通壱丁目五兵衛店
彦太郎
同弐丁目徳兵衛店
九兵衛
通弐丁目茂左衛門店
与七
同三丁目利兵衛店
十兵衛
同四丁目喜兵衛店
庄左衛門
神田鍛冶町弐丁目金兵衛店
吉兵衛
本石町弐丁目九兵衛店
四郎右衛門
本町四丁目本右衛門店
忠兵衛
同町新右衛門店
久兵衛
鉄炮町四郎兵衛店

源右衛門
一 水引問や廿三人
本石町弐丁目久兵衛店
半四郎
同四丁目三右衛門店
三郎兵衛
本町三丁目家持
藤右衛門
本石町三丁目重兵衛店
五郎兵衛
本町四丁目家持
仁兵衛
同町 家持
孫左衛門
本町四丁目仁兵衛店
喜兵衛
同町 庄兵衛店
彦左衛門
室町三丁目作右衛門店

太郎右衛門
本町四丁目仁兵衛店
惣三郎
本石町四丁目家持
庄兵衛
通油町平左衛門店
勘兵衛
同町久兵衛店
利右衛門
同町喜兵衛店
清兵衛
小伝馬下町家持
八兵衛
室町弐丁目重兵衛店
喜右衛門
通壱町目五兵衛店
彦太郎
同町弐丁目茂左衛門店
与七郎

一 鏡問や廿三人

同町徳兵衛店
九兵衛
同町三丁目利兵衛店
重兵衛
同町四丁目喜兵衛店
勝左衛門
神田鍛冶町弐丁目金兵衛店
吉兵衛
本石町弐丁目九兵衛店
四郎右衛門
本町四丁目杢右衛門店
忠兵衛
同町新右衛門店
久兵衛
鉄炮町四郎兵衛店
源右衛門
通壱町目五兵衛店
彦太郎

同弐町目茂左衛門店
与七郎
同町徳兵衛店
九兵衛
同三丁目利兵衛店
十兵衛
同四丁目喜兵衛店
庄左衛門
室町弐丁目重郎兵衛店
喜右衛門
本町三丁目家持
藤右衛門
同四丁目家持
孫左衛門
同町仁兵衛店
喜左衛門
室町三丁目作右衛門店
太郎右衛門
本町四丁目家持

仁兵衛
同町仁兵衛店
惣三郎
本石町弐丁目久兵衛店
半四郎
同三丁目十兵衛店
五郎兵衛
同四丁目三右衛門店
三郎兵衛
同町　家持
庄兵衛
通油町平左衛門店
勘兵衛
同町久兵衛店
利右衛門
同町喜兵衛店
清兵衛
小伝馬下町家持
八兵衛

神田鍛冶町弐町目金兵衛店
吉　兵　衛
本町四丁目庄兵衛店
彦左衛門
本石町弐丁目九兵衛店
四郎右衛門
本町四丁目杢右衛門店
忠　兵　衛
同町新右衛門店
久　兵　衛
鉄炮町四郎兵衛店
源右衛門

一　扇問や廿三人

通壱丁目五兵衛店
彦　太　郎
同弐町目茂左衛門店
与　七　郎
同町徳兵衛店
九　兵　衛

同三町目利兵衛店
重　兵　衛
同四丁目喜兵衛店
勝左衛門
室町弐丁目重郎兵衛店
喜右衛門
本町三丁目家持
藤右衛門
本町四丁目庄兵衛店
彦左衛門
同町仁兵衛店
喜左衛門
同町家持
孫左衛門
同町仁兵衛店
惣　三　郎
室町三丁目作右衛門店
太郎右衛門
本町四丁目家持

仁兵衛
本石町弐丁目久兵衛店
半四郎
同三丁目重兵衛店
五郎兵衛
同四丁目三右衛門店
三郎兵衛
同町　家持
庄兵衛
小伝馬下町家持
八兵衛
通油町平左衛門店
勘兵衛
同町久兵衛店
利右衛門
同町喜兵衛店
清兵衛
神田鍛冶町弐丁目金兵衛店
吉兵衛

一　絹紬問や廿九人

本石町弐丁目九兵衛店
四郎右衛門
本町四丁目杢右衛門店
忠兵衛
同町新右衛門店
久兵衛
鉄炮町四郎兵衛店
源右衛門
本石町四丁目三右衛門店
三郎兵衛
本町四丁目仁兵衛店
惣三郎
通油町家持
勘左衛門
同町宇兵衛店
利右衛門
同町平左衛門店
勘兵衛

同町久兵衛店
利右衛門
通油町喜兵衛店
清兵衛
小伝馬下町家持
八兵衛
通壱町目五兵衛店
彦太郎
同弐丁目茂左衛門店
与七郎
南伝馬町弐丁目久右衛門店
庄左衛門
南鍋町壱丁目市左衛門店
喜右衛門
尾張町新地六郎兵衛店
吉右衛門
本町三丁目家持
藤右衛門
通旅籠町藤兵衛店

喜右衛門
本町四丁目藤兵衛店
喜兵衛
田所町伊兵衛店
太右衛門
本町四丁目家持
孫左衛門
同町仁兵衛店
喜左衛門
同町　庄兵衛店
彦左衛門
同町　家持
仁兵衛
室町三町目作右衛門店
太郎右衛門
本石町弐丁目九郎兵衛店
四郎右衛門
本町四丁目杢右衛門店
忠兵衛

鉄炮町四郎兵衛店
源右衛門
駿河町喜兵衛店
庄之助
大伝馬町弐丁目孫四郎店
治右衛門
本石町四丁目家持
庄兵衛
通新石町甚右衛門店
三四郎
本町四丁目新右衛門店
久兵衛
本郷六町目家持
五兵衛

右之通精帳弐冊ツヽ相認連判いたし、町御年寄ならや市右衛門殿へ差上ケ申候、右之外ニ壱組合ニ壱冊ツヽ、都合七冊、仲間控相認印形取置申候

一 右七品之精帳印形者、伊勢屋庄兵衛方へ御参会之上ニ而相認、六品者十月三日ニ納メ、絹紬壱品ハ精帳延引故、十月四日ニ納申候、此度之帳面者御相談之上、大黒屋三郎兵衛方ニ而相認申候、以上

享保六年辛丑
十月十五日
大黒屋三郎兵衛
伊勢屋　庄兵衛
当行司
炭屋八兵衛

御配符之覚

一 此度被仰出候呉服物諸道具書物類ハ不及申、諸商売物菓子類ニ而も新規之事御停止之儀、先達而申渡候通ニ候、就夫諸色同商売之者共、仲間を究メ月行事を相定、新規之品若拵出候ハヽ、互ニ吟味いたし、新規之品も有之者相止させ可申候、万一子細も候ハヽ、可訴出候
但シ書物之儀ハ追而可申聞候

一 京都・大坂其外所々ゟ心得違新規之物差越候ハヽ、元々へ相返し、無拠子細も候ハヽ、是又可訴出候
右之通仲間を究、月行事を定、互ニ致吟味候上、自

然新規之物も有之隠売仕、後日相知候ハヽ、其商売一組之仲間之者不吟味之筋を以、急度過怠可申付候、月行事之もの別而入念相糺し、違犯無之様ニ可仕候

丑ノ十一月十一日

一　諸商人諸職人組合相極月行司相立、新規之品巧出不申候様ニ被仰付候間、先達而申渡組合帳面銘々差出シ候ニ付、其月々之月行事右前月書上ケ可差出候

一　火事以後、直段二割三割之外高利取申間敷儀ニ付、竹・丸太・莨・莨簀・笘・莚・菰商売人組合仲間相止メ、月行事相立吟味可仕旨被仰付候ニ付、毎月相場書五日・十五日・廿五日右三度ツヽ、差出可申候、尤月々之月行事之名前月可差出事

一　先達而組合之者共之外、新規ニ商売ニ取付候者有之候ハヽ、其段相届、帳面ニ付可申候、帳面付不申、組合へ入不申候者有之候ハヽ、可為越度候

一　同商売ニ而仲間へ入不申候者有之候ハヽ、仲間之者共方ゟ相改可申来候事

但シ仲間へ入不申候同職之もの、仲間之者相改候節、自分了簡を以商売相構候事なと不仕、左様之者有之候ハヽ、其者之名并住所承届可申来候

一　先達而組合候商人職人ニ而人数限り候事にてハ無之間、新規商売ニ取付候者有之候ハヽ、相届ケ候上勝手次第商売可致候、尤同職ゟ妨申間鋪候事

附り　商売致かへ候事も同前之事

一　先達而組合入候商売人・職人、家職相止候歟、家職致かへ候歟、又ハ所かへ致候ハヽ、相届帳面直シ可申事

右之趣共有之候ハヽ、早速ならや役所へ可訴出候

丑十一月廿四日

一　享保八年癸卯三月八日、ならや役所へ被召寄被仰渡候趣ハ、去ル寅極月迄之滞金、一組に十人分借シ高書付差上ケ候様ニ被仰渡候間、一組〳〵より十人分之滞金書付十組一緒ニいたし相納申候所、右滞金之様子御尋ニ付返答書差上申候、委ハ十組公用帳記有之候

覚

一　操わた　　一　木綿　　一　さらし

一　打わた　　一　絹物類　　一　布類

一　真綿　　　一　紙　　　一　ちや・たはこ
一　とうしん　一　蠟・畳表　一　味噌・醤油
一　米・塩・酒　一　水油・魚油　一　薪・炭銭

右廿三品問屋仲買銘々書出し可申候、本間屋にて無之候へ共、在々ゟ荷物引請問屋並之致商売候者ハ其訳書付、来ル廿日迄ならや役所迄可差出候、此旨町中不残触可申候

享保九年甲辰二月十七日

覚

一　絹紬　　直請問屋並
一　さらし　上方并上州辺ゟ引受小売
一　絹紬　　直請小売
一　ほうれい　手前打小売
一　木めん　直請小売・問屋並

右商売人共組合申付義有之候間、明十二日四ツ時に、ならや役所へ参候様可被申渡候、尤右之内、先達而申付置候組合帳面ならや役所へ相納置候ものハ参候ニ不及候、此旨町不残可被触候、以上

辰五月十日

一　年番名主中ならや市右衛門殿へ被召呼被仰渡候ハ、当二月御触被成候諸式商売直段之義、其以後高直成候か又ハ下直ニ罷成候歟、但し居り直段ニ而有之候歟、右之品時々可訴出所ニ、商売人心得違候哉、未訴出候、向後ハ高直成候か下直成候歟、居り直段ニ候歟、其節右之訳可訴出旨被申渡候事

辰六月十九日

乍恐口上書を以御訴申上候

一　壱番組諸色問屋共廿三人組申上候、三月朔日ゟ諸色下直に売出し申候様被仰付奉畏候、諸色下直ニ売出し申候所去ル卯八月比ハ銀五拾七匁余仕候所、日々銀高直罷成、此間ハ五十弐匁位仕候、上方諸色、銀子を以相調候物ニ御座候へハ、諸代ロ物高直ニ罷成候、是迄段々と銀子高直成候へハ、相場違計ニ而も諸代ロ物一割も高直ニ相成可申様奉存候間、乍恐御訴申上候

諸色問屋

辰八月廿五日　行事

乍恐書付を以御訴申上候

一　くりわた問屋拾六人組之者共申上候、当年上方綿不作之由ニ而、元直段是迄とハ格別高直相成候段、問や共方ゟ申越候ハ、当夏中照強其上先比ゟ雨天打続申候故、綿へ虫入、殊之外不作仕候、其上銀買之物御座候所、去ル卯八月比ハ銀五十七匁余仕候所、此節ハ銀五拾弐匁位仕候、旁以直段高直ニ相付、銀違計も壱割余御座候間、繰綿元直段高直ニ可有御座候様ニ奉存候、依之御訴申上置候

辰八月廿五日　　繰綿問や拾六人組

御奉行所様　　行司判

乍恐書付を以御訴申上候

一　太物問や三拾人組之者共申上候、当年ハ夏中照強御座候所、先比ゟ雨天相続申候故、生綿ニ虫入、殊之外不作、糸綿無数可有御座候へハ、木綿類自然と高直ニ相成可申旨、上方仕入問や共申越候、其上銀買之物ニ御座候所、去卯八月比ハ銀五十七匁余も仕候へ共、銀子次第高直ニ相成、当時五十弐匁位仕候へハ、銀相場にても一割余も違ひ相見得申候へハ、木綿類格別高直ニ相成可申様奉存候間御訴申上候、已上

辰八月廿五日　　木綿問屋三拾人組

御奉行所様　　行事判

覚

一　当年生綿不作仕高直ニ可有御座候段、荷主共方ゟ申遣候ニ付、其段御訴申上候所、右生綿出所申上候様被仰付候故、左申上候

大和国　丹波市
同　国　高　田
同　国　今　井
同　国　下田村
摂津国　大　坂
同　国　平　野
和泉国　堺
河内国　久宝寺

右之通御座候、以上

繰綿問や十六人組
行司　清　兵　衛
享保九年　　喜右衛門
辰八月　　利右衛門

如此相認今朝差上ケ申候、以上

一　銀相場段々高直ニ相成候故、下り諸代ロ物高直ニ付、世上一統之迷惑御座候間、先規之御事も申上追々相願候所、元禄年中之御触之趣御尋被為成候ニ付、十組へ扣置候分相認、樽や藤左衛門殿へ相納申候

享保九年辰九月九日

一　木綿　一　塩
一　操綿ほうれい　一　炭
一　水油　一　薪
一　魚油　一　酒
一　醤油　一　米
一　味噌　一　銭

右之十二品、地廻高瀬舟江戸着幷帰帆荷物書上ケ可仕旨御触有之候所、当組合之儀ハ御町年寄ならや殿御役所へ被召寄被仰聞候趣ハ、木綿・くりわた入津帰帆共、仕入元幷売遣候国所船積問屋名前委細ニ相認差し可申旨、且又右十弐品之内、本石町三拾六番組と相認可申旨被仰渡候、依之参会之上、右書上ケ帳箱新ニ相拵、行司ハ一ケ月持ニいたし、当番之行司方ニ而毎月入津帰帆荷物書上ケ相認、月番之御町年寄御役所へ相納申候、則組合人数左之通

一　本石町二町目九兵衛店　四郎右衛門
一　同四町目三右衛門店　三郎兵衛
一　同四町目家持　庄兵衛
一　通新石町　甚右衛門店　三四郎
一　駿河町　喜兵衛店　庄之助
一　室町二町目彦四郎店　喜右衛門
一　元船町一町め平左衛門店　喜兵衛
一　通一町目五兵衛店　彦太郎
一　同二町目茂左衛門店　与七郎
一　同四町目喜兵衛店　庄左衛門
一　室町三町目作右衛門店　太郎右衛門

一 尾張町二町目小右衛門店 庄左衛門
一 竹川町家持 平次郎
一 本町一町目伝三郎店 太兵衛
一 同町 長右衛門店 惣兵衛
一 同三町目家持 藤右衛門
一 同四町目新右衛門店 久兵衛
一 同町 仁兵衛店 喜左衛門
一 同町 仁兵衛店 惣三郎
一 本町四町目家持 仁兵衛
一 同町 源左衛門店 忠兵衛
一 同町 家持 孫左衛門
一 同町 庄兵衛店 彦左衛門
一 同三町目平右衛門店 六右衛門
一 鉄砲町四郎兵衛店 源右衛門
一 通旅籠町藤兵衛店 喜右衛門
一 同町 六兵衛店 庄五郎
一 大伝馬町二町目八兵衛店 庄五郎
一 同町 孫四郎店 治右衛門
一 小伝馬町下町家持 八兵衛

一 通油町清五郎店 勘左衛門
一 同町 宇兵衛店 理《柳ヤ》右衛門
一 同町 平左衛門店 勘兵衛
一 通油町宇兵衛店 理《かぎや》右衛門
一 同町 惣兵衛店 清兵衛
一 富沢町弥兵衛店 清兵衛
〆 三拾六人
右之通組合相定毎月書上いたし候
享保九辰ノ年

一 壱番組諸色問屋共申上候、此度問屋御改ニ付、組合帳面差上ケ候様被仰付奉畏候、私共儀ハ古来ゟ諸色問屋商売仕来り、宝永中問屋御改之節、絹・布・太物・小万物問屋三拾人組帳面差上ケ置、只今迄商売相続仕来候、尤商売相止メ候者、又加入仕候者御座候へハ、時々御訴申上、御帳面御消増被成下、只今ニ而ハ弐拾五人罷在候、然所去丑年新規仕出し物御吟味之節、又々組合被仰付組合帳面差上ケ申候、其砌追々御触有之、組合品々ニ相別れ候ニ付、右弐拾五人之外ニ類商売手寄之者共十七人加入被仰付、木綿問屋三拾五人、絹紬問屋弐拾九人、晒問屋・布問屋弐拾弐人、繰綿問屋十六人、小間物問屋廿五人右六品之帳面六冊差上ケ置申候、尤去ル丑年組合被仰付候節ハ、新規仕出し物御吟味之筋と奉存、再願も不仕、右拾七人之者共差加申候所、此度被仰付候ハ、古来ゟ之問屋御改被為成候様乍恐奉存候、私共弐拾五人之者共儀ハ、御入国以来問屋商売仕、絹・布・太物・小万物問屋と申名目を以諸色商売仕、組合帳面差上ケ置、宝永四年亥四月御改之節も、町御奉行所様并町御年寄中へ問屋帳面差上ケ置申候、右申上候通、此度御改之儀ハ、古来ゟ之問屋御改之様ニ乍恐奉存候ニ付、私共古来之通、右六品商売一色弐拾五人組ニ相認差上ケ申候、以上

享保十年巳十月　一番組諸色問屋

弐拾五人

御町年寄様

覚

一　絹紬
一　木綿
一　晒布
一　布
一　繰わた

本町四町目家主
柏屋　孫左衛門
同町　仁兵衛店
美濃屋　惣三郎
同町　同人店
川崎屋喜左衛門
同町　家主
帯　屋　仁兵衛
同町　庄兵衛店
大黒屋彦左衛門
同町　源右衛門店
壺　屋　忠兵衛
同町　新右衛門店
山本屋　久兵衛
鉄砲町四郎兵衛店
結城屋源右衛門
本石町二町目九兵衛店
大和屋四郎右衛門
室町三町め作右衛門店

土屋太郎右衛門
本町三町目家主
岸部屋藤右衛門
通一町目五兵衛店
白木屋　彦太郎
室町二町目彦四郎店
井筒屋喜右衛門
本石町三町目七兵衛店
紅屋　五郎兵衛
同二町目藤兵衛店
万　屋　半四郎
神田鍛冶町二町目家主
河内屋　吉兵衛
通二町目茂左衛門店
大和や　与七郎
本丁三町目藤右衛門
木　屋　九兵衛
通四町目喜兵衛店
壺屋　庄左衛門

本石町四町目三右衛門店
大黒屋三郎兵衛
同町　家主
いせ屋　庄兵衛
通油町平左衛門店
中　屋　勘兵衛
同町　宇兵衛店
鍵屋　利右衛門
同町　庄兵衛店
鎰　屋　清兵衛
小伝馬町下町家主
炭　屋　八兵衛
〆弐拾五人
通町三町目
河内屋　十兵衛　判なし
同　一町目
鍵屋　三郎兵衛　判なし

京橋北一町目
通一町（ママ）　錠屋　四郎兵衛 判なし
森　田　弥兵衛 判なし
右之通相違無御座候、以上
享保十年巳十月
右之通名前帳面一冊相認ならや納申候

一　享保十年巳九月ならや御役所へ十組行司被召寄被仰聞候ハ、切小判直し代として商売もの品々ゟ多少之直し代受取、切小判引替之義願人有之候間、差支ニ不相成哉御尋ニ付、返答書相認差上ケ申候、十組公用帳ニ委ク記有之候

一　享保十年巳十月ニ廻船積物壱固ゟ一銭ツヽ役銭を取、難船無之様ニ可仕候旨願人有之候ニ付、十組行司樽や殿御呼寄、願書之写御渡し、差支相成候義無之哉御返答申上候様被仰渡候ニ付、十組参会之上返答書差上ケ申候、委細十組公用帳有之候

一　享保十年巳十一月朔日、ならや殿へ十組行司御呼出し、先規より諸問や共致方書付差出候様ニ被仰付、則問屋商売致方相認、ならや御役所相納申候、委ハ十組公用帳記有之候

一　享保九年辰九月、小堀屋十五郎遭難風、八丈島漂着いたし候ニ付、早速御願申上候所御聞済被成下、荷物売払不致候様御船便被仰遣被下候所、未タ船島へ着船不仕内ニ、島ニ而直段積仕、則書付受取船頭水主艀ニ而当月十八日ニ江戸着仕候ニ付、右之段御願申上候処、荷物代御受取御渡し被為成下置候、委細ハ十組公用帳記有之候

地廻諸船江戸着并帰帆荷物書上ケ之事

一　炭	一　薪
一　米	一　酒
一　醬油	一　木綿
一　水油	一　打綿
一　魚油	一　味噌
一　しほ	一　銭

右之品々毎月入津帰帆問屋中ゟ書上ケ候へ共、洩れ

候も相見得申候、舟数書上可申候旨御触有之候

巳八月十四日

覚

一 水油　　一 魚油
一 操わた　一 真わた
一 酒　　　一 炭
一 薪　　　一 木綿
一 塩　　　一 醤油
一 米　　　一 味噌
一 紙　　　一 生蠟
一 下り蠟燭

右拾五品之問屋并問やにて小売兼候而商売仕候者共有之候ハヽ、一ト商売宛別紙ニいたし、名主支配切ニ認候而来ル十三日迄ならや役所迄可差出候

帳面認様左之通

何町誰店

一 何商売　誰

諸国旅人ゟ送り荷物引請申候、近在計旅人ゟ送り荷物引請申候、手前ゟ金子出し置仕入荷物引請申候、諸国旅人ゟ送り荷物并手前ゟ金子遣置仕入荷物引受申候、口銭取候而中売計売渡し申候、口銭取候而中買へ売渡し并小売も仕候、口銭取不申中買へ売渡し小売ハ不仕候、手前ニ而造り申候、手前ニ而造り中買へ計売渡申候、手前ニ而造り中買へ売渡し小売も仕候

右之通商売致方其外、書面ニ違候商売致方も有之候ハヽ、其品委細可書出候、去年問屋帳面町々ゟ書出し候節も、不吟味にて、帳面差出し候以後も書直し抔願出候類数多有之候、依之今度右十五品計商売之致方得と吟味之上、帳面可差出候、尤右商売人無之町々ハ其断可差出候、以上

享保十一年

午三月二日　町年寄三人

月行事

久右衛門

市郎兵衛

覚

何町誰店

一　木綿商売　　誰

私儀諸国へ金子出し置、仕入荷物引受、中買へ売渡し、尤諸国ゟ送り荷物も引請、口銭等も取候而中買へ売渡し申候も御座候、小売ハ一切不仕候

何町誰店

一　操綿商売　　誰

私義、諸国へ金子遣し置、仕入荷物引受、中買方へ売渡し、并送り荷物も引請申候而、口銭も取中買へ売渡し申も御座候、小売ハ一切不仕候

何町誰店

一　真綿商売　　誰

右者諸国より直請小売仕候

享保十一年

午三月六日

覚

一　問屋帳面相改候ため、去年中銘々帳面差出し候へ共、紛敷品共有之、問屋帳面ニ而難相極、其上商売数々御入用ニも無之品も有之候、依之今度帳面又々取直し、左之十五品之商売体はかり之帳面ニ相極候、今度帳面之致方之儀ハ、本問屋計と申ニ而も無之、少々にても諸国在々ゟ商売物取寄申候者共ハ、其訳書出させ候事ニ而候間、此度商売躰之書付差出シ候分ハ問屋ニ極り候と存候事ニ而ハ無之候間、左様ニ可相心得候、依之去年中取集之帳面不相用候、追而銘々名主共方へ可相返候条可得其意候、且又宝永年中、問屋帳面差出置候、是又品数多ク、其以後届ケ不申出候者共も有之候、右之帳面も猥ニ成候間、此帳面も自今不相用候而、今度相改候十五品之帳面一通り成候間、諸国在々ゟ商売物取寄、少しにても問屋を兼候者ハ自今も届可申出候、尤所替或ハ名印等改候者、且又商売相止候分も届可申出候、届不申出候而商売致者、外ゟ相知れ候ハ、、急度可被仰付候

一　水油　　一　魚油　　一　くりわた

一　酒　　一　真綿　　一　木綿

一炭　一醤油　一下り蠟燭
一薪　一味噌　一生蠟
一米　一塩　一紙

一新規仕出し物不為致候、又ハ火事以後高直ニ不為致候、組合被仰付候品之分ハ、唯今迄之通候条、不相替届等可申出候

一右之趣家主共も相心得罷在、支配之内へ右商売躰之者引越来候ハヽ、届出候様可申渡候、以上

享保十一年午五月

右御触之砌ハ名主支配限りニ、木綿・くり綿・真綿売買之様子書上ケいたし候

一諸廻船難船之節、浦々御役所ゟ縄張符印之儀、享保十一年午之五月廿三日御願申上候処、享保十四〔三カ〕年申正月十日、十組行司大岡越前守様御前へ被召出被為仰聞候ハ、先達其方共縄張符印之願出し置候へ共、去年中ハ出入事ニ付、われらも世話敷可有と存扣置候と被仰聞、何角御尋等有之、直ニ御返答申上候、則願之通浦々へ被仰遣被下候故、其後難船有之候所浦々御役人様方、御念入被仰付被下候ニ付、荷物等紛失無之難有奉存候

一享保十二年未六月ニ、諸廻〔船脱カ〕運送荷物より歩銀を取、品川口湊之儀御願申上候者有之候ニ付、十組行司被召出御尋被為成候間、則参会返答書差上ケ申候、委ハ十組公用帳記有之候

一享保十三〔二カ〕年未九月十二日、ならや御役所へ十組行司被召寄被仰聞候趣、此度京・大坂ニ両替所之願人有之候、則願書之写相渡申候間、返答書相認差上ケ候様ニ被仰付、則十組参会返答書差上ケ申候、委ハ十組公用帳記有之候

一金銀出入滞相対之御触有之候以後掛方不埒難義いたし候ニ付、享保四年亥十一月ゟ追々御願申上候所、是迄御内寄町御年寄衆へも度々被召出、御尋事有之候、然所享保十四年酉ノ年ゟ御取上御裁許被為成候御触ニ付、十組一統御礼ニ両御奉行所へ上り申候

一享保十七年子六月十五六日、海上大荒れにて、諸廻船七百余艘難〔ママ〕、前代未聞いつれも驚入申候、此節御

当地ニ而も難船にて身上仕廻候衆余程有之候、然ハ当年四五月比ゟ雨繁、海上穏やか成日和無之候故、諸国之船々紀州・志州・勢州浦々湊々ニ日和待いたし罷有候所、当月十四日日和と見請候哉、右之船々不残出帆出払候所、十五日申刻時分ゟ大湿ニ相成、艮風《ワイタカセ》ニ候所、十六日昼四ツ時ゟ巽風《イナサカセ》吹為替、四双浪高ク、七百艘之船三百五拾艘破船、残三百五十艘ハ荷打、命から〳〵諸方浦々逃込候由、然所十組積合大坂菱垣船・酒船百艘余、荷打・破船有之由大坂ゟ来状、依之早速十組参会有之候所、百艘余荷物散乱夥敷候へハ、御公義様ゟ御添翰頂戴致可然ニ一決、則御月番稲生下野守様へ御願申上候所、廿七日御内寄合へ被召出、大岡様・稲生様御立会被為仰聞候ハ、先き之当名無之候へハ難成候間、早々改人遣、理不尽成者有之候ハヽ、其所之役所へ願置、早速訴候様被仰渡候ニ付、同廿八日早朝改人彼地へ遣申候所、浦々村々へ荷物取上ケ不埒之義有之候ニ付、其所之役所へ預置、御十判頂戴、浦々村々江相付候所、何れも内証ニ而段々相詫、荷物受取、難有仕合御座候、委ハ十組公用帳記有之候

一高瀬舟入津帰帆之節、積送り候荷物之儀、仕入元且又売遣候国所、御当地船積問や委細相認、月々ニ相納候様ニ享保九辰年ニなら屋御役所ニ而被仰付、其後売先キ船積等之義銘々相認相納申候へ共、今般荷物送り高一軒前一口宛ニ仕、行司一判ニ而相納申度旨ならや殿へ相願申候所、則願之通被仰付候ニ付、享保二十年卯正月ゟ一軒前送り高一口宛、行事一判ニ而相納申候

一享保廿辰年五月八日、年号元文と御改元、御触流有之候

一元文元丙辰五月十二日、金銀御吹替之御触有之候、尤慶金・新金共百両之代り、今吹金百両此度御増歩として六拾五両、都合百六拾五両、慶長銀新銀ハ拾〆匁之代りニ今吹銀拾〆匁此度御増歩として五〆匁、都合拾五〆匁被下置候、乍然惣而滞り貸シ家賃共、百両之所へハ今吹金百両ニ而取引仕候様ニ御触有之候所、七月ノ盆前差掛、諸商人掛方不埒ニ付難義いたし候間、十組申合追々御願罷出候、委ハ十組公用

帳ニ記有之候

一　元文元年辰六月廿六日、十組参会相談之上、古金を以文字銀御引替被成下候様御願申上候処、七月四日大岡越前守様へ被召出、御金蔵ニおゐて御渡し可被下旨被仰付、則翌五日御銀子引替受取、六日ニ御礼上り申候、委ハ十組公用帳記有之候

一　元文二年巳十二月、船積荷物ゟ三分ツヽ之役銀受取、諸廻船目当之為、下総銚子犬吼ケ崎篝を焚キ、品川澪通り浚可申旨相願候者有之候、差支ニも相成申間敷哉、十組行司御召寄御尋ニ付、則参会之上御返答申上候、委細十組公用帳記有之候

一　寛延〔保カ〕三年亥九月、霊岸島ニ而忠兵衛、松下町にて新兵衛と申者、御公儀様へ御奉公之筋申立いたし、町々御役銀三割減少并日雇札役銭御用捨被下候様申上、右之代り諸廻船之諸荷物代金壱両ニ付六厘ツヽ、諸問屋ゟ為差出候ハヽ、凡拾万両も可有御座、然時ハ新田弐拾五万石御開発当り可申候、如此微塵之積を以大勢御救ニ相成候段御願申上候、差支之儀無之哉御返答申上候様、北村御役所へ十組行司被召呼被仰渡候ニ付、参会之上御返答申上候、委ハ十組公用帳記有之候

一　寛保二年戌三月十八日、売掛金諸借金等一ケ年ニ両度之御裁許被為成候旨御触有之候ニ付、寛保二〔年脱カ〕十一月ゟ追々御願申上候、委ハ十組公用帳記有之候

一　延享四年卯四月、諸問屋商内高書出させ、弐百分壱之歩銀取集、江戸内川筋埋候場所浚、且又御成先キ年中御用人足・御舂屋定式人足相勤可申旨願人有之候ニ付、北村御役所へ十組行司被召出、右願書写御渡し返答申上候様被仰渡候、委細十組公用帳記有之候

一　寛延元年辰十月、川船問屋ゟ中川御番所へ印鑑出し置、通船為致度旨願人有之候ニ付、樽や御役所へ十組行司被召呼、差支無之哉返答申上候様被仰付候、委細十組公用帳記有之候

一　寛延二年巳四月、吹屋町川岸治兵衛、難波町太左衛門と申者、鹿肉蠟会所相願候ニ付、十組行司御呼寄差支之義御尋ニ付、返答書申上候趣、十組公用帳記有り

一　寛延二年巳九月、切れ金通用之御触被成下候様ニ御
願申上候、委ハ十組公用帳ニ記有之候

Ⅱ 近世中期

（二）　市場之一件写

町内市場之義者往古鎌倉河岸ニ在之候処、御曲輪近所ニ付慶安四卯歳石谷将監様御勤役之節、富沢町江御移シ被遊候事

右市場其節者早朝より立来り候所、享保九辰歳大岡越前守様御勤役之節、市場之儀御尋之上、市場江罷出候者共江身元相糺焼印札相渡候様被仰付候ニ付、焼印札拵置右札壱枚宛渡置、無札之者者不差出市場相立紛失物等売買不仕候様仕、是迄渡世仕来り候事

享保九辰年六月十八日諏訪美濃守様御内寄合江被召出、大岡越前守様被仰付候

橘町壱丁目・弐丁目相手取、御訴訟申上候始末左ニ写

乍恐以書付御訴訟奉申上候

一富沢町月行事吉兵衛外家主共一同奉申上候、町内古着市場之儀者往古ゟ立来候所、享保九辰年大岡越前守様御勤之節、紛鋪儀茂有之哉与被為思召度々御吟味被遊候ニ付、以来紛鋪様無之様可仕旨御願申上候得者、同年六月十八日御内寄合江被召出、古来之通被為仰付難有奉存候、則其節ゟ市場江罷出候者共江者身元相糺焼印札渡置、紛鋪品売買不成様被為仰付、依之無札之者者市売ニ一切出し不申、市相立候内者家主共見廻大切ニ相守申候、然ル処四、五年以来橘町壱丁目・弐丁目古着商売人とも市札所持致なから、富沢町市場江者不罷出、其所之往還江莚鋪市相立、外々并ニ裏々ニ罷在候古着売共迄右町々表住居之古着屋共之見世ヲ借り入交商内仕候ニ付、右ニ准シ其所之外商売仕候者迄も、古着売江見世ヲ貸専商売仕候故皆其処盛りニ相成、私共町内衰微仕買人少ク難儀至極仕候、別而申上候私共町内市場江罷出売候者江者焼印札渡置、市場立候内者私共見廻り相糺并火之用心大切ニ相守候故、是迄無難ニ而紛鋪品売買不致候様仕候、右町々江者所々ゟ大勢

古着持出売買仕候得者、相糺候儀も無御座哉与乍恐奉存候、畢竟市場之儀紛鋪被為思召、先年度々御吟味被為遊候ニ付、紛鋪儀無之様可仕御願申上御免被為遊、往古之通市場ニ被為仰付候処右町々ニ而右躰ニ仕、若紛失物等売買仕候而御吟味ニ相成候節者、私共町内市場ニ而売払候抔与可申上哉難計奉存候、左候而者私共未熟之様相成奉恐入候、依之無是非御訴訟申上候、以〔御脱カ〕慈悲橘町壱丁目月行事清七、同弐丁目月行事定七右両人被為召出、店前江莚ヲ鋪古着持出シ市相立候儀一切相止メ并外々ゟ其所江罷出古着売候者共江、朝之内見世貸商内不仕、御定之私共町内市場江罷出商内仕候様被為仰付被下置候様一同奉願上候、以上

天明二寅歳九月廿八日

富沢町月行事
訴訟人　吉兵衛
外家主共
銘々名印
橘町壱丁目月行事
相手　清　七
同弐丁目月行事
同　定　七

御奉行所様

右一件御組合名主中御取扱済口

差上申済口証文之事

去寅九月廿八日御訴訟申上候得者、同十月七日之御裏書頂戴相付当日双方罷出候処、御吟味ニ相成申候、然ル所双方名主共取扱、橘町壱丁目・弐丁目ニ是迄住居来候商売人共、居宅見世ニ而富沢町市場ニ似寄候売捌者以来決而致申間鋪、尤他町より罷越候古着商売人者勿論、縦町内裏家ニ罷在候古着買たり共、表見世店前等貸遣候儀、外商売躰之者居宅表見世店前等是又貸遣シ、富沢町市場ニ似寄候様成義一切致間敷、且又買取候品々之内不浄之物有之、見世内ニて取扱難致節者莚ヲ鋪取扱候得共、右者定式ニ莚ヲ鋪其上ニ而売買人集仕間鋪、都而富沢町市場商内之差障ニ相成候儀者仕間鋪旨、橘町壱丁目弐丁目月行事共ゟ右両町ニ罷在候古着商売人共江申聞、以来之趣堅為相守可申旨右月行事ゟ双方名主方江証文差出、出

入内済仕度奉存候、依之以御慈悲ヲ御吟味御下ケ被遊被下置候様双方一同奉願上候得者願之通被為仰付、偏ニ御威光ヲ以相済難有仕合奉存候、依之為後日済口証文奉差上候、仍而如件

富沢町月行事

天明三卯年八月十七日　願人　吉兵衛

外家主

七兵衛

武兵衛

安兵衛

喜兵衛

六兵衛

宗七

平右衛門

源兵衛

嘉六

善兵衛

佐右衛門

三郎兵衛

太兵衛

助七

宗兵衛

市右衛門

小三郎

庄兵衛

仁兵衛

治兵衛

源八

儀右衛門

久右衛門

伊兵衛

伊八

又兵衛

喜八

名主　源六

橘町壱丁目

月行事

相手　清七

五人組
同弐丁目
月行事
相手　定七
五人組三右衛門
名主　平助
後見　勘治郎
御番所様

右之一件名主殿へ証文取有之候

久松町河岸蔵前庇内ニ而市場ニ紛鋪商内致候ニ付相懸リ内分ニて相済、則左之通証文名主殿江取置申候

証文之事

一此節私共町内古着屋共儀、富沢町古着市場商内ニ准シ候致方有之紛鋪、既ニ天明二寅年九月中橘町壱丁目・同弐丁目古着屋共儀、他町并町内裏家ニ罷在候古着共江見世内店前等貸遣し、其上莚鋪候上ニ而商売為致、富沢町市場之差障ニ相成候ニ付、右町家主ゟ橘町壱丁目・同弐丁目月行事相手取、牧野大隅守様御勤役之節右御番所江御訴訟申上御吟味ニ相成候処、見世内店前等貸遣シ候儀者勿論、莚鋪候上ニ而商内為致候儀者相止、尤定式与申儀無之候得共、銘々買取候古着之内不浄之者有之、見世内難取入節者莚ヲ鋪売捌候迄ニ而、決而市場ニ似寄候商内為致間敷旨ニ付、右両町月行事より翌卯年八月中証文御取被成出入内済仕候間、其節私共町内古着屋共も心得違不致、前条之趣相守可申旨古着屋共へ申聞候様被仰聞承知仕、古着〔屋脱カ〕共ゟ証文取置、私共町内月行事ゟ証文差出置候、然ル所年数も相立此節者猥ニ罷成、市場差障ニ相成迷惑之旨富沢町月行事ゟ申立有之ニ付、私共へ被仰聞承知仕、依之店々古着屋共江壱人別ニ申聞候処一同承知仕候ニ付、以来他町者勿論町内裏家ニ住居之古着屋共江見世内店前共貸遣シ不申、莚鋪候上ニ而商売為致申間敷候、尤銘々買取候古着之内不浄之物有之節者莚鋪売捌候者格別之儀、都而廿三ケ年以前卯歳八月中差出置候証文之趣相心得、堅市場ニ似寄候売捌方為致申間鋪候、且又近年家前河岸地之内江相建有之土蔵前庇内ニ而古着売捌候趣茂相見へ、市場ニ紛敷旨是又富沢町月行事ゟ申立有之段被

仰聞承知仕候、依之当時在之候土蔵前庇内ニて市場ニ准候商内者為相止メ申候、此末追々土蔵相建候者有之候共右之趣相心得罷在、決而市場ニ紛敷売捌方為致申間鋪候、則店々古着屋共より猶又証文取置申候、万一相背候もの有之候ハヽ、何様ニも可被仰立候、為後日仍而如件

文化弐丑年九月四日

村松町月行事
利　八
五人組　平十郎
茂兵衛
久松町月行事
五人組　九左衛門
名主源六殿

右者町内居附地主諸帳面之内ニ有之候間写置候者也
天保五未八月
近与（近江屋与市）

（三）　上方中国筋木綿仕入買次問屋名前書上

寛政二庚戌年三月納

上方中国筋木綿仕入買次問屋名前書上

弐　拾番組
三拾六番組　木綿問屋

摂州大坂木綿仕入問屋

高麗橋　袴　屋弥右衛門
道修町　袴　屋仁右衛門
同　所　袴　屋善　兵　衛
内両替町　住吉屋仁右衛門
本町　井筒屋三右衛門
嶋町弐町目　船橋屋五郎兵衛
今橋　河内屋三郎兵衛
天神橋　信濃屋勘　兵　衛
本町　和泉屋三郎右衛門

農人橋詰　小刀屋佐　　市
堺筋本町　井筒屋庄右衛門
同町　播磨屋彦　三　郎
泉州堺　小山屋久　兵　衛

紀州和歌山木綿仕入問屋

岡田屋忠　兵　衛
嶋　屋平　兵　衛
松嶋屋久右衛門
浜野屋吉右衛門

尾州木綿買次問屋

名護屋上畠町　吹　原九郎三郎
名古屋車町　磯　貝忠左衛門
同町大野村　知多屋源　兵　衛
西広井　平　野喜　兵　衛

大野村　浜　嶋伝右衛門
竹　内源　助

三州木綿買次問屋
岡崎宿　大河原藤右衛門
西尾　深　谷半左衛門
同所　外　山弥治右衛門
矢作村　林　孫右衛門
萩原村　粕　谷縫右衛門

勢州木綿買次問屋
松坂　越後屋久右衛門
同町　織　戸忠右衛門
勢州松坂　柘　植儀　兵　衛
同所　浜　田伝右衛門
同所　加　藤弥右衛門
同所　三　井藤　兵　衛
同所　伊豆蔵伊　平　治
同所　津嶋屋嘉　兵　衛

同所　長　井宗　七
同所　茶碗屋長　兵　衛
同所　小野屋伊右衛門
白子　竹　口治　兵　衛
中瀬　神　田弥　兵　衛
津　久保田屋源兵衛
同所　松　田九郎右衛門
須川　中　嶋勘　十　郎
勢州肥田村　服　部三左衛門
景重　伊　藤治　兵　衛
内堀　野　崎所左衛門
岡田村　中　嶋七右衛門
白子　白　子兵　太　夫
同所　長谷川新　兵　衛

（四）木綿繰綿問屋名前書上

寛政二庚戌年三月納

木綿繰綿問屋名前書上

三拾六番弐拾五人組之内

当時商売仕候者　拾三人

行事　尾張町弐町目　亀　屋七左衛門

本石町四町目　大黒屋三郎兵衛

日本橋通壱町目　白木屋彦　太　郎

本町四町目　柏　屋孫左衛門

同町　伊豆蔵吉右衛門

通油町　大黒屋吉右衛門

駿河町　越後屋八郎兵衛

尾張町弐町目　蛭子屋八郎左衛門

桜田久保町　槌　屋幸　助

麴町五町目　枡　屋九右衛門

本町壱町目　枡　屋太　兵　衛

通旅籠町　大丸屋正右衛門

馬喰町四町目　嶋　屋市郎左衛門

行事　尾張町弐町目　亀　屋七左衛門

行事　本石町四町目　大黒屋三郎兵衛

右之通御座候、已上

右前書奉申上候通、売直段・元直段并国々仕入買次問屋名前等相調奉書上候通相違無御座候、以上

三拾六番組木綿問屋

行事　本石町四町目　大黒屋三郎兵衛

京都住宅ニ付代太　助判

行事　尾張町弐町目　亀　屋七左衛門

京都住宅ニ付代権　兵　衛判

日本橋通壱町目　白木屋彦　太　郎

京都住宅ニ付代清　次　郎判

通油町　大黒屋吉右衛門

江州住宅ニ付代権 兵 衛判
麹町五町目　京都住宅ニ付代善右衛門判　枡 屋九右衛門
本町四町目　京都住宅ニ付代庄 兵 衛判　伊豆蔵吉右衛門
本町四町目　京都住宅ニ付代六郎兵衛判　柏 屋孫左衛門
通旅籠町　大丸屋正右衛門
桜田久保町　京都住宅ニ付代専　助判　槌 屋幸　助
尾張町弐町目　京都住宅ニ付代治 兵 衛判　戎 屋八郎左衛門
駿河町　京都住宅ニ付代四郎兵衛判　越後屋八郎兵衛
本町壱町目　京都住宅ニ付代儀 兵 衛判　枡 屋太 兵 衛
馬喰町四町目　京都住宅ニ付代清 兵 衛判　嶋 屋市郎左衛門
京都住宅ニ付代吉右衛門判

三月分高瀬書上行事　亀 屋七左衛門
三月分三拾軒組行事　大黒屋吉右衛門
枡 屋九右衛門
炭 屋喜右衛門
四月分三拾軒組行事　大黒屋三郎兵衛
木 屋九 兵 衛
白木屋彦 太 郎

寛政二庚戌年四月

一弐貫三百九拾四匁七分七厘　諸雑用
内壱貫百九拾七匁三分八厘
右当時商売拾三軒割　但し壱軒分　九拾二匁壱分六毛
又壱貫百九拾七匁三分八厘
右惣仲間割弐拾壱軒　但し壱軒分　五拾七匁弐厘
一四百五拾六匁壱分六厘
紅粉屋五郎兵衛　岸部屋藤右衛門　木屋九 兵 衛
松 屋善 五 郎　中 屋勘 兵 衛　炭屋喜右衛門
鍵 屋清 兵 衛　炭 屋八 兵 衛
〆 八軒

但し壱軒分五拾七匁弐厘宛

一壱貫九百三拾八匁六分九厘

枡　屋九右衛門　　槌　屋幸　助

蛭子屋八郎左衛門　高瀬書上三月分行司　亀　屋七左衛門

三拾軒四月行司　白木屋彦　太　郎　　越後屋八郎兵衛

枡　屋太　兵　衛　　伊豆蔵吉右衛門

柏　屋孫左衛門　　大丸屋正右衛門

大黒屋吉右衛門　三拾軒三月行司　大黒屋三郎兵衛

嶋　屋市郎左衛門

〆　拾三軒

但し壱軒分百四拾九匁壱分三厘宛

(五) 武蔵岩附・下野真岡・下総八日市場木綿類仕入高書上

寛政元己酉年中分四月納

武蔵岩附
下野真岡　木綿類仕入高書上
下総八日市場

尾張町弐町目
三拾六番組
行事　亀屋七左衛門

一　武州岩附白木綿　九千九百八拾九反
一　同　嶋木綿　壱万千弐百八拾七反
一　野州真岡木綿　拾三万弐千九百四拾三反
一　下総八日市嶋木綿　壱万弐千四百九拾七反

合拾四万六千七百拾六反

寛政二庚戌年四月納

関東木綿訳合書上

三拾六番組
行司　亀屋七左衛門

乍恐奉申上候

一関東木綿之儀前々ゟ織出無数御座候所、近年余分之趣奉申上候所、毎之頃（ママ）ゟ余分相成候哉奉申上候様被為仰付奉畏候

一関東木綿之儀古来之義者聢与不奉存候得共、私共手先ニ而売買仕候所相考乍恐奉申上候

一武州岩附木綿之儀前々ゟ少々宛織出し候所、当時出方差而過分之儀も無御座候、然共廿ケ年以前ゟハ当時外々ニ順し余分織出し申候儀ニ御座候

一野州晒木綿儀廿ケ年以前出方甚薄ク御座候所、右真岡木綿之儀ハ染方等ニ仕至極出来宜品ニ御座候、勿論幅尺等茂在之自然与御当地ニ而相時行候ニ付、国許荷主共持参仕候砌ハ追々約束等仕、右故年々多分織出し候様罷成申候、依之当時専売買仕候儀ニ御座候

一下総八日市場嶋木綿之儀ハ弐十ケ年以前少々宛織出し候得共、最初ハ織方も不宜候ニ付、売買仕候儀聊之事ニ御座候、然ル所十ケ年程以前ゟ年々織方手馴候ニ付、御当地ニ而も売時行追々織出し余分ニ相成申候、依之当時専売買仕候儀ニ御座候

(六) 関東木綿仕入高写

寛政二戌年

関東木綿仕入高写

真岡木綿

壱万五千九百五拾反　ㄱ印
壱万四千百三拾五反　木印
四千六百七拾四反　中印
千八百三拾五反　木印
弐万四百弐拾八反　三八
六千弐百八拾反　ヱ八
五千六百拾六反　丸本
弐万三千三百五拾反　大丸
弐千弐百四拾弐反　嶋市
六百反　藤田
千九百六拾八反　升太
壱万千五拾反　岩城
四千八百拾五反　千印

〆 拾壱万弐千九百四拾三反

岩附白木綿

千九百八拾八反　ㄱ印
千七百拾反　木印
四拾八反　中印
五百三拾五反　木印
千弐百四拾八反　三八
五百拾弐反　ヱ八
弐百四反　丸本
千三百九拾九反　大丸
百四拾弐反　嶋市
仕入無御座候　藤田
四拾八反　升太

七拾反　岩城
弐千八拾五反　千印
〆　九千九百八拾九反

岩付嶋木綿
六百五拾反　ㄱ印
四千三拾五反　木印
八百拾三反　中印
百七拾反　木印
弐千五百六拾八反　三八
五百反　ヱ八
百七拾反　丸本
六百六拾反　大丸
五拾五反　嶋市
仕入無御座候　藤田
五百三拾六反　升太
四拾五反　岩城
千八拾五反　千印
〆　壱万千弐百八拾七反

八日市場嶋木綿
七百弐拾反　ㄱ印
六千八百四拾五反　木印
七百八拾反　中印
弐千九百三拾反　木印
三百九拾弐反　三八
仕入無御座候　ヱ八
右同断　丸本
百五拾反　大丸
六百八拾反　千印
仕入無御座候　嶋市
右同断　藤田
右同断　升太
右同断　岩城
〆　壱万弐千四百九拾七反

合拾四万六千七百拾六反
平均四反八分
代金三万五百六拾五両三分　五匁

銘々は書上不仕、〆高計書上ケ候

(七) 尾州名古屋木綿買次問屋吹原屋九郎三郎書上 壱

壱

尾州名古屋上畠町
木綿買次問屋
吹原屋九郎三郎
廿九冊之内

弐百弐拾六番

木綿江戸積仕候ニ付、宝暦元未年ゟ同三酉年迄、天明三
卯年ゟ去酉年迄、送り荷物元直段等委細書付差上候様被
為仰付、御案文御渡シ被成候ニ付吟味仕候処、宝暦年中
者不及申、近年之分も仕切勘定相済不用之品ニ付、先達
而売払申候ニ付委細之儀相知不申候、去未年ゟ帳面所持
仕居候ニ付左ニ書上申候

一宝暦年中并去卯年ゟ之分、木綿上中下相庭相知居候（下ケ札1）ハ、書出候様被仰付候ニ付、大概相知候分末ニ相認
差上申候

木綿壱口弐万弐千百反之内
一白木綿四千八百反　但上中下取交
右木綿諸懸り物

一木綿壱反ニ付綿目大概
上　百五拾匁
中　次綿　百三拾五匁
下　同　百五匁

但金壱両ニ付
生綿拾四斤替
繰綿壱貫三百五拾匁替
同次壱貫四百五拾匁替

一上木綿壱反
綿代銀六匁六分六厘
右打代銀三分弐厘
のり代銀六厘
（下ケ札2）

手間代銀弐匁九分壱厘
凡壱人手間日数十二、三日程懸候由
壱反ニ付代銀九匁九分五厘
（下ケ札3）

一中木綿壱反
綿代銀五匁五分九厘
右打代銀弐分八厘
のり代銀六厘
手間代銀壱匁壱分七厘
凡壱人手間七、八日程懸候由
壱反ニ付代銀七匁壱分

一下木綿壱反
綿代銀四匁三分五厘
右打代銀弐分三厘
のり代銀六厘
（下ケ札4）
手間代銀六分四厘
凡壱人手間五日程懸候由
〔壱反脱カ〕ニ付代銀五匁弐分八厘
（下ケ札5）

右者諸入用共一式

右四千八百反之木綿仲買之者町在ニ而買集、私方江持参
候ニ付上中下取交買直段
全七百五両三分　壱匁七分壱厘
但金壱両ニ付六反八分壱毛替
右木綿上中下仕分直段左之通
一上木綿三千弐百反　金壱両ニ付六反弐厘替
代金五百三拾壱両弐分　三匁六分八厘
（下ケ札6）

一中木綿千百反　金壱両ニ付八反四分五厘替
代金百三拾両　拾匁六分五厘
一下木綿五百反　金壱両ニ付十一反三分五厘替
代金四拾五両　三匁壱分七厘
〆代金七百五両三分　弐匁五分
（下ケ札7）

一弐百弐拾五匁壱分弐厘
壱箇百反入　壱箇ニ付四匁六分九厘
是ハ包紙・縄菰莚・荷造絵符・御当地ゟ勢州白子
迄之運賃
一四百弐拾三匁四分七厘
是ハ問屋口銭金壱両ニ付銀六分宛
右懸り物共〆
代金七百拾六両弐分　六匁九厘
右木綿江戸日本橋南壱丁目白木屋彦太郎方江天明七年未
二月指送り申候
（下ケ札1）
「晒木綿・嶋木木綿之儀も御尋御座候得共、近来右両
様之注文無御座候ニ付取扱不申候、晒木綿之儀者本
文木綿直段ニ晒代を指加へ候迄ニ御座候
木綿壱反ニ付

上晒代銀八分
中晒代銀四分
右之通御座候、已上」

（下ケ札2）「本文木綿織候者之儀、年来木綿一色之産業ニ而無御座、間々ニ織出候物故、壱反ニ付日数相懸候儀一様ニ者無御座候得共、所々承合セ凡之儀相認申上候」

（下ケ札3）「本文木綿織手間代ニ而仲買之利分引ケ申候」

（下ケ札4）「此節者木綿織出シ多ク有之候処、江戸表ゟ注文者無数候故、綿相庭と者不釣合ニ木綿者下直ニ御座候故、織方利分無御座候ニ付、下所者格別綿目方減少仕、軽目之木綿多ク出来仕候」

（下ケ札5）「木綿之儀者段々拾四、五通少々ッ、甲乙有之、番附印附等を以取扱候得共、御案文之趣も有之候ニ付、上中下三段ニならしを以本文之通書上申候」

（下ケ札6）「本文木綿相場之儀、前々生綿下直之節ハ木綿も下直ニ御座候処、近来者打続生綿高直ニ御座候、尤年ニより少々宛之高下御座候得共、木綿之儀者強而生綿相場ニ准シ不申儀も御座候、右者何故与申儀極而者難申上候得共、江戸表ゟ注文多御座候得者仲買共所々駈廻り買出候故、自然与直段引上ケ候儀も有之、或者在々農業世話敷節織出シ無之、又者米穀下直ニ而暮方ゆるやかニ成候得者、売木綿いたし候者手前之着領ニもいたし候ニ付、木綿払底ニ而相場上り候儀も御座候、織出し多ク注文者無数ニ御座候節者、仲買共買出シ問屋江持参候而も問屋ニ而も得引受不申候故、仲買共損金相立候ニ付左様之節者染之買出ニも参不申、自然と下直ニ成候儀も御座候、先者其時々之景気ニより候儀ニ相見、江戸表ゟ注文多ク申参候得者仲買共出情買廻り、着領ニいたし候と申木綿迄も強而買出シ候故、安く者売不申おのつから高直ニ相成申候、且又仲買之儀木綿多ク買溜置、相場見合売出候ものニ者無御座、注文之多少ニより買廻り、時々之相場を以売候故至而利潤無数ならし、壱反ニ付銭七、八文ゟ拾文位之利潤ニ御座候、私共儀者買候丈ケ指送り、定之口銭取候儀ニ御座候

（下ケ札7）「本文木綿之儀私方ニ而者拾五通ニ仕分番附印附を以取扱申候、近来壱番、弐番者無御座、三番ゟ七番迄者上之部ニ入、八番ゟ十番迄ニ知多郡木綿取交中と

定、下所者知多郡木綿計ニ御座候、右知多郡木綿者下品ニ而外之木綿とハ競かたく、直段も下直ニ御座候、外問屋ゟ書上候直段と格別相違仕候、仍右之趣申上候」

右壱口之内
一白木綿三千三百反
　内
　上　六百反　　右同直段
　　代金九拾九両弐分　拾匁六厘
　中　千四百反　　同断
　　代金百六拾五両弐分　拾匁八分弐厘
　下　千三百反　　右同直段
　　代金百拾四両弐分　弐匁弐分四厘
　右荷造口銭等〆
　　代金三百八拾六両壱分　八分弐厘
右木綿江戸本町四丁目柏屋孫左衛門方江同月指送り申候

右壱口之内

一白木綿三千七百反
　内
　上　千四百反　　右同直段
　　代金弐百三拾弐両弐分　三匁四分五厘
　中　千三百反　　同断
　　代金百五拾三両三分　五匁七分六厘
　下　千反　　同断
　　代金八拾八両　六匁三分四厘
　右荷造右銭等〆
　　代金四百八拾弐両　八匁七分八厘
右木綿江戸本町四丁目伊豆蔵吉右衛門方江同月指送り申候

右壱口之内
一上白木綿千九百反　　右同直段
　　代金三百拾五両弐分　六匁八分七厘
　右荷造り口銭等〆
　　代金三百弐拾両壱分　三分四厘
右木綿江戸駿河町越後屋八郎兵衛方江同月差送り申候

右壱口之内
一白木綿五千八百反
内
上　三千百反　右同断
代金五百拾四両三分　拾弐匁壱厘
中　弐千四百反　同断
代金弐百八拾四両　壱匁四分壱厘
下　三百反　同断
代金弐拾六両壱分　拾匁九分
右荷造り口銭等〆
代金八百三拾八両　拾壱匁五分八厘
右木綿江戸尾張町蛭子屋八郎左衛門方江同月差送り申候
右壱口之内
一白木綿千六百反
内
上　五百反　右同直段
代金八拾三両　三匁三分八厘
下　千百反　同断

代金九拾六両三分　九匁九分七厘
右荷造り口銭等〆
代金百八拾三両　拾三匁三分五厘
右木綿江戸通油町大黒屋吉右衛門方江同月差送り申候
右壱口之内
一白木綿千反
内
上　五百反　右同直段
代金八拾三両　三匁三分八厘
中　四百反　同断
代金四拾七両壱分　五匁弐分三厘
下　百反　同断
代金八両三分　三匁六分三厘
右荷造口銭等〆
代金百四拾壱両壱分　七匁六分六厘
右木綿江戸本町壱丁目升屋太兵衛方江同月差送り申候
右之通夫々指送り、書面直段ニ仕切勘定相立申候

木綿壱口六千八百反之内
　一白木綿三千五百反
　　内
　上　九百反　　　　　金壱両ニ付六反壱分五厘替
　　代金百四拾六両壱分　五匁四分八厘
　中　弐千反　　　　　金壱両ニ付八反五分替
　　代金弐百三拾五両壱分　弐匁六分四厘
　下　六百反　　　　　金壱両ニ付十一反三分五厘替
　　代金五拾弐両三分　六匁八分
　右荷造り口銭等〆
　　代金四百四拾壱両弐分　四匁七分六厘
右木綿江戸尾張町亀屋七左衛門方江同年三月差送り申候
右壱口之内
　一白木綿弐千四百反
　　内
　上　千七百反　　右同直段
　　代金弐百七拾六両壱分　拾匁三分六厘
　中　七百反　　　同断
　　代金八拾弐両壱分　六匁壱分七厘
　右荷造り口銭等〆
　　代金三百六拾四両　拾四匁三分五厘
右木綿江戸大伝馬町大丸屋正右衛門方江同月差送り申候
右壱口之内
　一白木綿九百反
　　内
　上　百反　　右同直段
　　代金拾六両壱分　六分
　中　七百反　　同断
　　代金八拾弐両壱分　六匁壱分七厘
　下　百反　　同断
　　代金八両三分　三匁六分三厘
　右荷造り口銭等〆
　　代金百九両　拾弐匁六厘
右木綿江戸桜田久保町槌屋幸助方江同月差送り申候
右之通夫々江差送り、書面直段ニ仕切勘定相立申候

木綿壱口弐万九千弐百反之内
一白木綿三千七百反
内
上　千反　　　金壱両ニ付六反壱分替
代金百六拾三両三分　拾壱匁六厘
中　千弐百反　　金壱両ニ付八反四分五厘替
代金百四拾弐両ト七分壱厘
下　千五百反　　金壱両ニ付十一反五分五厘替
代金百弐拾九両三分　七匁弐分
右荷造り口銭等〆
代金四百四拾三両　三匁九分八厘
右木綿江戸本町四丁目柏屋孫左衛門方江同年五月差送り
申候
右壱口之内
一白木綿五千百反
内
上　弐千八百反　　右同直段
代金四百五拾九両ト九分八厘
中　弐千三百反　　同断
代金弐百七拾弐両　拾壱匁三分六厘
右荷造り口銭等〆
代金七百四拾弐両弐分　弐分五厘
右木綿江戸日本橋南壱丁目白木屋彦太郎方江同月差送り
申候
右壱口之内
一白木綿千九百反
内
上　千四百反　　右同直段
代金弐百弐拾九両弐分　四分九厘
中　五百反　　同断
代金五拾九両　拾匁弐分九厘
右荷造り口銭等〆
代金弐百九拾三両　三匁九厘
右木綿江戸糀町五丁目　升屋九右衛門方江同月差送り申
候

右壱口之内
一白上木綿五百反　右同直段
代金八拾壱両三分　拾三匁三厘
右荷造り口銭等〆
代金八拾三両　拾匁六分六厘
右木綿江戸浅草御見附内嶋屋市郎左衛門方江同月差送り
申候
右壱口之内
一白木綿千四百反
内
上　八百反　右同直段
代金百三拾壱両　八匁八分五厘
中　五百反　同断
代金五拾九両　拾匁弐分九厘
下　百反　同断
代金八両弐分　九匁四分八厘
右荷造り口銭等〆
代金弐百弐両　三匁六分六厘

右木綿江戸本町壱丁目升屋太兵衛方江同月差送り申候
右壱口之内
一白木綿三千反
内
上　五百反　右同直段
代金八拾壱両三分　拾三匁三厘
中　弐千五百反　同断
代金弐百九拾五両三分　六匁四分七厘
右荷造り口銭等〆
代金三百八拾三両三分　拾壱匁弐分六厘
右木綿江戸駿河町越後屋八郎兵衛方江同月差送り申候
右壱口之内
一白木綿千四百反
内
上　七百反
代金百拾四両三分　弐分四厘
中　七百反

代金八拾弐両三分　五匁四分壱厘
右荷造り口銭等〆
代金弐百両弐分　九匁八分六厘
右木綿江戸尾張町亀屋七左衛門方江同月差送り申候
右壱口之内
一白木綿四千八百反
内
上　千四百反　右同直段
代金弐百弐拾九両弐分　四分九厘
中　千弐百反　同断
代金百四拾弐両ト七分壱厘
下　弐千弐百反　同断
代金百九拾両壱分　拾三匁五分七厘
右荷造り口銭等〆
代金五百七拾壱両壱分　七匁八厘
右木綿江戸通油町大黒屋吉右衛門方江同月差送り申候
右壱口之内

一白木綿七千四百反
内
上　四千百反　右同直段
代金六百七拾弐両　七匁八分七厘
中　三千三百反　同断
代金三百九拾両弐分　壱匁九分五厘
右荷造り口銭等〆
代金千七拾九両　四匁四分七厘
右木綿江戸尾張町蛭子屋八郎左衛門方江同月差送り申候
右之通夫々江差送り、書面直段ニ仕切勘定相立申候
木綿壱口三万四千八百反之内
一白木綿四千三百反
内
上　弐千三百反　金壱両ニ付五反九分五厘替
代金三百八拾六両弐分　三匁弐分七厘
中　千百反　金壱両ニ付八反壱分替
代金百三拾五両三分　三匁壱分四厘

下　九百反　　　金壱両ニ付十一反六分替
代金七拾七両弐分　五匁壱分七厘
右荷造り口銭等〆
代金六百九両壱分　三匁弐分壱厘
右木綿江戸本石町四丁目大黒屋三郎兵衛方江同年六月差送り申候
右壱口之内
一白木綿五千反
内
上　弐千六百反　　右同直段
代金四百三拾六両三分　拾三匁四分八厘
中　弐千四百反　　同断
代金弐百九拾六両壱分　弐匁七分七厘
右荷造り口銭等〆
代金七百四拾四両弐分　七分壱厘
右木綿江戸日本橋南壱丁目白木屋彦太郎方江同月差送り申候

右壱口之内
一白木綿三千百反
内
上　弐千反　　右同直段
代金三百三拾六両　八匁六厘
下　千百反　　同断
代金九拾四両三分　四匁六分五厘
右荷造り口銭等〆
代金四百三拾七両弐分　拾壱匁六分七厘
右木綿江戸本町四丁目伊豆蔵吉右衛門方江同月差送り申候
右壱口之内
一白木綿弐千反
内
上　千五百反　　右同直段
代金弐百五拾弐両　六匁五厘
中　五百反　　同断
代金六拾壱両弐分　拾三匁七分

右荷造り口銭等〆
代金三百拾八両弐分　壱匁八分四厘
右木綿江戸駿河町越後屋八郎兵衛方江同月差送り申候
右壱口之内
一白木綿八千反
内
上　弐千三百反　右同直段
代金三百八拾六両弐分　三匁弐分七厘
中　四千七百反　同断
代金五百八拾両　拾四匁八分壱厘
下　千反
代金八拾六両　拾弐匁四分壱厘
右荷造り口銭等〆
代金千六拾九両三分　弐匁四分九厘
右木綿江戸尾張町蛭子屋八郎左衛門方江同月差送り申候
右壱口之内
一白中木綿五百反　右同直段

代金六拾壱両弐分　拾三匁七分
右荷造り口銭等〆
代金六拾弐両弐分　拾四匁壱分八厘
右木綿江戸通油町大黒屋吉右衛門方江同月差送り申候
右壱口之内
一白木綿弐千反
内
上　八百反　右同直段
代金百三拾四両壱分　拾弐匁弐分弐厘
中　千弐百反　同断
代金百四拾八両　八匁八分八厘
右荷造り口銭等〆
代金弐百八拾六両三分　拾四匁四分壱厘
右木綿江戸尾張町亀屋七左衛門方江同月差送り申候
右壱口之内
一白木綿五千四百反
内

上　弐千六百反　　右同直段
代金四百三拾六両三分　拾三匁四分八厘
中　弐千三百反　　右同直段
代金弐百八拾三両三分　拾弐匁三厘
下　五百反　　同断
代金四拾三両　六匁弐分
右荷造り口銭等〆
代金七百七拾五両三分　八匁三分八厘
右木綿江戸大伝馬町大丸屋正右衛門方江同月差送り申候
右壱口之内
一白木綿弐千百反
内
上　五百反　　右同直段
代金八拾四両　弐匁壱厘
中　千六百反　　同断
代金百九拾七両弐分　壱匁八分五厘
右荷造り口銭等〆
代金弐百八拾六両　壱匁弐分八厘

右木綿江戸糀町五丁目升屋久右衛門方江同月差送り申候
右壱口之内
一白木綿千九百反
内
上　七百反　　右同直段
代金百拾七両弐分　八匁八分弐厘
中　千弐百反　　同断
代金百四拾八両　八匁八分八厘
右荷造り口銭等〆
代金弐百六拾九両三分　拾壱匁弐分八厘
右木綿江戸桜田久保町槌屋幸助方江同月差送り申候
右壱口之内
一白木綿五百反
内
上　四百反　　右同直段
代金六拾七両　拾三匁六分壱厘
中　百反　　右同直段

代金拾弐両壱分　五匁七分四厘
右荷造り口銭等〆
代金八拾両三分　五分四厘
右木綿江戸本町壱丁目升屋太兵衛方江同月差送り申候
右之通夫々江差送り、書面直段ニ仕切勘定相立申候
木綿壱口三万弐千三百反之内
一白木綿三千四百反
内
上　七百反　金壱両ニ付五反九分五厘替
代金百拾七両弐分　八匁八分弐厘
中　五百反　金壱両ニ付八反壱分替
代金六拾壱両弐分　拾三匁七分
下　弐千弐百反　金壱両ニ付十一反六分替
代金百八拾九両弐分　九匁三分壱厘
右荷造り口銭等〆
代金三百七拾五両壱分　七匁七分
右木綿江戸本町四丁目柏屋孫左衛門方江同年七月差送り
申候
右壱口之内
一白木綿三千五百反
内
上　弐千反　右同直段
代金三百三拾六両　八匁六厘
中　千五百反　同断
代金百八拾五両　拾壱匁壱分壱厘
右荷造り口銭等〆
代金五百弐拾九両壱分　壱匁壱分壱厘
右木綿江戸日本橋南壱丁目白木屋彦太郎方江同月差送り
申候
右壱口之内
一白木綿七千四百反
内
上　弐千六百反　右同直段
代金四百三拾六両三分　拾三匁四分八厘

中　弐千三百反　同断
代金弐百八拾三両三分　拾弐匁三厘
下　弐千五百反　同断
代金弐百拾五両弐分　壱匁三厘
右荷造り口銭等〆
代金九百五拾壱両弐分　五匁四分六厘
右木綿江戸本町四丁目伊豆蔵吉右衛門方江同月差送り申候
右壱口之内
一白木綿三千弐百反
内
上　八百反　右同直段
代金百三拾四両壱分　拾弐匁弐分弐厘
中　千三百反　右同直段
代金百六拾両壱分　拾四匁六分弐厘
下　千百反　同断
代金九拾四両三分　四匁六分五厘
右荷造り口銭等〆

代金三百九拾六両　拾匁四分五厘
右木綿江戸本石町四丁目大黒屋三郎兵衛方江同月差送り申候
右壱口之内
一白木綿弐千七百反
内
上　千百反　右同直段
代金百八拾四両三分　七匁四分三厘
中　千百反　同断
代金百三拾五両三分　三匁壱分四厘
下　五百反　同断
代金四拾三両　六匁弐分
右荷造り口銭等〆
代金三百六拾九両弐分　壱匁六分六厘
右木綿江戸通油町大黒屋吉右衛門方江同月差送り申候
右壱口之内
一白木綿四千八百反

内
上　三百反　　　　右同直段
代金五拾両壱分　拾匁弐分壱厘
中　三千五百反　　同断
代金四百三拾弐両　五匁九分弐厘
下　千反　　　　　同断
代金八拾六両　拾弐匁四分弐厘
右荷造り口銭等〆
代金五百七拾八両　九匁八分九厘
右木綿江戸駿河町越後屋八郎兵衛方江同月差送り申候
右壱口之内
一白木綿四千反
内
上　千弐百反　　　右同直段
代金弐百壱両弐分　拾匁八分四厘
中　弐千四百反　　同断
代金弐百九拾六両壱分　弐匁七分七厘
下　四百反　　　　同断

代金三拾四両壱分　拾三匁九分六厘
右荷造り口銭等〆
代金五百四拾両三分　九匁六分四厘
右木綿江戸尾張町亀屋七左衛門方江同月差送り申候
右壱口之内
一白木綿千八百反
内
上　百反　　　　　右同直段
代金拾六両三分　三匁四分
中　千七百反　　　右同直段
代金弐百九両三分　七匁五分九厘
右荷造り口銭等〆
代金弐百三拾両壱分　六匁四分壱厘
右木綿江戸大伝馬町大丸屋正右衛門方江同月差送り申候
右壱口之内
一白木綿四百反
内

上　百反　　　右同直段
　代金拾六両三分　三匁四分
中　三百反　　同断
　代金三拾七両　弐匁弐分弐厘
右荷造り口銭等〆
　代金五拾四両弐分　拾壱匁六分八厘
右木綿江戸糀町五丁目升屋久右衛門方江同月差送り申候
右壱口之内
　一白木綿千百反
　内
　上　三百反　　右同直段
　　代金五拾両壱分　拾匁弐分壱厘
　中　六百反　　同断
　　代金七拾四両　四匁四分四厘
　下　弐百反　　同断
　　代金拾七両　拾四匁四分八厘
右荷造り口銭等〆
　代金百四拾四両ト七分六厘

右木綿江戸桜田久保町槌屋幸助方江同月差送り申候
　右之通夫々江差送り、書面直段ニ仕切勘定相立申候
木綿壱口弐万弐千七百反之内
　一白木綿千六百反
　内
　上　八百反　　金壱両ニ付六反五厘替
　　代金百三拾弐両　拾三匁八分八厘
　中　五百反　　金壱両ニ付八反壱分五厘替
　　代金六拾壱両壱分　五匁九分八厘
　下　三百反　　金壱両ニ付十一反六分替
　　代金弐拾五両壱分　六匁七分弐厘
右荷造り口銭等〆
　代金弐百弐拾弐両三分　八匁弐分八厘
右木綿江戸本町四丁目伊豆蔵吉右衛門方江同年九月指送り申候
右壱口之内

一白木綿五千三百反
内
上　弐千八百反　　右同直段
代金四百六拾弐両三分　三匁五分九厘
中　弐千五百反　　右同直段
代金三百六両弐分　拾四匁九分
右荷造り口銭等〆
代金七百八拾壱両壱分　八匁七分九厘
右木綿江戸日本橋南壱丁目白木屋彦太郎方江同月指送り
申候
右壱口之内
一白木綿四千反
内
上　千九百反　　右同直段
代金三百拾四両　弐匁九分七厘
中　弐千百反　　右同直段
代金弐百五拾七両弐分　拾匁壱分弐厘
右荷造り口銭等〆

代金五百八拾両弐分　三匁七分弐厘
右木綿江戸本町四丁目柏屋孫左衛門方江同月差送り申候
右壱口之内
一白木綿千反
内
上　弐百反　　右同直段
代金三拾三両　三匁四分七厘
中　弐百反　　同断
代金弐拾四両弐分　弐匁三分九厘
下　六百反　　同断
代金五拾壱両弐分　拾三匁四分四厘
右荷造り口銭等〆
代金百拾壱両　拾壱匁七分九厘
右木綿江戸通油町大黒屋吉右衛門方江同月差送り申候
右壱口之内
一白木綿五千六百反
内

上　千三百反　　右同直段
代金弐百拾四両三分　七匁五分六厘
中　三千五百反　右同直段
代金四百弐拾九両壱分　拾壱匁八分七厘
下　八百反　　　同断
代金六拾八両三分　拾弐匁九分三厘
右荷造り口銭等〆
代金七百弐拾四両三分　弐匁九分七厘
右木綿江戸尾張町蛭子屋八郎左衛門方江同月差送り申候
右壱口之内
一白木綿千反
内
上　三百反　　右同直段
代金四拾九両弐分　五匁弐分
中　七百反　　同断
代金八拾五両三分　八匁三分七厘
右荷造り口銭等〆
代金百三拾七両弐分　六匁七分五厘

右木綿江戸尾張町亀屋七左衛門方江同月差送り申候
右壱口之内
一白木綿弐千八百反
内
上　千六百反　　右同直段
代金弐百六拾四両壱分　拾弐匁七分六厘
中　七百反　　同断
代金八拾五両三分八匁三分七厘
下　五百反
代金四拾三両　六匁弐分
右荷造り口銭等〆
代金三百九拾九両弐分　四匁七分弐厘
右木綿江戸大伝馬町三丁目大丸屋正右衛門方江同月差送り申候
右壱口之内
一白木綿千百反

内
上　六百反　　右同直段
代金九拾九両　拾匁四分壱厘
中　五百反　　同断
代金六拾壱両壱分　五匁九分八厘
右荷造り口銭等〆
代金百六拾弐両三分　拾四匁弐分九厘
右木綿江戸本町壱丁目升屋太兵衛方江同月差送り申候
右壱口之内
一白木綿三百反　　右同直段
下
代金弐拾五両三分　六匁七分弐厘
右荷造り口銭等〆
代金弐拾六両壱分　六匁三分
右木綿江戸桜田久保町槌屋幸助方江同月差送り申候
右之通夫々江差送り、書面直段ニ仕切勘定相立申候

木綿壱口弐万三千八百反之内
一白木綿弐千百反
内
上　五百反　　金壱両ニ付六反壱分五厘替
代金八拾壱両壱分　三匁四厘
中　九百反　　金壱両ニ付八反弐分五厘替
代金百九両　五匁四分五厘
（下ケ札）
下　七百反　　金壱両ニ付十一反七分替
代金五拾九両三分　四匁七分四厘
右荷造り口銭等〆
代金弐百五拾四両壱分　六匁八分五厘
右木綿江戸通油町大黒屋吉右衛門方江同年十月差送り申候
（下ケ札）
「新綿出来直段引下ケ申候ニ付、木綿織手間相増申候、
本文文前条之割合ニ而左之通
金壱両ニ付　繰綿壱貫七百五拾匁替
同次壱貫八百五拾匁替
木綿壱反手間代
上　銀四匁弐分三厘

中　銀弐匁五分四厘

下　銀壱匁四分弐厘

右壱口之内

一白木綿弐千七百反

内

上　千反　　右同直段

代金百六拾弐両弐分　六匁九厘

中　千七百反　同断

代金弐百六両　三匁六分三厘

右荷造り口銭等〆

代金三百七拾四両壱分　拾弐匁五分六厘

右木綿江戸日本橋南壱丁目白木屋彦太郎方江同月差送り申候

右壱口之内

一白木綿千九百反

内

上　三百反　　右同直段

代金四拾八両三分　壱匁八分弐厘

中　千弐百反　同断

代金百四拾五両壱分　拾弐匁弐分七厘

下　四百反

代金三拾四両　拾壱匁弐分八厘

右荷造り口銭等〆

代金弐百三拾弐両ト四分弐厘

右木綿江戸本町四丁目伊豆蔵吉右衛門方江同月差送り申候

右壱口之内

一白木綿弐千五百反

内

上　九百反　　右同直段

代金百四拾六両壱分　五匁四分八厘

中　千三百反　同断

代金百五拾七両弐分　四匁五分四厘

下　三百反　同断

代金弐拾五両弐分　八匁四分六厘

右荷造り口銭等〆
　代金三百三拾四両三分　三匁四分六厘
右木綿江戸尾張町亀屋七左衛門方江同月差送り申候
右壱口之内
一白木綿六千五百反
　内
上　弐千三百反　右同直段
　代金三百七拾三両三分　拾四匁弐厘
中　三千弐百反　同断
　代金三百八拾七両三分　七匁七分弐厘
下　千反　同断
　代金八拾五両壱分　拾三匁弐分
右荷造り口銭等〆
　代金八百六拾両三分　八匁壱分八厘
右木綿江戸尾張町蛭子屋八郎左衛門方江同月差送り申候
右壱口之内
一白木綿三千八百反
　内
上　千八百反　右同直段
　代金弐百九拾弐両弐分　拾匁九分七厘
中　弐千反　同断
　代金弐百四拾弐両壱分　拾匁四分五厘
右荷造り口銭等〆
　代金五百四拾三両壱分　拾匁七分
右木綿江戸駿河町越後屋八郎兵衛方江同月差送り申候
右壱口之内
一白木綿弐千八百反
　内
上　千四百反　右同直段
　代金弐百弐拾七両弐分　八匁五分三厘
中　千百反　同断
　代金百三拾三両壱分　五匁
下　三百反
　代金弐拾五両弐分　八匁四分六厘
右荷造り口銭等〆

代金三百九拾弐両弐分　拾匁弐分七厘

右木綿江戸大伝馬町三丁目大丸屋正右衛門方江同月差送り申候

右壱口之内

一白木綿九百反

内

上　四百反　右同直段

代金六拾五両　弐匁四分三厘

中　四百反　同断

代金四拾八両壱分　拾四匁九厘

下　百反　同断

代金八両弐分　弐匁八分弐厘

右荷造り口銭等〆

代金百弐拾三両弐分　拾四匁六分四厘

右木綿江戸本町壱丁目升屋太兵衛方江同月差送り申候

右壱口之内

一白中木綿六百反　右同直段

代金七拾弐両弐分　拾三匁六分三厘

右荷造り口銭等〆

代金七拾三両三分　拾匁四分

右木綿江戸桜田久保町槌屋幸助方へ同月差送り申候

右之通夫々江差送り、書面直段ニ仕切勘定相立申候

木綿壱口弐万九千四百五拾反之内

一白木綿弐千三百反

内

上　六百反　金壱両ニ付六反五厘替

代金九拾九両　拾匁四分壱厘

中　千弐百反　金壱両ニ付八反弐分替

代金百四拾六両壱分　五匁四分八厘

下　五百反　金壱両ニ付十一反六分替

代金四拾三両　六匁弐分

右荷造り口銭等〆

代金弐百九拾三両壱分　三匁壱分三厘

右木綿江戸本町四丁目柏屋孫左衛門方江同年十一月差送

り申候
右壱口之内
一白木綿弐千四百反
内
上　八百反　右同直段
代金百三拾弐両　拾三匁八分八厘
中　千六百反　同断
代金百九拾五両　七匁三分壱厘
右荷造り口銭等〆
代金三百三拾弐両弐分　壱分六厘
右木綿江戸本町四丁目伊豆蔵吉右衛門方江同月差送り申
候
右壱口之内
一白木綿千四百反
内
上　五百反　右同直段
代金八拾弐両弐分　八匁六分七厘
中　九百反　同断
代金百九両三分　三分六厘
右荷造り口銭等〆
代金百九拾五両壱分　拾匁壱分壱厘
右木綿江戸通油町大黒屋吉右衛門方江同月差送り申候
右壱口之内
一白木綿千弐百反
内
上　五百反　右同直段
代金八拾弐両弐分　八匁六分七厘
中　七百反　同断
代金八拾五両壱分　六匁九分五厘
右荷造り口銭等〆
代金百七拾両弐分　七匁七分
右木綿江戸本石町四丁目大黒屋三郎兵衛方江同月差送り
申候
右壱口之内

一白木綿五千反
　内
　上　弐千百反　　　右同直段
　　代金三百四拾七両　六匁四分四厘
　中　弐千九百反　　同断
　　代金三百五拾三両弐分　九匁五分壱厘
　右荷造り口銭等〆
　　代金七百拾壱両弐分　拾匁九分
右木綿江戸日本橋南壱丁目白木屋彦太郎方江同月差送り
申候
右壱口之内
　一白木綿五千七百反
　　内
　上　弐千三百反　　右同直段
　　代金三百八拾両　九匁九分壱厘
　中　弐千七百反　　右同直段
　　代金三百弐拾九両壱分　壱匁九厘
　下　七百反　　　　同断

　　代金六拾両壱分　五匁六分八厘
　右荷造り口銭等〆
　　代金七百八拾壱両三分　拾匁八分七厘
右木綿江戸尾張町蛭子屋八郎左衛門方江同月差送り申候
右壱口之内
　一白木綿三千六百反
　　内
　上　千三百反　　　右同直段
　　代金弐百拾四両三分　七匁五分六厘
　中　千七百反　　　同断
　　代金弐百七両壱分　四匁弐厘
　下　六百反
　　代金五拾壱両弐分　拾三匁四分四厘
　右荷造り口銭等〆
　　代金四百八拾壱両壱分　拾三匁弐分三厘
右木綿江戸駿河町越後屋八郎兵衛方へ同月差送り申候
右壱口之内

一白木綿三千九百反
内
上 千六百反 右同直段
代金弐百六拾四両壱分 拾弐匁七分六厘
中 千七百反 同断
代金弐百七両壱分 四匁弐厘
下 四百反 同断
代金三拾四両壱分 拾三匁九分六厘
右荷造り口銭等〆
代金五百拾四両 拾三匁弐厘
右木綿江戸大伝馬町大丸屋正右衛門方江同月差送り申候
右壱口之内
一白木綿千八百反
内
上 八百反 右同直段
代金百三拾弐両 拾三匁八分八厘
中 千反 同断
代金百弐拾壱両三分 拾弐匁七厘

右荷造り口銭等〆
代金弐百五拾八両 七匁八分七厘
右木綿江戸麴町五丁目升屋久右衛門方江同月差送り申候
右壱口之内
一白木綿千五百反
内
上 六百反 右同直段
代金九拾九両 拾匁四分壱厘
中 八百反 同断
代金九拾七両弐分 三匁六分五厘
下 百反 右同直段
代金八両弐分 七匁弐分四厘
右荷造り口銭等〆
代金弐百八両弐分 四匁八分六厘
右木綿江戸桜田久保町槌屋幸助方江同月差送り申候
右壱口之内
一白木綿六百五拾反

内
上　四百五拾反　　右同直段
代金七拾四両壱分　七匁八分
中　弐百反　　同断
代金弐拾四両壱分　八匁四分壱厘
右荷造り口銭等〆
代金百両壱分　九分五厘
右木綿江戸浅草御見附内嶋屋市郎左衛門方江同月差送り
申候
右之通夫々江差送り、書面直段ニ仕切勘定相立申候
木綿壱口三万八千七百反之内
一白木綿六千四百反
内
上　三千五百反　　金壱両ニ付六反五厘替
代金五百七拾八両弐分　七分八厘
中　弐千六百反　　金壱両ニ付八反壱分五厘替
代金三百拾九両　壱匁壱分

下　三百反　　金壱両ニ付十一反四分五厘替
代金弐拾六両　拾弐匁五厘
右荷造り口銭等〆
代金九百三拾七両三分　拾三匁弐分八厘
右木綿江戸日本橋南壱丁目白木屋彦太郎方江同年十二月
差送り申候
右壱口之内
一白木綿五千四百反
内
上　千三百反　　右同直段
代金弐百拾四両三分　七匁五分六厘
中　弐千九百反　　同断
代金三百五拾五両三分　四匁六分九厘
下　千弐百反　　同断
代金百四両三分　三匁弐分
右荷造り口銭等〆
代金六百八拾六両壱分　拾四匁壱厘
右木綿江戸本町四丁目柏屋孫左衛門方江同月指送り申候

右壱口之内
一白木綿五千三百反
内
上　千八百反　　右同直段
代金弐百九拾七両弐分　壱匁弐分三厘
中　弐千四百反　同断
代金弐百九拾四両壱分　十三匁七分壱厘
下　千百反　　右同直段
代金九拾六両　四匁壱分九厘
右荷造り口銭等〆
代金六百九拾九両　五匁五分三厘
右木綿江戸本石町四丁目大黒屋三郎兵衛方江同月差送り
申候
右壱口之内
一白木綿七千四百反
内
上　弐千七百反　右同直段
代金四百四拾六両壱分　壱匁八分五厘

中　三千五百反　　同断
代金四百弐拾九両壱分　拾壱匁八分七厘
下　千弐百反　　同断
代金百四両三分　三匁弐分
右荷造り口銭等〆
代金九百九拾六両　七匁弐分九厘
右木綿江戸本町四丁目伊豆蔵吉右衛門方江同月差送り申
候
右壱口之内
一白木綿三千八百反
内
上　千四百反　　右同直段
代金弐百三拾壱両壱分　九匁弐分九厘
中　千七百反　同断
代金弐百八両弐分　五匁三分三厘
下　七百反　　同断
代金六拾壱両　八匁壱分弐厘
右荷造り口銭等〆

代金五百九両　六匁六分三厘
右木綿江戸通油町大黒吉右衛門方江同月差送り申候
右壱口之内
一白木綿五千百反
内
上　弐千弐百反　右同直段
代金三百六拾三両弐分　八匁壱分八厘
中　弐千九百反　同断
代金三百五拾五両三分　四匁六分九厘
右荷造り口銭等〆
代金七百三拾両弐分　八匁七分三厘
右木綿江戸尾張町蛭子屋八郎左衛門方江同月差送り申候
右壱口之内
一白木綿四千八百反
内
上　弐千四百反
代金三百九拾六両弐分　拾壱匁六分五厘

中　弐千四百反　同断
代金弐百九拾四両壱分　拾三匁七分壱厘
右荷造り口銭等〆
代金七百壱両三分　五匁壱分七厘
右木綿江戸駿河町越後屋八郎兵衛方へ同月差送り申候
右壱口之内
一白木綿千八百反
内
上　七百反　右同直段
代金百拾五両弐分　拾弐匁壱分四厘
中　千百反　同断
代金百三拾四両三分　十三匁壱分五厘
右荷造り口銭等〆
代金弐百五拾四両弐分　五匁壱分壱厘
右木綿江戸尾張町亀屋七左衛門方江同月差送り申候
右壱口之内
一白木綿弐千九百反

内
上　千反　　　右同直段
代金百六拾九両壱分　弐匁三分五厘
中　千八百反　右同直段
代金弐百弐拾両三分　六匁五分三厘
下　百反　　　同断
代金八両弐分　拾四匁壱厘
右荷造り口銭等〆
代金四百壱両　五匁四分弐厘
右木綿江戸大伝馬町大丸屋正右衛門方江同月差送り申候
右壱口之内
一白木綿千弐百反
内
上　五百反　　右同直段
代金八拾弐両弐分　八匁六分七厘
中　六百反　　同断
代金七拾三両弐分　七匁壱分七厘
下　百反　　　同断
代金八両弐分　拾四匁壱厘
右荷造り口銭等〆
代金百六拾七両弐分　五匁壱分弐厘
右木綿江戸本町壱丁目升屋太兵衛方江同月差送り申候
右壱口之内
一白木綿千反
内
上　五百反　　右同直段
代金八拾弐両弐分　八匁六分七厘
中　五百反　　同断
代金六拾壱両壱分　五匁九分八厘
右荷造り口銭等〆
代金百四拾六両　拾弐匁九分四厘
右木綿江戸桜田久保町槌屋幸助方江同月差送り申候
右之通夫々江差送り、書面直段仕切勘定相立申候

（八） 尾州名古屋木綿買次問屋吹原屋九郎三郎書上 弐

弐

尾州名古屋上畠町
木綿買次問屋
吹原屋九郎三郎
廿九冊之内

弐百弐拾六番

木綿壱口弐万九千弐百反之内

内

上　弐千九百反　金壱両ニ付六反五厘替
代金四百七拾九両壱歩　五匁三分三厘

中　弐千六百反　金壱両ニ付八反壱分四厘替
代金三百拾九両壱分　九匁六分壱厘

下　弐百反　金壱両ニ付拾壱反四分五厘替
代金拾七両壱分　拾三匁三厘

（下ヶ札）

右荷造り口銭等〆
代金八百廿八両三分　五匁弐厘

右木綿江戸日本橋南壱丁目白木屋彦太郎方江天明八年申
二月指送り申候

（下ヶ札）
「綿直段未十月同様ニ而、木綿織手間も格別相違無
御座候、本文前条之割合ニ而左之通
金壱両ニ付　繰綿壱貫七百五拾匁替
同次壱貫八百五拾匁替

木綿壱反ニ付手間代
上　銀四匁三分九厘
中　銀弐匁六分四厘
下　銀壱匁六分五厘

右壱口之内
一白木綿弐千百反

内
上　九百反　右同直段
代金百四拾八両三分　六分壱厘
中　千弐百反　同断
代金百四拾七両壱分　拾匁弐分
右荷造り口銭共〆
代金三百両三分　八匁也
右木綿江戸本町四丁目柏屋孫左衛門方江同月指送り申候
右壱口之内
一白木綿四千七百反
内
上　千八百反　右同直段
代金弐百九拾七両弐分　壱匁弐分三厘
中　弐千九百反　右同直段
代金三百五拾六両壱分　九分弐厘
右荷造り口銭等〆
代金六百六拾三両三分　拾四匁八分五厘
右木綿江戸本町四丁目伊豆倉吉右衛門方江同月差送り申

候
右壱口之内
一白木綿四千六百反
内
上　八百反　右同直段
代金百三拾弐両ト拾三匁八分八厘
中　八百反　右同直段
代金九拾八両壱分　壱匁八分
右荷造口銭等〆　右同直段
代金弐百三拾四両　四匁弐厘
右木綿江戸本石町四丁目大黒屋三郎兵衛方江同月指送申
候
右壱口之内
一白木綿四千四百反
内
上　弐千反　右同直段
代金三百三拾両弐分　四匁七分壱厘
中　弐千四百反　右同直段

代金弐百九拾四両三分　五匁四分壱厘
右荷造口銭等〆
代金六百三拾五両　七匁七分三厘
右木綿江戸駿河町越後屋八郎兵衛方江同月指送申候
一白木綿五千八百反
内
上　弐千八百反　右同直段
代金四百六拾弐両三分　三匁五分九厘
中　三千反　同断
代金三百六拾八両弐分　三匁弐厘
右荷造口銭等〆
代金八百四拾四両　拾弐匁四分四厘
右木綿江戸尾張町蛭子屋八郎左衛門方江同月差送申候
右壱口之内
一白木綿千八百反
内
上　九百反　右同直段

代金百四拾八両三分　六分壱厘
中　九百反　同断
代金百拾両弐歩　三匁九分
右荷造口銭等〆
代金弐百六拾三両壱分　四匁五分弐厘
右木綿江戸尾張町亀屋七左衛門方江同月指送候
右壱口之内
一白木綿千四百反
内
上　八百反　右同直段
代金百三拾弐両　拾三匁八分
中　六百反　同断
代金七拾三両弐分　拾弐匁六分
右荷造口銭等〆
代金弐百九両　五匁六分弐厘
右木綿江戸大伝馬町三丁目大丸屋正右衛門方江同月指送り申候

右壱口之内
一白木綿千反
内
上　五百反　　右同直段
代金八拾弐両弐分　八匁六分七厘
中　五百反　　同断
代金六拾壱両壱分　拾匁五分
右荷造り口銭等〆
代金百四拾六両壱分　弐匁五分壱厘
右木綿江戸本町壱丁目升屋太兵衛方江同月指送申候
右壱口之内
一白木綿七百反
内
上　三百反　　右同直段
代金四拾九両弐歩　五匁弐分
中　弐百反　　同断
代金弐拾四両弐分　四匁弐分
下　弐百反　　同断
代金拾七両壱分　拾三匁壱厘
右荷造口銭等〆
代金九拾三両ト五匁弐分壱厘
右木綿江戸桜田久保町槌屋幸助方江同月指送申候
右之通夫々指送、書面之直段ニ仕切勘定相立申候
木綿壱口弐万七千百反之内
一白木綿三千弐百反
内
上　六百反　金壱両ニ付六反五厘替
代金九拾九両　拾匁四分壱厘
中　九百反　金壱両ニ付八反壱分五厘替
代金百拾両壱分　拾匁七分六厘
下　千七百反　金壱両ニ付拾壱反四分替
代金百四拾九両　七匁三分六厘
右荷造口銭等〆
代金三百六拾四両　三匁八分四厘

右木綿江戸本町四丁目伊豆倉吉右衛門方江同年三月差送
申候
右壱口之内
一白木綿三千百反
内
上　千五百反　右同直段
代金弐百四拾七両三分　拾壱匁三厘
中　弐百反　同断
代金廿四両弐歩　弐匁三分九厘
下　千四百反　同断
代金百廿弐両三分　三匁四分弐厘
右荷造口銭等〆
代金四百壱両弐分　九匁三分九厘
右木綿江戸本町四丁目柏屋孫左衛門方江同月指送申候
右壱口之内
一白木綿千弐百反
内
上　弐百反　右同直段
代金三拾三両　三匁四分七厘
中　四百反　同断
代金四拾九両ト四匁七分八厘
下　六百反　同断
代金五拾弐両弐歩　七匁八分九厘
右荷造口銭等〆
代金百三拾七両　三匁弐分八厘
右木綿江戸本石町四丁目大黒屋三郎兵衛方江同月指送申
候
右壱口之内
一白木綿四千八百反
内
上　千三百反　右同直段
代金弐百拾四両三分　七匁五分六厘
中　千九百反　同断
代金弐百三拾三両　七匁七分弐厘
下　千六百反　同断

代金百四拾両壱分　六匁五厘
右荷造口銭等〆
代金五百九拾七両三分　拾四匁四分六厘
右木綿江戸通油町大黒屋吉右衛門方江同月差送申候
右壱口之内
一白木綿三千八百反
内
上　千五百反　右同直段
代金弐百四拾七両三分　拾壱匁三厘
中　弐千三百反　同断
代金弐百八拾弐両　拾弐匁五分壱厘
右荷造口銭等〆
代金五百三拾八両壱分　九匁八分四厘
右木綿江戸駿河町越後屋八郎兵衛方江同月指送申候
右壱口之内
一白木綿三千反
内
上　九百反　右同直段
代金百四拾八両三分　六分壱厘
中　弐千百反　同断
代金弐百五拾七両弐分　拾匁壱分弐厘
右荷造口銭等〆
代金四百拾弐両三分　五匁弐分八厘
右木綿江戸尾張町蛭子屋八郎左衛門方江同月指送申候
右壱口之内
一白木綿三千七百反
内
上　千八百反　右同直段
代金弐百九拾七両弐分　壱匁弐分三厘
中　千四百反　同断
代金百七拾壱両三分　壱匁七分四厘
下　五百反　同断
代金四拾三両三分　六匁五分七厘
右荷造口銭等〆
代金五百廿壱両　拾匁九分六厘

右木綿江戸大伝馬町三丁目大丸屋正右衛門方江同月指送
申候

右壱口之内
一白木綿弐千五百反
内
上 千弐百反 右同直段
代金百九拾八両壱分 五匁八分弐厘
中 千三百反 同断
代金百五拾九両弐分 五分五厘
右荷造口銭等〆
代金三百六拾三両壱分 八匁三分三厘
右木綿江戸尾張町亀屋七左衛門方江同月指送申候

右壱口之内
一白木綿千三百反
内
上 六百反 右同直段
代金九拾九両 拾匁四分壱厘

中 六百反 同断
代金七拾三両弐分 七匁壱分七厘
下 百反 同断
代金八両三分 壱匁三分壱厘
右荷造口銭等〆
代金百八拾四両壱分 八匁七分九厘
右木綿江戸本町壱丁目升屋太兵衛方江同月指送申候

右壱口之内
一白木綿五百反
内
上 三百反 右同直段
代金四拾九両弐歩 五匁弐分
中 弐百反 同断
代金弐拾四両弐分 弐匁三分九厘
右荷造口銭等〆
代金七拾五両壱分 五分壱厘
右木綿江戸浅草御見附内嶋屋市郎左衛門方江同月指送り
申候

右之通夫々指送、書面之直段仕切勘定相立候
木綿壱トロ三万八千八百反之内
　一白木綿　六千反
　　内
　　上　弐千六百反　金壱両ニ付六反五厘替
　　　代金四百廿九両三分　壱分弐厘
　　中　弐千四百反　金壱両ニ付八反弐分四厘替
　　　代金弐百九拾壱両壱分　七分弐厘
　　下　千反　金壱両ニ付拾壱反三分五厘替
　　　代金八拾八両　六匁三分四厘
　　右荷造口銭等〆
　　　代金八百廿壱両三分　九匁五厘
右木綿江戸本石町四丁目大黒屋三郎兵衛方江同年五月指
送申候
　右壱口之内
　一白木綿四千三百反
　　内
　　上　弐千八百反　右同直段
　　　代金四百六拾弐両三分　三匁五分九厘
　　中　千五百反　同断
　　　代金百八拾弐両　弐匁三分三厘
　　右荷造口銭等〆
　　　代金六百五拾四両弐分　九匁四分九厘
右木綿江戸日本橋南壱丁目白木屋彦太郎方江同月指送申
候
　右壱口之内
　一白木綿三千八百反
　　内
　　上　千五百反　右同直段
　　　代金弐百四拾七両三分　拾壱匁三厘
　　中　八百反　同断
　　　代金九拾七両　五匁弐分四厘
　　下　千五百反　同断
　　　代金百三拾弐両　九匁五分壱厘
　　右荷造口銭等〆

代金四百八拾四両三分　拾匁三分
右木綿江戸本町四丁目伊豆倉吉右衛門方江同月指送申候
右壱口之内
一白木綿五千七百反
内
上　弐千反　右同直段
代金三百三拾両弐歩　四匁七分壱厘
中　千六百反　同断
代金百九拾四両　拾匁四分八厘
下　弐千百反　同断
代金百八拾五両　壱匁三分弐厘
右荷造口銭等〆
代金七百廿壱両壱分　四匁七分
右木綿江戸通油町大黒屋吉右衛門方江同月指送り申候
右壱口之内
一白木綿八千百反
内

上　三千七百反　右同直段
代金六百拾壱両弐分　四匁弐分壱両
中　三千四百反　同断
代金四百拾弐両弐分　七匁弐分八厘
下　千反　同断
代金八拾八両　六匁三分四厘
右荷造口銭等〆
代金千百廿九両三分　九厘
右木綿江戸尾張町蛭子屋八郎左衛門方江同月指送申候
右壱口之内
一白木綿三千八百反
内
上　千五百反　右同直段
代金弐百四拾七両三分　拾壱匁三厘
中　千五百反　同断
代金百八拾弐両　弐匁三分三厘
下　八百反　同断
代金七拾両壱分　十四匁七厘

右荷造口銭等〆
代金五百八両壱分　九分弐厘
右木綿江戸尾張町亀屋七左衛門方江同月差送申候
右壱口之内
一白木綿四千反
内
上　千四百反　　右同直段
代金弐百三拾壱両壱分　九匁弐分九厘
中　弐千六百反　同断
代金三百拾五両弐歩　弐匁三厘
右荷造口銭等〆
代金五百五拾五両弐分　弐匁八厘
右木綿江戸糀町五丁目升屋久右衛門方江同月指送申候
右壱口之内
一白木綿三千百反
内　　右同直段
上　千百反

代金百八拾壱両三分　四匁九厘
中　千弐百反　同断
代金百四拾五両弐歩　七匁八分六厘
下　八百反　同断
代金七拾両壱分　十四匁七厘
右荷造口銭等〆
代金四百四両壱分　五匁壱分七厘
右木綿江戸桜田久保町槌屋幸助方江同月指送申候
右之通夫々差送書面之直段ニ仕切勘定相立申候
木綿壱ト口三万三千三百反之内
一白木綿五千反
内
上　弐千六百反　金壱両ニ付六反五厘替
代金四百廿九両三分　壱分弐厘
中　千九百反　金壱両ニ付八反壱分五厘替
代金弐百三拾三両　七匁七分三厘
下　五百反　金壱両ニ付十一反四分替

代金四拾三両三分　六匁五分七厘

右荷造口銭等〆

代金七百拾七両弐分　十弐匁九分六厘

右木綿江戸尾張町蛭子屋八郎左衛門方江同年六月指送申候

右壱口之内

一白木綿九千反

内

上　三千九百反　右同直段

代金六百四拾四両弐分　七匁六分八厘

中　四千三百反　同断

代金五百廿七両弐分　六匁四分四厘

下　八百反　同断

代金七拾両　拾匁五分弐厘

右荷造口銭等〆

代金千弐百六拾壱両三分　七匁壱分八厘

右木綿江戸本町四丁目柏屋孫左衛門方江同月指送申候

右壱口之内

一白木綿弐千反

内

上　千百反　右同直段

代金百八拾壱両三分　四匁九厘

中　九百反　同断

代金百拾両壱分　拾匁七分六厘

右荷造口銭等〆

代金弐百九拾六両弐分　拾三匁九分九厘

右木綿江戸本石町四丁目大黒屋三郎兵衛方江同月指送申候

右壱口之内

一白木綿五千八百反

内

上　弐千七百反　右同直段

代金四百四拾六両壱分　壱匁八分五厘

中　三千百反　同断

代金三百八拾両壱分　七匁八厘

右荷造口銭等〆
代金八百三拾九両壱分　拾壱匁九分三厘
右木綿江戸本町四丁目伊豆倉吉右衛門方江同月差送申候
右壱口之内
一白木綿四千反
上　千四百反　右同直段
代金弐百三拾壱両壱分　九匁弐分九厘
中　千七百反　同断
代金弐百八両弐分　五匁三分三厘
下　九百反　同断
代金七拾八両三分　十一匁八分四厘
右荷造口銭等〆
代金五百廿七両壱分　四分弐厘
右木綿江戸通油町大黒屋吉右衛門方江同月差送申候
右壱口之内
一白木綿四千九百反
内
上　弐千三百反　右同直段
代金三百八拾両　九匁九分壱厘
中　弐千五百反　同断
代金三百六両弐分　十四匁九分
下　百反　同断
代金八両三分　拾三匁壱分五厘
右荷造口銭等〆
代金七百六両弐分　拾匁弐分九厘
右木綿江戸尾張町亀屋七左衛門方江同月差送申候
右壱口之内
一白木綿千弐百反
内
上　六百反　右同直段
代金九拾九両　拾匁四分壱厘
中　六百反　同断
代金七拾三両弐分　七匁壱分七厘
右荷造口銭等〆
代金百七拾五両壱分　拾弐匁五分三厘

右木綿江戸糀町五丁目升屋久右衛門方江同月指送申候

右壱口之内

一白木綿千弐百反

内

上　六百反　右同直段

代金九拾九両　拾匁四分壱厘

中　四百反　同断

代金四拾九両　四匁七分八厘

下　弐百反　同断

代金拾七両弐分　弐匁六分三厘

右荷造口銭等〆

代金百六拾八両壱分　八匁五分七厘

右木綿江戸本町壱丁目升屋太兵衛方江同月指送申候

右壱口之内

一上白木綿　弐百反　右同直段

代金三拾三両　三匁四分七厘

右荷造り口銭等〆

代金三拾三両弐分　弐匁六分八厘

右木綿江戸浅草御見附内嶋屋市郎左衛門方江同月差送り申候

右之通夫々指送り、書面之直段ニ仕切勘定相立申候

木綿壱口弐万三千八百反之内

一白木綿六千八百反

内

上　弐千九百反　金壱両ニ付五反九分五厘替

代金四百八拾七両壱分　八匁六分九厘

中　三千弐百反　金壱両ニ付八反五厘替

代金三百九拾七両弐分　九分三厘

下　七百反　金壱両ニ付十一反三分替

代金六拾壱両三分　拾壱匁八分壱厘

右荷造り口銭等〆

代金九百六拾壱両弐分　八匁四分六厘

右木綿日本橋南壱丁目白木屋彦太郎方江同年七月差送り申候

右壱口之内
一白木綿四千九百反
内
上　弐千五百反　　右同直段
代金四百廿両　拾匁八厘
中　千六百反　　同断
代金百九拾八両三分　四分六厘
下　八百反　　同断
代金七拾両三分　弐匁七分八厘
右荷造り口銭等〆
代金七百両壱分　拾壱匁九分六厘
右木綿江戸本町四丁目伊豆蔵吉右衛門方江同月指送り申候
右壱口之内
一白木綿六千弐百反
内
上　弐千九百反　　右同直段
代金四百八拾七両壱分　八匁六分九厘

中　三千反　　同断
代金三百七拾弐両弐分　拾匁弐分四厘
下　三百反
代金廿六両弐分　弐匁九分弐厘
右荷造り口銭等〆
代金九百両壱分　四匁五分九厘
右毛綿江戸駿河町越後屋八郎兵衛方江同月差送り申候
右壱口之内
一白木綿四千反
内
上　千九百反　　右同直段
代金三百拾九両壱分　四匁六分六厘
中　千九百反　　同断
代金弐百三拾六両　壱匁四分九厘
下　弐百反　　同断
代金拾七両弐分　拾壱匁九分四厘
右荷造り口銭等〆
代金五百八拾壱両三分　九匁五分弐厘

右木綿江戸大伝馬町三丁目大丸屋正右衛門方江同月差送
り申候
右壱口之内
　一白木綿千九百反
　　内
　上　八百反　　右同直段
　　代金百三拾四両壱分　拾弐匁弐分弐厘
　中　千反　　　同断
　　代金百廿四両　拾三匁四分壱厘
　下　百反　　　同断
　　代金八両三分　五匁九分七厘
　右荷造り口銭等〆
　　代金弐百七拾壱両弐分　十一匁弐分弐厘
右木綿江戸桜田久保町槌屋幸助方江同月差送り申候
　右之通夫々指送り、書面之直段ニ仕切勘定相立申候
木綿壱口弐万七千八百五拾反之内

一白木綿弐千三百反
　　内
　上　千反　　　金壱両ニ付五反六分五厘替
　　代金百七拾六両三分　拾四匁四分六厘
　中　七百反　　金壱両ニ付七反七分五厘替
　　代金九拾両壱分　四匁三分五厘替
　下　六百反　　金壱両ニ付拾反八分替
　　代金五拾五両弐分　三匁三分三厘
　右荷造り口銭等〆
　　代金三百廿七両三分　八匁七分三厘
右木綿江戸本町四丁目柏屋孫左衛門方江同年九月指送り
申候
右壱口之内
　一白木綿五千反
　　内
　上　弐千反　　右同直段
　　代金三百五拾三両三分　拾三匁九分三厘
　中　弐千八百反　　同断

代金三百六拾壱両壱分　弐匁四分壱厘
下　弐百反
代金拾八両弐分　拾壱匁壱分
右荷造り口銭等〆
代金七百四拾五両　拾弐匁三分壱厘
右木綿江戸日本橋南壱丁目白木屋彦太郎方江同月差送り
申候
右壱口之内
一白木綿千八百反
内
上　千三百反　右同直段
代金弐百三拾両　五匁三分
中　弐百反　同断
代金弐拾五両三分　三匁三分八厘
下　三百反　同断
代金弐拾七両三分　壱匁六分六厘
右荷造り口銭等〆
代金弐百八拾七両三分　九匁九分六厘

右木綿江戸本町四丁目伊豆蔵吉右衛門方江同月差送り申
候
右壱口之内
一白木綿弐千四百反
内
上　千反　右同直段
代金百七拾六両三分　拾四匁四分六厘
中　千百反　同断
代金百四拾壱両三分　十一匁壱分弐厘
下　三百反　同断
代金弐拾七両三分　壱匁六分六厘
右荷造り口銭等〆
代金三百五拾弐両　弐匁八分弐厘
右木綿江戸通油町大黒屋吉右衛門方江同月差送り申候
右壱口之内
一白木綿弐千百反
内

上　八百反　　右同直段
代金百四拾壱両弐分　五匁五分七厘
中　千反　　同断
代金百廿九両　壱匁九分三厘
下　三百反　　同断
代金廿七両三分　壱匁六分六厘
右荷造り口銭等〆
代金三百三両　壱匁八分四厘
右木綿江戸駿河町越後屋八郎兵衛方江同月差送り申候
右壱口之内
一白木綿四百反
内
上　百反　　右同直段
代金拾七両弐分　拾壱匁九分四厘
下　三百反　　同断
代金廿七両三分　壱匁六分六厘
右荷造り口銭共〆
代金四拾六両　拾四匁六分四厘

右木綿江戸本石町四丁目大黒屋三郎兵衛方江同月差送り申候
右壱口之内
一白木綿七千七百反
内
上　三千百反　　右同直段
代金五百四拾八両弐分　拾匁三分五厘
中　四千三百反　　同断
代金五百五拾四両三分　五匁三分弐厘
下　三百反
代金廿七両三分　壱匁六分六厘
右荷造り口銭等〆
代金千百四拾八両弐分　七匁弐分三厘
右木綿江戸尾張町蛭子屋八郎左衛門方江同月差送り申候
右壱口之内
一白木綿千六百五拾反
内

上　五百五拾反　　右同直段
代金九拾七両壱分　五匁七分
中　千反　　同断
代金百廿九両　壱匁九分三厘
下　百反　　同断
代金九両壱分　五分五厘
右荷造り口銭等〆
代金弐百三拾九両壱分　壱匁九分四厘
右木綿江戸尾張町亀屋七左衛門方江同月差送り申候
右壱口之内
一白木綿三千七百反
内
上　千四百反　　右同直段
代金弐百四拾七両三分　弐匁弐分五厘
中　弐千弐百反　　同断
代金弐百八拾三両三分　七匁弐分五厘
下　百反　　同断
代金九両壱分　五分五厘

右荷造り口銭等〆
代金五百四拾九両　拾三匁壱分三厘
右木綿江戸大伝馬町三丁目大丸屋正右衛門方江同月差送り申候
右壱口之内
一白木綿八百反
内
上　四百反　　右同直段
代金七拾両三分　弐匁七分八厘
中　弐百反　　同断
代金廿五両三分　三匁三分八厘
下　弐百反　　同断
代金拾八両弐分　壱匁壱分壱厘
右荷造り口銭等〆
代金百拾六両三分　八匁八分六厘
右木綿江戸桜田久保町槌屋幸助方江同月差送り申候
右之通夫々指送り、書面之直段ニ仕切勘定相立申候

木綿壱口弐万三千八百反之内

一白木綿三千弐百反

内

上　千八百反　　金壱両ニ付五反四分五厘替

代金三百三拾両壱分　壱匁五分壱厘

中　千三百反　　金壱両ニ付七反四分五厘替

代金百七拾四両壱分　十四匁七分九厘

下　百反　　金壱両ニ付拾反三分替

代金九両弐分　拾弐匁五分弐厘

右荷造り口銭等〆

代金五百廿弐両　七匁五分八厘

右木綿江戸日本橋南壱丁目白木屋彦太郎方江同年十月差送り申候

（下ケ札）「比年綿作不宜候ニ付新綿高直ニ御座候処、木綿も高直ニ付織手間春と格別之違も無御座候、本文前条之割合ニ而左之通

金壱両ニ付繰綿壱貫四百五拾匁替

同次壱貫五百五拾匁替

（下ケ札）

木綿壱反手間代

上　銀四匁四分四厘

中　銀弐匁六分四厘

下　銀壱匁四分五厘

右壱口之内

一白木綿千五百反

内

上　五百反　　右同直段

代金九拾壱両弐分　拾四匁五分八厘

下　千反　　同断

代金九拾七両　五匁弐分四厘

右荷造り口銭等〆

代金百九拾壱両三分　八匁五分五厘

右木綿江戸本町四丁目柏屋孫左衛門方江同月差送り申候

右壱口之内

一白木綿七百反

内

上　三百反　　右同直段
代金五拾五両弐分　七分五厘
下　四百反　　同断
代金三拾八両三分　五匁九厘
右荷造り口銭等〆
代金九拾五両壱分　五匁九分九厘
右木綿江戸本石町四丁目大黒屋三郎兵衛方江同月差送り
申候
右壱口之内
一白木綿千四百反
内
上　六百反　　右同直段
代金百拾両　五匁五分
中　三百反　　同断
代金四拾両壱分　壱匁壱分
下　五百反　　同断
代金四拾八両弐分　弐匁六分壱厘
右荷造り口銭等〆
代金弐百壱両三分　拾四匁弐分壱厘
右木綿江戸通油町大黒屋吉右衛門方江同月差送り申候
右壱口之内
一白木綿千三百反
内
上　千反　　右同直段
代金百八拾三両壱分　拾四匁壱分七厘
下　三百反　　同断
代金弐拾九両　七匁五分七厘
右荷造り口銭等〆
代金弐百拾五両三分　弐分七厘
右木綿江戸本町四丁目伊豆蔵吉右衛門方江同月差送り申
候
右壱口之内
一白木綿三千五百反
内
上　千三百反　　右同直段

代金弐百三拾八両弐分　壱匁九分弐厘
中　千九百反　同断
代金弐百五拾五両　弐匁壱厘
下　三百反　同断
代金廿九両　七匁五分七厘
右荷造り口銭等〆
代金五百三拾両弐分　九匁弐分六厘
右木綿江戸駿河町越後屋八郎兵衛方江同月差送り申候
右壱口之内
一白木綿千反
内
上　五百反　右同直段
代金九拾壱両弐分　十四匁五分八厘
中　五百反　同断
代金六拾七両　六匁八分四厘
右荷造り口銭等〆
代金百六拾壱両　拾三匁六分三厘
右木綿江戸尾張町亀屋七左衛門方江同月差送り申候

右壱口之内
一白木綿六千六百反
内
上　三千弐百反　右同直段
代金五百八拾七両　九匁三分五厘
中　三千百反　同断
代金四百拾六両　六匁四分四厘
下　三百反　同断
代金廿九両　七匁五分七厘
右荷造り口銭等〆
代金千四拾七両三分　七匁三分三厘
右木綿江戸尾張町蛭子屋八郎左衛門方江同月差送り申候
右壱口之内
一白木綿三千三百反
内
上　千五百反　右同直段
代金弐百七拾五両　十三匁七分六厘
中　千七百反　同断

代金弐百廿八両　十一匁弐分七厘
下　百反　同断
代金九両弐分　拾弐匁五分弐厘
右荷造り口銭等〆
代金五百廿両三分　五匁壱分九厘
右木綿江戸大伝馬町三丁目大丸屋正右衛門方江同月差送り申候
右壱口之内
一白木綿千反
内
上　七百反　右同直段
代金百廿八両壱分　十一匁四分弐厘
中　三百反　同断
代金四拾両壱分　壱匁壱分
右荷造り口銭等〆
代金百七拾壱両　拾匁六分四厘
右木綿江戸本町壱丁目升屋太兵衛方江同月差送り申候

右壱口之内
一白上木綿三百反
代金五拾五両弐分　弐匁七分五厘
右荷造り口銭等〆
代金五拾五両三分　四匁八分四厘
右木綿江戸浅草御見附内嶋屋市郎左衛門方江同月差送り申候
右之通夫々指送り、書面之直段仕切勘定相立申候
木綿壱口壱万弐千弐百反之内
一白木綿三千七百反
内
上　千六百反　金壱両ニ付五反壱分五厘替
代金三百拾両弐分　拾匁七分七厘
中　千四百反　金壱両ニ付七反壱分八厘替
代金百九拾四両三分　拾四匁壱分六厘
下　七百反　金壱両ニ付九反九分替
代金七拾両弐分　拾弐匁四分弐厘

右荷造り口銭等〆
代金五百八拾五両　壱匁七分
右木綿江戸駿河町越後屋八郎兵衛方江同年十一月指送り
申候
右壱口之内
一白木綿四千百反
内
上　千九百反　右同直段
代金三百六拾八両三分　拾匁九分弐厘
中　千四百反　同断
代金百九拾四両三分　拾四匁壱分六厘
下　八百反　同断
代金八拾両三分　三匁四分八厘
右荷造り口銭等〆
代金六百五拾四両壱分　七匁六分八厘
右木綿江戸尾張町蛭子屋八郎左衛門方江同月指送り申候
右壱口之内

一白木綿三千四百反
内
上　千四百反　右同直段
代金弐百七拾壱両三分　五匁六分七厘
中　千六百反　同断
代金弐百廿弐両三分　五匁四分七厘
下　四百反　同断
代金四拾両壱分　九匁弐分四厘
右荷造り口銭等〆
代金五百四拾三両　五匁八分九厘
右木綿江戸尾張町亀屋七左衛門方江同月指送り申候
右壱口之内
一白木綿千反
内
上　三百反　右同直段
代金五拾八両壱分　壱分四厘
中　三百反　同断
代金四拾壱両三分　壱匁九分六厘

下　四百反　同断
代金四拾両壱分　九匁弐分四厘
右荷造り口銭等〆
代金百四拾弐両弐分　七匁五分
右木綿江戸桜田久保町槌屋幸助方江同月指送り申候
右之通夫々指送り、書面之直段ニ仕切勘定相立申候
木綿壱口三万七千六百反之内
一白木綿八千反
内
上　三千五百反　金壱両ニ付五反壱分五厘替
代金六百七拾九両弐分　六匁六分九厘
中　三千八百反　金壱両ニ付七反壱分五厘替
代金五百三拾壱両壱分　拾三匁壱分壱厘
下　七百反　金壱両ニ付九反八分替
代金七拾壱両壱分　拾匁七分壱厘
右荷造り口銭等〆
代金千三百壱両弐分　五匁弐分壱厘

右毛綿江戸日本橋南壱丁目白木屋彦太郎方江同年十二月
指送り申候
右壱口之内
一白木綿八百反
内
上　弐百反　右同直段
代金三拾八両三分　五匁九厘
下　六百反　同断
代金六拾壱両　拾三匁四分六厘
右荷造り口銭等〆
代金百壱両弐分　拾壱匁壱分
右木綿江戸本町四丁目柏屋孫左衛門方江同月指送り申候
右壱口之内
一白木綿八千反
内
上　弐千八百反　右同直段
代金五百四拾三両弐分　十一匁三分五厘

中　三千九百反　　同断
代金五百四拾五両壱分　拾弐匁弐分七厘
下　千三百反　同断
代金百三拾弐両弐分　九匁壱分八厘
右荷造り口銭等〆
代金千弐百四拾両壱分　壱匁七厘
右木綿江戸本町四丁目伊豆蔵吉右衛門方江同月差送り申候
右壱口之内
一白木綿四千弐百反
内
上　千五百反　　右同直段
代金弐百九拾壱両壱分　七分弐厘
中　千九百反　　同断
代金弐百六拾五両弐分　拾四匁五厘
下　八百反　　同断
代金八拾壱両弐分　七匁九分五厘
右荷造り口銭等〆

代金六百四拾八両壱分　弐匁八分七厘
右木綿江戸本石町四丁目大黒屋三郎兵衛方江同月指送り申候
右壱口之内
一白木綿五千弐百反
内
上　千五百反　　右同直段
代金弐百九拾壱両壱分　七分弐厘
中　千六百反　　同断
代金弐百廿三両三分　壱匁五分七厘
下　弐千百反　同断
代金弐百拾四両壱分　弐匁壱分四厘
右荷造り口銭等〆
代金七百四拾両弐分　拾匁九分
右木綿江戸通油町大黒屋吉右衛門方江同月指送り申候
右壱口之内
一白木綿千反

内
上　三百反　　　右同直段
代金五拾八両壱分　壱分四厘
中　四百反　　　同断
代金五拾五両三分　十一匁六分四厘
下　三百反　　　同断
代金三拾両弐分　六匁七分三厘
右荷造り口銭等〆
代金百四拾七両　弐匁弐分九厘
右木綿江戸駿河町越後屋八郎兵衛方江同月差送り申候

右壱口之内
一白木綿六千百反
内
上　弐千六百反　　右同直段
代金五百四両三分　六匁弐分六厘
中　弐千九百反　　同断
代金四百五両弐分　五匁六分六厘
下　六百反　　　同断

代金六拾壱両　拾三匁四分六厘
右荷造り口銭等〆
代金九百八拾六両　九匁四分七厘
右木綿江戸尾張町蛭子屋八郎左衛門方江同月差送り申候
右壱口之内
一白木綿弐千弐百反
内
上　千反　　　右同直段
代金百九拾四両　拾匁四分八厘
中　九百反　　同断
代金百廿五両三分　七匁四分四厘
下　三百反　　同断
代金三拾両弐分　六匁七分三厘
右荷造り口銭等〆
代金三百五拾五両三分　八匁弐分弐厘
右木綿江戸大伝馬町三丁目大丸屋正右衛門方江同月指送り申候

右壱口之内
一白木綿千三百反
内
上 六百反 右同直段
代金百拾六両弐分 弐分九厘
中 六百反 同断
代金八拾三両三分 九匁九分六厘
下 百反 同断
代金拾両 拾弐匁弐分四厘
右荷造り口銭等〆
代金弐百拾三両弐分 拾四匁八分三厘
右木綿江戸本町壱丁目升屋太兵衛方江同月差送り申候
右壱口之内
一白木綿八百反
内
上 三百反 右同直段
代金五拾八両壱分 壱分四厘
中 三百反 同断
代金四拾壱両三分 拾弐匁四分八厘
下 弐百反 同断
代金廿両壱分 九匁四分八厘
右荷造り口銭等〆
代金百廿弐両壱分 拾壱匁九分九厘
右木綿江戸桜田久保町槌屋幸助方江同月差送り申候
右之通夫々指送り、書面之直段ニ仕切勘定相立候

（九）尾州名古屋木綿買次問屋吹原屋九郎三郎書上　三

三

弐百弐拾六番

尾州名古屋上畠町
　木綿買次問屋
　　吹原屋九郎三郎
　　　廿九冊之内

木綿壱口弐万八千百反之内
一白木綿七千三百反
　内
　上　三千九百反　　金壱両ニ付五反弐分八厘替
　　代金七百三拾八両弐分　八匁壱分八厘
　中　弐千九百反　　金壱両ニ付七反弐分八厘替
　　代金三百九拾八両壱分　六匁九厘
　下　五百反　　金壱両ニ付九反五厘替
（下ケ札）
　　代金五拾五両　十四匁九分壱里
　「右荷造り口銭等〆
　　代金千弐百九両三分　六匁八分九厘
右木綿江戸日本橋南壱丁目白木屋彦太郎方江寛政元年酉
二月指送申候
「（下ケ札）綿直段去申十月ゟ少々引上申候、木綿も下所引上、
織方之利分本文前条之割合ニ而左之通
　金壱両ニ付　繰綿壱貫三百五拾匁替
　　同次壱貫四百五拾匁替
　木綿壱反ニ付手間代
　　上　銀四匁三分弐厘
　　中　銀弐匁三分壱厘
　　下　銀壱匁九分九厘」

右壱口之内
一白木綿三千五百反

内
上　千四百反　　右同直段
代金弐百六拾五両　九匁九厘
中　千百反　　同断
代金百五拾壱両　五匁九分三厘
下　千反　　同断
代金百拾両壱分　十四匁八分三厘
右荷造り口銭等〆
代金五百三拾四両三分　四厘
右木綿江戸本町四丁目柏屋孫左衛門方江同月指送申候
右壱口之内
一白木綿千七百反
内
上　六百反　　右同直段
代金百拾三両弐分　八匁壱分八厘
中　弐百反　　同断
代金弐拾七両壱分　十三匁三分五厘
下　九百反　　同断

代金九拾九両壱分　拾壱匁八分五厘
右荷造り口銭等〆
代金弐百四拾四両壱分　弐匁四分四厘
右木綿江戸本町四丁目伊豆蔵吉右衛門方江同月指送申候
右壱口之内
一白木綿六千五百反
内
上　弐千九百反　　右同直段
代金五百四拾九両と十四匁五分四厘
中　三千六百反　　同断
代金四百九拾四両弐分　三分弐厘
右荷造り口銭等〆
代金千五拾九両壱分　九分五厘
右木綿江戸尾張町蛭子屋八郎左衛門方江同月指送申候
右壱口之内
一白木綿三千反
内

上　千反　　右同直段
代金百八拾九両壱分　八匁六分三厘
中　千反　　同断
代金百三拾七両壱分　六匁七分五厘
下　千反　　同断
代金百拾両壱分　十四匁八分三厘
右荷造り口銭等〆
代金四百四拾三両三分　十三匁弐分六厘
右木綿江戸駿河町越後屋八郎兵衛方江同月指送申候
右壱口之内
一白木綿弐千六百反
内
上　千百反　　右同直段
代金弐百八両壱分　五匁
中　千三百反　　同断
代金百七拾八両弐分　四匁弐分八厘
下　弐百反　　同断
代金弐拾弐両　五匁九分六厘

右荷造り口銭等〆
代金五百拾六両　七匁五分八厘
右木綿江戸尾張町亀屋七左衛門方江同月指送申候
右壱口之内
一白木綿千八百反
内
上　九百反　　右同直段
代金百七拾両壱分　十弐匁弐分七厘
中　九百反　　同断
代金百弐拾三両弐分　七匁五分八厘
右荷造り口銭等〆
代金弐百九拾八両壱分　拾匁七分壱厘
右木綿江戸糀町五丁目升屋久右衛門方江同月指送申候
右壱口之内
一白木綿千反
内
上　四百反　　右同直段

代金七拾五両三分　四分五厘
中　六百反　　同断
代金八拾弐両壱分　拾匁五厘
右荷造り口銭等〆
代金百六拾両弐分　弐匁三分
右木綿江戸大伝馬町三丁目大丸屋正右衛門方江同月指送
申候
右壱口之内
一白木綿千反
内
上　三百反　　右同直段
代金五拾六両三分　四匁九厘
中　四百反　　同断
代金五拾四両三分　拾壱匁七分
下　三百反　　同断
代金三拾三両　八匁九分五厘
右荷造り口銭等〆
代金百四拾七両　八匁五分八厘

右木綿江戸桜田久保町槌屋幸助方江同月指送申候
右之通夫々指送り、書面之直段ニ仕切勘定相立申候
木綿壱口壱万弐千三百反之内
一白木綿三千五百反
内
上　千五百反　　金壱両ニ付五反三分三厘替
代金弐百八拾壱両壱分　拾匁五分五厘
中　七百反　　金壱両ニ付七反三分五厘替
代金九拾五両　十四匁弐分八厘
下　千三百反　　金壱両ニ付九反壱分五厘替
代金百四拾弐両　四匁五分九厘
右荷造り口銭等〆
代金五百廿六両弐分　九匁八分壱厘
右木綿江戸本町四丁目柏屋孫左衛門方江同年三月指送申
候
右壱口之内

一白木綿三千五百反
内
上　千六百反　右同直段
代金三百両　拾壱匁弐分五厘
中　千弐百反　同断
代金百六拾三両壱分　九分壱厘
下　七百反　同断
代金七拾六両弐分　壱分六厘
右荷造り口銭等〆
代金五百四拾八両　五匁四分四厘
右木綿江戸本町四丁目伊豆蔵吉右衛門方江同月指送り申候
右壱口之内
一白木綿三千七百反
内
上　千弐百反　右同直段
代金弐百弐拾五両　八匁四分四厘
中　千五百反　同断
代金弐百四両　四匁八分九厘
下　千反
代金百九両壱分　弐匁三分七厘
右荷造り口銭等〆
代金五百四拾六両三分　弐匁三分三厘
右木綿江戸駿河町越後屋八郎兵衛方江同月指送り申候
右壱口之内
一白木綿千百反
内
上　三百反　右同直段
代金五拾六両壱分　弐匁壱分壱厘
中　六百反　同断
代金八拾壱両弐分　七匁九分五厘
下　弐百反
代金弐拾壱両三分　六匁四分七厘
右荷造り口銭等〆
代金百六拾弐両　十三匁九分八厘
右木綿江戸本町壱丁目升屋太兵衛方江同月指送り申候

右壱口之内
一白木綿五百反　　右同直段
代金九拾四両三分　三匁五分壱厘
右荷造り口銭等〆
代金九拾五両　八匁弐分四厘
右木綿江戸浅草御見附内嶋屋市郎左衛門方江同月差送り
申候
右之通夫々指送り、書面之直段ニ仕切勘定相立申候
木綿壱口壱万八千六百反之内
一白木綿五千五百反
内
上　三千反　　金壱両ニ付五反四分五厘替
代金五百五拾両壱分　十弐匁弐分五厘
中　弐千四百反　金壱両ニ付七反三分五厘替
代金三百廿六両弐分　壱匁八分三厘
下　百反　　金壱両ニ付九反壱分五厘替
代金拾両三分　拾匁七分三厘

右荷造り口銭等〆
代金九百壱両　五匁五分
右木綿江戸尾張町蛭子屋八郎左衛門方江同年五月指送り
申候
右壱口之内
一白木綿六千四百反
内
上　三千五百反　　右同直段
代金六百四拾弐両　十弐匁壱分壱厘
中　弐千九百反　同断
代金三百九拾四両弐分　三匁四分六厘
右荷造り口銭等〆
代金千五拾弐両　七匁七分八厘
右木綿江戸日本橋南壱丁目白木屋彦太郎方江同月指送り
申候
右壱口之内
一白木綿弐千八百反

内
上　千四百反　　右同直段
代金弐百五拾六両三分　七匁八分四厘
中　千四百反　　同断
代金百九拾両壱分　十三匁五分七厘
右荷造り口銭等〆
代金四百五拾四両　壱匁壱分四厘
右木綿江戸尾張町亀屋七左衛門方江同月指送り申候
右壱口之内
一白木綿弐千五百反
内
上　千百反　　右同直段
代金弐百壱両三分　五匁九厘
中　千四百反　　同断
代金百九拾両壱分　十三匁五分七厘
右荷造り口銭等〆
代金三百九拾八両　拾壱匁弐分九厘
右木綿江戸大伝馬町三丁目大丸屋正右衛門方江同月指送り申候
右壱口之内
一白木綿千四百反
内
上　八百反　　右同直段
代金百四拾六両三分　弐匁三分三厘
中　六百反　　同断
代金八拾壱両弐分　七匁九分五厘
右荷造り口銭等〆
代金弐百三拾壱両三分　弐匁九分九厘
右木綿江戸本町壱丁目升屋太兵衛方江同月差送り申候
右之通夫々指送り、書面之直段ニ仕切勘定相立申候
木綿壱口弐万九千四百反之内
一白木綿六千弐百反
内
上　弐千七百反　　金壱両ニ付五反七分三厘替

代金四百七拾壱両　十弐匁弐分五厘
中　弐千八百反　金壱両ニ付七反五分五厘替
代金三百七拾両三分　六匁六分五厘
下　七百反　金壱両ニ付九反壱分弐厘替
代金七拾六両三分　弐分六厘
右荷造り口銭等〆
代金九百三拾弐両三分　六匁弐分三厘
右木綿江戸本石町四丁目大黒屋三郎兵衛方江同年六月指
送り申候
右壱口之内
一白木綿四千九百反
内
上　千五百反　右同直段
代金弐百六拾壱両三分　壱匁八分
中　千五百反　同断
代金百九拾八両弐分　拾匁五分弐厘
下　千九百反
代金弐百八両壱分　五匁
右荷造り口銭等〆
代金六百七拾九両壱分　三匁四分
右木綿江戸本町四丁目伊豆蔵吉右衛門方江同月指送り申
候
右壱口之内
一白木綿四千八百反
内
上　千七百反　右同直段
代金弐百九拾六両弐分　拾壱匁四厘
中　千四百反　同断
代金百八拾五両壱分　拾匁八分弐厘
下　千七百反　同断
代金百八拾六両壱分　九匁弐分壱厘
右荷造り口銭等〆
代金六百七拾八両三分　十弐匁三分
右木綿江戸通油町大黒屋吉右衛門方江同月指送り申候

右壱口之内
一白木綿六千百反
内
上　弐千反　右同直段
代金三百四拾九両　弐匁四分
中　三千三百反　同断
代金四百三拾七両　五匁壱分六厘
下　八百反　同断
代金八拾七両弐分　十三匁壱分五厘
右荷造り口銭等〆
代金八百八拾七両壱分　六匁壱分
右木綿江戸屋張町亀屋七左衛門方江同月指送り申候
右壱口之内
一白木綿三千七百反
内
上　千九百反　右同直段
代金三百三拾壱両弐分　五匁弐分八厘
中　千五百反

代金百九拾八両弐分　拾匁五分弐厘
下　三百反　同断
代金三拾弐両三分　八匁六分八厘
右荷造り口銭等〆
代金五百七拾壱両弐分　拾匁九分
右木綿江戸大伝馬町三丁目大丸屋正右衛門方江同月指送り申候
右壱口之内
一白木綿弐千八百反
内
上　千三百反　右同直段
代金弐百廿六両三分　七匁五分六厘
中　千五百反　同断
代金百九拾八両弐分　拾匁五分弐厘
右荷造り口銭等〆
代金四百三拾壱両三分　十四匁七分三厘
右木綿江戸糀町五丁目升屋久右衛門方江同月指送り申候

右壱口之内
一白木綿九百反
　内
　上　四百反　　　右同直段
　　代金六拾九両三分　三匁四分八厘
　中　三百反　　　同断
　　代金三拾九両弐分　十四匁壱分
　下　弐百反　　　同断
　　代金廿壱両三分　拾匁七分八厘
右荷造り口銭等〆
　　代金百三拾三両壱分　十四匁四分五厘
右木綿江戸桜田久保町槌屋幸助方江同月指送り申候
右之通夫々指送り、書面之直段ニ仕切勘定相立申候
木綿壱口四万千百反之内
一白木綿九千三百反
　内
　上　四千九百反　金壱両ニ付五反八分七厘替

　　代金八百三拾四両三分　壱分七厘
　中　三千五百反　金壱両ニ付七反六分八厘替
　　代金四百五拾五両弐分　十三匁七分四厘
　下　九百反　　　金壱両ニ付九反弐分三厘替
　　代金九拾七両弐分　四分八厘
右荷造り口銭等〆
　　代金千四百九両　八匁三分五厘
右木綿江戸日本橋南壱丁目白木屋彦太郎方江同年閏六月
指送り申候
右壱口之内
一白木綿九千八百反
　内
　上　三千百反　　　右同直段
　　代金五百廿八両　六匁五分四厘
　中　三千五百反　　同断
　　代金四百五拾五両弐分　十三匁七分四厘
　下　三千弐百反　　同断
　　代金　三百四拾六両弐分　拾壱匁七分三厘

右荷造り口銭等〆
代金千三百五拾壱両壱分　十四匁九分五厘
右木綿江戸本町四丁目伊豆蔵吉右衛門方江同月指送り申候
右壱口之内
一白木綿千五百反
内
上　六百反　　右同直段
代金百弐両　十弐匁八分七厘
中　四百反　　同断
代金五拾弐両　五匁
下　五百反　　同断
代金五拾四両　拾匁弐分七厘
右荷造り口銭等〆
代金弐百拾壱両弐分　十三匁五分七厘
右木綿江戸本町四丁目柏屋孫左衛門方江同月指送り申候
右壱口之内
一白木綿弐千四百反
内
上　千反　　右同直段
代金百七拾両壱分　六匁四分六厘
中　弐百反　　同断
代金弐拾六両　弐匁五分
下　千弐百反　　同断
代金百三拾両　六分五厘
右荷造り口銭等〆
代金三百三拾壱両弐分　三匁壱厘
右木綿江戸本石町四丁目大黒屋三郎兵衛方江同月指送り申候
右壱口之内
一白木綿千四百反
内
上　七百反　　右同直段
代金百拾九両壱分　弐厘
中　七百反　　同断

代金九拾壱両　八匁七分五厘
右荷造り口銭等〆
代金弐百拾三両弐分　五匁六分六厘
右木綿江戸駿河町越後屋八郎兵衛方江同月指送り申候
右壱口之内
一白木綿七千三百反
内
上　三千反　　右同直段
代金五百拾壱両　四匁三分九厘
中　三千五百反　同断
代金四百五拾五両弐分　十三匁七分四厘
下　八百反　　同断
代金八拾六両弐分　拾匁四分三厘
右荷造り口銭等〆
代金千六拾九両弐分　十三匁壱厘
右木綿江戸尾張町蛭子屋八郎左衛門方江同月指送り申候
右壱口之内

一白木綿弐千百反
内
上　七百反　　右同直段
代金百拾九両壱分　弐厘
中　千四百反　同断
代金百八拾弐両壱分　弐匁五分
右荷造り口銭等〆
代金三百五両三分　十一匁七分八厘
右木綿江戸尾張町亀屋七左衛門方江同月指送り申候
右壱口之内
一白木綿弐千五百反
内
上　八百反　　右同直段
代金百三拾六両壱分　弐匁壱分七厘
中　千五百反　同断
代金百九拾五両壱分　三匁七分五厘
下　弐百反　　同断
代金弐拾壱両弐分　拾匁壱分

右荷造り口銭等〆
代金三百五拾八両三分　弐分三厘
右木綿江戸大伝馬町三丁目大丸屋正右衛門方江同月指送
り申候
右壱口之内
一白木綿千九百反
内
上　九百反　右同直段
代金百五拾三両壱分　四匁三分壱厘
中　千反　同断
代金百三拾両　十弐匁五分
右荷造り口銭等〆
代金弐百八拾七両三分　六匁三厘
右木綿江戸糀町五丁目升屋久右衛門方江同月指送り申候
右壱口之内
一白木綿弐千五拾反
内

上　九百五拾反　右同直段
代金百六拾壱両三分　五匁三分九厘
中　千反　同断
代金百三拾両　十弐匁五分
下　百反　同断
代金拾両三分　五匁五厘
右荷造り口銭等〆
代金三百七両弐分　八分
右木綿江戸本町壱丁目升屋太兵衛方江同月指送り申候
右壱口之内
一白木綿八百五拾反
内
上　五百五拾反　右同直段
代金九拾三両弐分　拾壱匁八分
中　三百反　同断
代金　三拾九両　三匁七分五厘
右荷造り口銭等〆
代金百三拾四両三分　六厘

右木綿江戸浅草御見附内嶋屋市郎左衛門方江同月指送り申候
　右之通夫々指送り、書面之直段ニ仕切勘定相立申候
木綿壱口壱万八千六百五拾反之内
　一白木綿三千九百反
　　内
　上　千六百反　　　金壱両ニ付五反七分六厘替
　　代金弐百七拾七両三分　壱匁六分六厘
　中　千弐百反　　　金壱両ニ付七反七分七厘替
　　代金百五拾四両壱分　十一匁四分
　下　千百反　　　金壱両ニ付九反八分五厘替
　　代金百拾壱両弐分　拾匁五分
　右荷造り口銭等〆
　　代金五百五拾弐両壱分　七分八厘
右木綿江戸日本橋南壱丁目白木屋彦太郎方江同年八月指送り申候

右壱口之内
　一白木綿三千弐百反
　　内
　上　九百反　　　右同直段
　　代金百五拾六両壱分
　中　千七百反　　　同断
　　代金弐百拾八両三分　弐匁四分壱厘
　下　六百反　　　同断
　　代金六拾両三分　九匁八分弐厘
　右荷造り口銭等〆
　　代金四百四拾弐両三分　三匁四分八厘
右木綿江戸本町四丁目柏屋孫左衛門方江同月指送り申候
右壱口之内
　一白木綿弐千弐百反
　　内
　上　五百反　　　右同直段
　　代金八拾六両三分　三匁三分三厘
　中　千四百反　　　同断

代金百八拾両　拾匁八分壱厘
下　三百反　同断
代金三拾両壱分　十弐匁四分壱厘
右荷造り口銭等〆
代金三百弐両　八匁壱分九厘
右木綿江戸本町四丁目伊豆蔵吉右衛門方江同月指送り申
候
右壱口之内
一白木綿四千反
内
上　五百反　右同直段
代金八拾六両三分　三匁三分三厘
中　千九百反　同断
代金弐百四拾四両弐分　壱匁八分壱厘
下　千六百反　同断
代金百六拾弐両壱分　十一匁壱分九厘
右荷造り口銭等〆
代金五百壱両三分　五匁壱分九厘

右木綿江戸通油町大黒屋吉右衛門方江同月指送り申候
右壱口之内
一白木綿千六百反
内
上　三百反　右同直段
代金五拾弐両　五匁
中　九百反　同断
代金百拾五両三分　四匁八分
下　四百反　同断
代金四拾両弐分　六匁五分四厘
右荷造り口銭等〆
代金弐百拾壱両三分　六匁四分九厘
右木綿江戸尾張町亀屋七左衛門方江同月差送り申候
右壱口之内
一白木綿三千六百反
内
上　千七百反　右同直段

代金弐百九拾五両　八匁三分三厘
中　千五百反　　同断
代金百九拾三両　三匁壱厘
下　四百反　　同断
代金四拾両弐分　六匁五分四厘
右荷造り口銭等〆
代金五百三拾六両三分　八匁九分九厘
右木綿江戸大伝馬町三丁目大丸屋正右衛門方江同月指送り申候
右壱口之内
一白上木綿百五拾反　　右同直段
代金弐拾六両　弐匁四分九厘
右荷造り口銭等〆
代金弐拾六両壱分　拾匁壱分四厘
右木綿江戸浅草御見附内嶋屋市郎左衛門方江同月指送り申候
右之通夫々指送り、書面之直段ニ仕切勘定相立申候

木綿壱口壱万三千四百五拾反之内
一白木綿弐千八百反
内
上　千六百反　　金壱両ニ付六反六分八厘替
代金弐百三拾九両弐分　壱匁弐分五厘
中　千弐百反　　金壱両ニ付八反八分弐厘替
代金百三拾両六両　三匁弐分六厘
右荷造り口銭等〆
代金三百八拾壱両弐分　壱匁壱分六厘
右木綿江戸日本橋南壱丁目白木屋彦太郎方江同年十月指送り申候

（下ヶ札）
(下ヶ札)「綿作宜下直ニ御座候処、木綿も引下ヶ申候故、織方之利分本文前条之割合ニ而左之通
金壱両ニ付　繰綿壱貫九百七拾匁替
　　　　　　同次弐貫七拾匁替
木綿壱反手間代
上　銀四匁五厘
中　銀弐匁五分五厘
下　銀壱匁九分壱厘」

右壱口之内
一白木綿千九百反
内
上　四百反　右同直段
代金五拾九両三分　七匁八分壱厘
中　千三百反　同断
代金百四拾七両壱分　八匁五分三厘
下　弐百反　金壱両ニ付十一反四分三厘替
代金拾七両壱分　十四匁八分六厘
右荷造り口銭等〆
代金弐百廿八両弐分　壱分七厘
右木綿江戸駿河町越後屋八郎兵衛方江同月指送り申候
右壱口之内
一白木綿七千八百反
内
上　三千弐百反　右同直段
代金四百七拾九両　弐匁五分壱厘
中　三千六百反　同断
代金四百八両　九匁七分九厘
下　千反　同断
代金八拾七両壱分　十四匁三分四厘
右荷造り口銭等〆
代金九百九拾両弐分　弐匁弐分七厘
右木綿江戸尾張町蛭子屋八郎左衛門方江同月指送り申候
右壱口之内
一白木綿九百五拾反
内
上　五百反　右同直段
代金七拾四両三分　六匁壱厘
中　三百五拾反　同断
代金三拾九両弐分　拾匁九分五厘
下　百反　同断
代金八両弐分　十四匁九分三厘
右荷造り口銭等〆
代金百廿五両壱分　四分
右木綿江戸本町壱丁目升屋太兵衛方江同月指送り申候

右之通夫々指送り、書面之直段ニ仕切勘定相立申候

木綿壱口弐万千七百反之内

一白木綿四千六百反

内

上　千百反　　金壱両ニ付六反七分五厘替

代金百六拾弐両三分　拾弐匁七分七厘

中　千七百反　金壱両ニ付八反九分弐厘替

代金百九拾両弐分　四匁九分七厘

下　千八百反　金壱両ニ付十一反五分替

代金百五拾六両弐分　壱匁三分

右荷造り口銭等〆

代金五百拾八両三分　八分弐厘

右木綿江戸本町四丁目柏屋孫左衛門方江同年十一月差送り申候

右壱口之内

一白木綿六千四百反

内

上　千七百反　　右同直段

代金弐百五拾壱両三分　六匁壱分壱厘

中　弐千九百反　　右同直段

代金三百弐拾五両　六匁七分弐厘

下　千八百反　　同断

代金百五拾六両弐分　壱匁三分

右荷造り口銭等〆

代金七百四拾五両三分　四匁三分八厘

右木綿江戸本町四丁目伊豆蔵吉右衛門方江同月差送り申候

右壱口之内

一白木綿千百反

内

上　五百反　　右同直段

代金七拾四両　四匁四分四厘

中　六百反　　同断

代金六拾七両壱分　八分七厘

右荷造り口銭等〆

代金百四拾三両弐分　六匁七分

右木綿江戸本石町四丁目大黒屋三郎兵衛方江同月差送り申候

右壱口之内

一白木綿千六百反

内

上　八百反　　右同直段

代金百拾八両弐分　拾壱匁壱分

中　八百反　　同断

代金八拾九両弐分　拾壱匁壱分六厘

右荷造り口銭等〆

代金弐百拾壱両弐分　拾弐匁三分弐厘

右木綿江戸通油町大黒屋吉右衛門方江同月差送り申候

右壱口之内

一白木綿弐千五百反

内

上　千反　　右同直段

代金百四拾八両　八匁八分八厘

中　千反　　同断

代金百拾弐両　六匁四分五厘

下　五百反　　同断

代金四拾三両壱分　拾三匁六分九厘

右荷造り口銭等〆

代金三百八両弐分　拾三匁五分壱厘

右木綿江戸駿河町越後屋八郎兵衛方江同月差送り申候

右壱口之内

一白木綿三千八百反

内

上　千六百反　　右同直段

代金弐百三拾七両　弐匁弐分弐厘

中　千三百反　　同断

代金百四拾五両弐分　十四匁三分九厘

下　九百反　　同断

代金七拾八両壱分　六分五厘

右荷造り口銭等〆

代金四百六拾八両弐分　七匁壱分
右木綿江戸大伝馬町大丸屋正右衛門方江同月差送り申候
右壱口之内
一白木綿千七百反
内
上　八百反　　右同直段
代金百拾八両弐分　壱匁壱分壱厘
中　九百反　　同断
代金百両三分　八匁八分壱厘
右荷造り口銭等〆
代金弐百弐拾弐両三分　拾壱匁弐分九厘
右木綿江戸桜田久保町槌屋幸助方江同月差送り申候
右之通夫々江差送り、書面直段ニ仕切勘定相立申候
木綿壱口四万八千九百反之内
一白木綿九千九百反
内

上　四千五百反　　金壱両ニ付六反三分五厘替
代金七百八両弐分　九匁六分八厘
中　三千八百反　金壱両ニ付八反五分弐厘替
代金四百四拾六両ト五分六厘
下　千六百反　　金壱両ニ付十一反壱分五厘替
代金百四拾三両壱分　拾四匁八分六厘
右荷造り口銭等〆
代金千三百拾八両三分　八匁三分壱厘
右木綿江戸日本橋南壱丁目白木屋彦太郎方江同年十二月
差送り申候
右壱口之内
一白木綿五千百反
内
上　千弐百反　　右同直段
代金百八拾八両三分　拾三匁五分九厘
中　千七百反　　同断
代金百九拾九両弐分　壱匁八分三厘
下　弐千弐百反　同断

代金百九拾七両壱分　三匁五分六厘
右荷造り口銭等〆
代金五百九拾五両弐分　九匁六分五厘
右木綿江戸本町四丁目柏屋孫左衛門方江同月差送り申候
右壱口之内
一白木綿弐千九百反
内
上　七百反　右同直段
代金百拾両　拾四匁壱分七厘
中　千四百反　同断
代金百六拾四両壱分　四匁壱分五厘
下　八百反　同断
代金七拾壱両弐分　拾四匁九分三厘
右荷造り口銭等〆
代金三百五拾弐両　弐匁四厘
右木綿江戸本石町四丁目大黒屋三郎兵衛方江同月差送り
申候

右壱口之内
一白木綿壱万千反
内
上　四千三百反　右同直段
代金六百七拾七両　九匁九分弐厘
中　五千百反　同断
代金五百九拾八両弐分　五匁四分九厘
下　千六百反　同断
代金百四拾三両壱分　拾四匁八分六厘
右荷造り口銭等〆
代金千四百四拾弐両　弐匁七分弐厘
右木綿江戸本町四丁目伊豆蔵吉右衛門方江同月差送り申
候
右壱口之内
一白木綿五千七百反
内
上　弐千四百反　右同直段
代金三百七拾七両三分　拾弐匁壱分六厘

中　弐千百反　　同断

代金弐百四拾六両壱分　拾三匁七分三厘

下　千弐百反　　同断

代金百七両弐分　七匁三分九厘

右荷造り口銭等〆

代金七百四拾三両三分　四匁六分九厘

右木綿江戸通油町大黒屋吉右衛門方江同月差送り申候

右壱口之内

一白木綿四千八百反

内

上　弐千弐百反　　右同直段

代金三百四拾六両壱分　拾弐匁三分九厘

中　千七百反　　同断

代金百九拾九両弐分　壱匁八分三厘

下　九百反　　同断

代金八拾両弐分　　拾三匁四厘

右荷造り口銭等〆

代金六百三拾六両弐分　拾三匁四分

右木綿江戸駿河町越後屋八郎兵衛方江同月差送り申候

右壱口之内

一白木綿弐千反

内

上　千百反　　右同直段

代金百七拾三両　拾三匁七分

中　九百反　　同断

代金百五両弐分　八匁弐厘

右荷造り口銭等〆

代金弐百八拾三両　拾弐匁八分三厘

右木綿江戸尾張町亀屋七左衛門方江同月差送り申候

右壱口之内

一白木綿弐千五百反

内

上　千反　　右同直段

代金百五拾七両壱分　拾三匁八分壱厘

中　千四百反　　同断

代金百六拾四両壱分　四匁壱分五厘
下　百反　　同断
代金八両三分　拾三匁壱分壱厘
右荷造り口銭等〆
代金三百三拾六両　壱匁七分八厘
右木綿江戸大伝馬町大丸屋正右衛門方江同月差送り申候
右壱口之内
一白木綿弐千反
内
上　八百反　　右同直段
代金百弐拾五両三分　拾四匁五厘
中　千弐百反　　同断
代金百四拾両三分　五匁七分
右荷造り口銭等〆
代金弐百七拾壱両　三匁六分四厘
右木綿江戸本町壱丁目升屋太兵衛方江同月差送り申候
右壱口之内

一白木綿弐千反
内
上　五百反　　右同直段
代金七拾八両弐分　拾四匁四分
中　千五百反　　同断
代金百七拾六両　三匁三分八厘
右荷造り口銭等〆
代金弐百五拾八両三分　九匁四分五厘
右木綿江戸糀町五丁目升屋久右衛門方江同月差送り申候
右壱口之内
一白木綿千反
内
上　五百反　　右同直段
代金七拾八両弐分　拾四匁四分
中　五百反　　同断
代金五拾八両弐分　拾壱匁壱分弐厘
右荷造り口銭等〆
代金百三拾九両弐分　四匁八分七厘

右木綿江戸桜田久保町槌屋幸助方江同月差送り申候
右之通夫々江差送り、書面之直段ニ仕切勘定相立申候

宝暦元年未三月
上木綿　金壱両ニ付　九反壱分五厘替
中同　　　　　　　　十一反八分三厘替
下同　　　　　　　　拾五反五分三厘替
同二年申二月
上木綿　金壱両ニ付　拾反壱分替
中同　　　　　　　　拾弐反八分五厘替
下同　　　　　　　　拾六反五厘替
同三年酉二月
上木綿　金壱両ニ付　九反七分替
中同　　　　　　　　拾三匁三分替
下同　　　　　　　　拾六反五分替
天明三年卯二月
上木綿　金壱両ニ付　七反五分五厘替
中同　　　　　　　　九反六分七厘替
下同　　　　　　　　拾弐反四分五厘替
同四年辰二月
上木綿　金壱両ニ付　七反壱分替
中同　　　　　　　　九反九分五厘替
下同　　　　　　　　拾三反九分五厘替
同五年巳二月
上木綿　金壱両ニ付　七反五厘替
中同　　　　　　　　九反壱分弐厘替
下同　　　　　　　　十一反五分替
同六年午二月
上木綿　金壱両ニ付　六反五分九厘替
中同　　　　　　　　八反九分三厘替
下同　　　　　　　　拾反九分替

右之通書上申候、以上

寛政二年
戌七月
尾州名古屋上島町
木綿買次問屋
吹原屋九郎三郎判

（一〇）尾州名古屋吹原氏より書上写・勢州松坂浜田氏より書上写

寛政二戌年

尾州名古屋吹原氏ゟ書上写

勢州松坂浜田氏ゟ書上写

并ニ木綿織手間書上

弐百弐拾六番　廿九冊之内

壱

吹原書上ケ

末二月壱口之内　上壱万千弐百反

一白木綿弐万弐千百反　但中六千六百反

下四千三百反

上木綿壱万千弐百反分

金千弐百四拾四両壱分　但拾反ニ付綿目壱〆五百目
金壱両ニ付繰綿壱〆三百五拾匁替

銀拾壱匁六分六厘

是者右木綿仕上候繰綿千六百八拾〆目代

同断

金五拾九両弐分　但拾反ニ付銀三匁弐分

銀拾四匁

是者右繰綿打代

同断

金拾八両弐分　但拾反ニ付銀壱匁

銀拾匁

是者右木綿仕上候糊薪代

同断

金五百拾七両　但拾反ニ付銀廿七匁七分

銀四匁
是者右木綿仕上候手間代
〆金千八百三拾九両三分　銀九匁六分六厘
但金壱両ニ付六反八厘七毛
中木綿六千六百反分
金六百拾四両壱分
銀拾三匁九分六厘
但拾反ニ付綿目壱〆三百五拾目
金壱両ニ付繰綿壱〆四百五拾目替
是者木綿仕上候繰綿八百九拾壱〆目代
同断
金三拾両三分　但拾反ニ付銀弐匁八分
銀三匁
是者右繰綿打代
同断
金拾壱両　但拾反ニ付銀壱匁
是者右木綿仕上候糊薪代
同断
金百拾五両弐分　但拾反ニ付銀拾匁五分
是者右木綿仕上候手間代

〆金七百七拾壱両三分　銀壱匁九分六厘
但金壱両ニ付八反五分五厘弐毛
下木綿四千三百反分
金三百拾壱両壱分
銀七匁七分五厘
但拾反ニ付綿目壱〆五拾目
金壱両ニ付繰綿壱〆四百五拾目替
是者右木綿仕上候繰綿四百五拾壱〆五百目代
同断
金拾六両壱分　但拾反ニ付銀弐匁三分
銀拾四匁
是者右繰綿打代
同断
金七両　銀拾匁　但拾反ニ付銀壱匁
是者右木綿仕上候糊薪代
同断
金三拾八両弐分　但拾反ニ付銀五匁四分
銀拾弐匁
是者右木綿仕上候手間代
〆金三百七拾三両弐分　銀拾三匁七分五厘

但金壱両ニ付十一反五分六毛
右三口〆諸入用一式元直段
金弐千九百八拾五両壱分　銀拾匁三分七厘
平均金壱両ニ付七反四分弐毛
右木綿仲買共町在ニ而買集仕切直段
〆金三千拾四両三分　銀八匁三分七厘
平均金壱両ニ付七反三分三厘
内金弐拾九両壱分　銀拾三匁　仲買利潤
右木綿之内四千八百反江戸表問屋江相送り候仕切直段左
之通ニ御座候
上木綿三千弐百反　但金壱両ニ付六反弐厘替
代金五百三拾壱両弐分　銀三匁六分八厘
中木綿千百反　但金壱両ニ付八反四分五厘替
代金百三拾両　銀拾匁六分五厘
下木綿五百反　但金壱両ニ付十一反三分五厘替
代金四拾四両　銀三匁壱分七厘

〆金七百五両三分　銀弐匁五分
平均金壱両ニ付六反八分壱毛
金三両三分　銀壱匁壱分弐厘
但諸懸り物百反ニ付銀四匁六分九厘
金七両　銀三匁四分七厘
但問屋口銭金壱両ニ付銀六分
右三口〆金七百拾六両弐分　銀七匁九厘
平均金壱両ニ付六反六分九厘八毛
右木綿江戸日本橋南壱丁目問屋白木屋彦太郎方江天明七
年未二月指送り、書面之直段ニ仕切勘定相立候
右壱口之内
上木綿六百反　但金壱両ニ付六反弐厘替
代金九拾九両弐分　銀拾匁六厘
中木綿千四百反　但金壱両ニ付八反四分五厘替
代金百六拾五両弐分　銀拾匁八分弐厘
下木綿千三百反　但金壱両ニ付十一反三分五厘替
代金百拾四両弐分　銀弐匁弐分四厘

〆金三百七拾九両三分　銀八匁壱分弐厘
平均金壱両ニ付八反六分八厘六毛
金弐両三分　銀四匁七分七厘
但諸懸り物百反ニ付銀四匁六分九厘
金三両三分　銀弐匁八分五厘
但問屋口銭金壱両ニ付銀六分
右三口〆金三百八拾六両壱分　銀七分四厘
平均金壱両ニ付八反五分四厘五毛
右木綿江戸本町四丁目問屋柏屋孫左衛門方江天明七年未
指送り、書面之直段ニ仕切勘定相立候

右壱口之内
上木綿千四百反　但金壱両ニ付六反弐厘替
代金弐百三拾弐両弐分　銀三匁四分五厘
中木綿千三百反　但金壱両ニ付八反四分五厘替
代金百五拾三両三分　銀五匁七分六厘
下木綿千反　但金壱両ニ付十一反三分五厘替
代金八拾八両　銀六匁三分四厘
〆金四百七拾四両弐分　銀五分九厘
平均金壱両ニ付七反七分九厘八毛
金弐両三分　銀八匁五分三厘
但諸懸り物百反ニ付銀四匁六分九厘
金四両弐分　銀十四匁七分
但問屋口銭金壱両ニ付銀六分
右三口〆四百八拾弐両　銀八匁七分八厘
平均金壱両ニ付七反六分七厘四毛
右木綿江戸本町四丁目問屋伊豆蔵吉右衛門方江天明七年
未二月指送り、書面之直段ニ仕切勘定相立申候

右壱口之内
上木綿千九百反　但金壱両ニ付六反弐厘替
代金三百拾五両弐分　銀六匁八分七厘
金壱両壱分　銀十四匁壱分壱厘
但諸懸り物百反ニ付銀四匁六分九厘
金三両　銀九匁三分
但問屋口銭金壱両ニ付銀六分
右三口〆金三百弐拾両壱分　銀三分四厘

平均金壱両ニ付五反九分三厘弐毛

右木綿江戸駿河町問屋越後屋八郎兵衛方江天明七年末二月指送り、書面之直段ニ仕切勘定相立申候

右壱口之内

上木綿三千百反　但金壱両ニ付六反弐厘替

代金五百拾四両三分　銀拾弐匁壱厘

中木綿弐千四百反　但金壱両ニ付八反四分五厘替

代金弐百八拾四両　銀壱匁四分壱厘

下木綿三百反　但金壱両ニ付十一匁三分五厘替

代金弐拾六両壱分　銀拾匁九分

〆金八百廿五両壱分　銀九匁三分弐厘

平均金壱両ニ付七反弐厘六毛

金四両弐分　銀弐匁

但諸懸り物百反ニ付銀四匁六分九厘

金八両壱分　銀壱分弐厘

但問屋口銭金壱両ニ付銀六分

右三口〆金八百三拾八両　銀拾壱匁五分八厘

平均金壱両ニ付六反八分七厘八毛

右木綿江戸尾張町問屋蛭子屋八郎左衛門方江天明七年末二月指送り、書面之直段ニ仕切勘定相立候

右壱口之内

上木綿五百反　但金壱両ニ付六反弐厘替

代金八拾三両　銀三匁三分八厘

下木綿千百反　但金壱両ニ付十一反三分五厘替

代金九拾六両三分　銀九匁九分七厘

〆金百七拾九両三分　銀十三匁三分五厘

平均金壱両ニ付八反八分九厘

金壱両壱分　銀四厘

但諸懸り物百反ニ付銀四匁六分九厘

金壱両三分　銀弐匁八分五厘

但問屋口銭金壱両ニ付銀六分

右三口〆百八拾三両　銀壱匁弐分四厘

平均金壱両ニ付八反七分四厘三毛

右木綿江戸通油町問屋大黒屋吉右衛門方江天明七年末二月指送り、書面之直段ニ仕切勘定相立候

右壱口之内
上木綿五百反　但金壱両ニ付六反弐厘替
代金八拾三両　銀三匁三分八厘
中木綿四百反　但金壱両ニ付八反四分五厘替
代金四拾七両壱分　銀五匁弐分三厘
下木綿百反　但金壱両ニ付十一反三分五厘替
代金八両三分　銀三匁六分三厘
〆金百三拾九両　銀拾弐匁弐分四厘
平均金壱両ニ付七反壱分八厘三毛
金三分　銀壱匁九分
但諸懸り物百反ニ付銀四匁六分九厘
金壱両壱分　銀八匁五分弐厘
但問屋口銭金壱両ニ付銀六分
右三口〆金百四拾壱両壱分　銀七匁六分六厘
平均金壱両ニ付七反七厘三毛
右木綿江戸本町壱丁目問屋升屋太兵衛方江天明七年未二一
月指送り、書面之直段ニ仕切勘定相立申候

浜田書上
亼印様
巳ノ年
一嶋木綿　三万弐百拾六反
私方ゟ年内差送り候
平均四反弐分六厘六毛弐糸
一染木綿　壱万四千百弐反
私方ゟ年内差送り候
平均五反九分八厘九毛六糸
右弐口代金之内、諸懸り口銭籠り居申候
午ノ年
一嶋木綿　三万千八百八拾壱反
私方ゟ年内差送り候
平均四反九厘七毛五糸
一染木綿　壱万三千三百九拾六反
私方ゟ年内差送り候
平均五反七分五厘三毛弐糸

右弐口代金之内、諸懸り口銭籠り居申候

未ノ年

一嶋木綿　弐万五千五拾八反

私方ゟ年内差送り候

平均三反九分四厘壱毛

一染木綿　壱万四千百六拾弐反

私方ゟ年内差送り候

平均五反四分九厘三毛

右弐口代金之内、諸懸り口銭籠り居申候

申ノ年

一嶋木綿　三万六千六百廿八反

私方より年内差送り候

平均三反八分壱厘五毛壱糸

一染木綿　弐万千六百弐反

私方ゟ年内差送り候

平均五反四分八厘九毛四糸

右弐口代金之内、諸懸り口銭籠り居申候

酉ノ年

一嶋木綿　弐万六千四拾六反

私方ゟ年内差送り候

平均三反六分弐毛八糸

一染木綿　壱万六千八百四拾反

私方ゟ年内差送り候

平均四反八分八厘六毛三糸

右弐口代金之内、諸懸り口銭籠り居申候

戌十二月四日差上ル

浜　田伝右衛門

白木屋彦太郎様

木綿織元調書

覚

一綿相庭金壱両ニ付弐貫弐百匁替ニ御座候

一糸延織手間日雇賃一日ニ七分宛ニ御座候

一上白木綿　壱反ニ付
綿入目百五拾目　代四匁九厘
綿打賃巻賃　代四分
糸延六日分賃　四匁弐分
綛操のり代　壱匁
織手間三日半賃　弐匁四分五りん
〆拾弐匁壱分四りん
一中所同　壱反ニ付
綿入目百五拾目　代四匁九りん
綿打賃巻賃　四分
糸延五日分賃　三匁五りん
綛操のり賃　壱匁
織手間二日半賃　壱匁七分五りん
〆拾匁七分四りん
一下白木綿　壱反ニ付
綿入目百四拾匁　代三匁八分弐りん
綿打賃巻賃　四分

糸延三日半分賃　弐匁四分五りん
綛くりのり代　八分
織手間一日半賃　壱匁五りん
〆八匁五分弐りん
一上紺又布嶋　壱反ニ付
綿入目百六拾目　代四匁三分六りん
綿打賃巻賃　四分
糸延八日分賃　五匁六分
綛くりのり代　壱匁
染代　九匁
織手間五日分賃　三匁五分
〆弐拾三匁八分六厘
一中所紺又布嶋　壱反ニ付
綿入目百六拾目　代四匁三分六りん
綿打賃巻賃　四分
糸延六日半賃　四匁五分五りん
染代　六匁八分

織手間三日半賃　弐匁四分五りん
綛くりのり代　壱匁
〆拾九匁三分六りん

一下所同　壱反ニ付
綿入目百六拾匁　代四匁三分六りん
綿打賃巻賃　四分
糸延四日半賃　三匁壱分五りん
かせくりのり代　壱匁
染代　五匁五分
織手間三日賃　弐匁壱分
〆拾六匁五分壱りん

一上桟留嶋　壱反ニ付
綿入目百六拾目　代四匁三分六りん
綿打賃巻賃　四分
糸延八日分賃　五匁六分
かせくりのり代　壱匁
染代　四匁
織手間五日賃　三匁五分
〆拾八匁八分六りん

一中所同　壱反ニ付
綿入目百六拾目　代四匁三分六りん
綿打賃巻賃　四分
糸延六日半分賃　四匁五分五りん
かせ操のり代　壱匁
染代　三匁
織手間三日半賃　弐匁四分五りん
〆拾五匁七分六りん

一下所桟留嶋　壱反ニ付
綿入目百六拾目　代四匁三分六りん
綿打賃巻賃　四分
糸延四日半賃　三匁壱分五りん
かせくりのり代　壱匁
染代　弐匁五分
織手間三日賃　弐匁壱分

〆拾三匁五分壱りん

一茶嶋類之儀者右棧留上中下共ニ染代壱匁宛高直ニ御座
候

一単物地浅黄立嶋目引立類之儀者、右棧留嶋ニ平均壱匁
五分位ッ、染代下直ニ相上り申候

一空織色上所　　壱反ニ付
綿入目百六拾目　　代四匁三分六りん
綿打賃巻賃　　四分
糸延八日分賃　　五匁六分
かせ操のり代　　壱匁
染代　　弐匁弐分
織手間五日分賃　　三匁五分
〆拾七匁六りん

一同中所　　壱反ニ付
綿入目百六拾目　　代四匁三分六りん
綿打賃巻ちん　　四分
糸延六日半分賃　　四匁五分五りん
綛くり糊代　　壱匁
染代　　弐匁弐分
織手間三日半賃　　弐匁四分五りん
〆拾四匁九分六りん

一空織色下所　　壱反ニ付
綿入目百六拾目　　代四匁三分六りん
綿打賃巻賃　　四分
糸延四日半賃　　三匁壱分五りん
綛操糊代　　壱匁
染代　　弐匁
織手間三日分賃　　弐匁壱分
〆拾三匁壱りん

一花色織色者右空織色ニ上中下共染代弐匁宛高直ニ御座
候

一紺織色者右天色織ニ上中下共染代七匁宛高直ニ御座候

右之通り御座候

Ⅲ　近世後期

（一一） 感腹新話 拾

感腹新話巻十

目録

感腹新話　巻十

冥加上金願之通被仰付之条

文化五辰年十二月、大行事大伝馬町綿店惣行事堀留組翌巳年正月大行事大伝馬町綿店惣行事新堀組右行事中北御番所様江封訴を以テ御冥加上金之義を願立候組々、当巳ノ三月十一日被召出、被渡書并南御番所様町年寄三役所等御届御礼訴、其文左の如し

申　渡

菱垣廻船積仲間之内
水油問屋惣代
本船町庄兵衛店
道明屋作兵衛
同町吉兵衛店
森田屋治郎兵衛勢州
住宅ニ付
代　庄　吉
通壱丁目卯右衛門店

山崎屋藤五郎煩ニ付
代　善兵衛
三河町壱丁目与右衛門店
嶌屋半兵衛

畳表問屋惣代

南新堀一丁目九兵衛店　清水屋茂兵衛
同町　八兵衛店　白子屋弥兵衛
堀留一丁目新兵衛店清水屋八兵衛勢州住宅ニ付　代　嘉兵衛
通壱丁目茂八店　近江屋宗兵衛
同町　治兵衛店　近江屋三右衛門
万町　源介店遠州屋半兵衛煩ニ付　代　藤次郎

繰綿問屋惣代

本船町八郎右衛門店　森田屋儀助
大伝馬町一丁目金兵衛店小津屋清左衛門勢州住宅ニ付　代　喜兵衛
同町　太助店殿村や市兵衛勢州住宅ニ付　代　清　六
本船町金次郎店伊勢や徳三郎勢州住宅ニ付　代　喜兵衛

下り糀（糠）問屋惣代

南新堀一丁目喜兵衛店　伊坂屋重兵衛
同町二丁目由右衛門店千代倉次郎兵衛尾州住宅ニ付　代　喜兵衛
南茅場町源五郎店　灘屋惣兵衛

薬種問屋惣代

本町三丁目五兵衛店　岸部屋安兵衛
同町宗右衛門店酢屋又左衛門堺住宅ニ付　代　吉兵衛
橘町三丁目家持　大坂屋平六
米沢町壱丁目善兵衛店松本屋彦四郎煩ニ付　代　銀　蔵

菱垣廻船問屋

西川岸町弥兵衛店　利倉屋彦三郎
同町　庄左衛門店　銭屋久左衛門
同町　同人店井上重左衛門幼年ニ付　後見　宗兵衛

菱垣廻船積仲間

大行事
本町三丁目小西屋長左衛門
大坂住宅ニ付　代　幸兵衛
同町　近江屋嘉七
同

惣行事
通一丁目山崎屋藤五郎
煩ニ付　代　善兵衛
本船町
伊勢屋徳郎（ママ）勢州住宅ニ付　代　喜兵衛
同会所頭取
万町大坂屋茂兵衛父
茂十郎

其方共儀往古ゟ御府内住居ニ而商売手広ニ致御国恩冥加を存候而此度十組内水油問屋惣仲間拾八人ニ而年々金五百両、畳表問屋惣仲間三十八人ニ而年々金千両、下り糀屋惣仲間拾人ニ而年々金弐百両、薬種問屋・薬種屋両組惣仲間五十人ニ而年々金四百両、菱垣廻船問屋三人ニ而年々金百両永々上納致度并ニ菱垣廻船沖船頭とも義、積仲間商人永続致候ニ付、沖船頭共申合年々金弐百両為冥加上納相願候得共、御当地住居不致候ニ付、廻船問屋三人ゟ上金致度旨積仲間大行事・惣行事差添組合限願出候、然ル所運上物等之下々難渋ニ相成候義者、先年御差止ニも相成候儀ニ而容易不成事ニ付、再応相糺候処商売物直段江拘り候義者決而無之、又者後年ニ及ひ手元難義之義等も曽而無之由ニ而上金之儀達而相願、段々申立候次第奇特成儀ニ付、願之通申付候間右金高年々上納可致候、且又右上金之分者通用難成程之切金・軽目金等を以相納候様可致
右之通申渡候間其旨可存
巳ノ三月十一日

右之通被為仰付候ニ付、即刻根岸肥前守様御奉行所南御番所江御届訴之文
左の如し

乍恐以書付御訴申上候
一菱垣廻船積仲間之内水油問屋惣代本船町庄兵衛店道明屋作兵衛外三人、畳表問屋惣代南新堀壱丁目九兵衛店清水屋茂兵衛外五人、繰綿問屋惣代本船町八郎右衛門店森田屋儀助外三人、下り糀問屋惣代南新堀壱丁目喜兵衛店伊坂屋重兵衛外弐人、薬種問屋惣代本町三丁目五兵衛店岸部屋安兵衛外壱人、大伝馬町薬種屋惣代橘町三丁目家持大坂屋平六外壱人、菱垣廻船問屋西川岸町弥兵衛店利倉屋彦三郎外弐人申上候、今日一同土佐

守様御番所江被召出、私共儀往古ゟ御府内住居ニ而商売手広ニ致シ、御国恩冥加之儀を存候而此度十組内水油問屋惣仲間拾八人ニ而年々金五百両、畳表問屋惣仲間三拾八人ニ而金三百両、繰綿問屋惣仲間六十八人ニ而金千両、下リ糂問屋惣仲間拾人ニ而年々金弐百両、薬種問屋惣仲間五十人にて年々金四百両、菱垣廻船問屋三人ニ而年々金百両永世上納致度、并ニ菱垣廻船沖船頭共義積仲間商人永続致候ニ付、沖船頭共申合年々金弐百両冥加のため永世上納相願候得共、御当地住居不致候ニ付廻船問屋三人ゟ上金致度旨積仲間大行事・惣行事差添組限り願出候、然ル所運上物等之下々難義ニ相成候儀者先年御差止ニも相成候儀ニ而容易不成事ニ付、再応御糺御座候処商売直段江拘り候義者決而無之、又者及後年手元難渋之義等も曽而無之ニ付、上金之義達而御願申上候処、段々申立之次第奇持之義ニ被為思召、願之通被為仰付右金高年々上納可致、且又右上金旨被為之分者通用難成程之切レ金・軽目金を以テ相納候様可致仰渡、一同難有仕合奉存候、依之此段御訴奉申上候、以上

文化六己巳年　　水油問屋
三月十一日　　繰綿問屋
畳表問屋
薬種問屋
下リ糂問屋
菱垣廻船問屋

右六株共ニ名前之義者御申渡し之条同断也、外ニ家主名前添

御番所様

因茲翌十二日両御番所江差上候御礼訴其文則

乍恐以書付奉申上候

一菱垣廻船積仲間之内畳表問屋・水油問屋・糠問屋・繰綿問屋・薬種問屋五組惣代之者并ニ菱垣廻船問屋三人之もの共一同奉申上候、私共儀往古より御府内ニ住居仕商売手広ニ致候儀、全以御国恩冥加至極難有奉存候ニ付、年々上金之義奉願上候処、昨十一日「土佐守様（朱筆）御番所江」被召出、願之通被仰付難有奉存候、依之乍恐一同御礼奉申上候、以上

文化六己巳年　　六株連名

三月十二日　　　　　　　　　右　同　断

御番所様

但シ朱字之分者南御番所江奉書之書入レ也

猶三年寄御役所御礼届其文則

乍恐以書付申上候

一菱垣廻船積仲間之内畳表問屋・水油問屋・糠問屋・繰綿問屋・薬種問屋五組惣代之者并ニ菱垣廻船問屋三人之者共一同申上候、私共義従往古御府内ニ住居致、商売手広ニ致候儀全以御国恩冥加至極難有奉存候ニ付、夫々年々上金之儀奉願上候処、昨日土佐守様御番所江被召出、願之通被仰付難有奉存候、依之一同御礼申上候、以上

文化六己巳年　　　　　　　　　六株連印

三月十二日　　　　　　　　　前条同断

樽御役所

奈良屋御役所

喜多村御役所

但三通文言同断

断

右六株之外巳ノ春木綿問屋を初として諸組々共ニ被仰渡并ニ御礼訴届筋等いつれも右同断之事故略スレ之ヲ

猶又上納之次第者此末条冥加上金次第抄の条に委敷記しおきぬ

世話番五人之者御褒之段

文化六己巳年極月十六日十組世話番拾壱人之内丹情之者五人召出され、御褒美被下置候、仰渡されの条左如し

申　渡　　　菱垣廻船積仲間

十組問屋之内

本船町庄兵衛店

道明屋作兵衛

同町八郎右衛門店

森田屋儀助

大伝馬町壱丁目金兵衛店

小津清左衛門勢州住宅ニ付

代　喜　兵　衛

南新堀壱丁目伊右衛門店
白子屋弥兵衛
同町九兵衛店
清水屋茂兵衛

其方共儀杉本茂十郎教諭之趣ニ随、仲間一同之者共江厚ク申談永代橋・新大橋・大川橋渡銭相止、永々仲間ニ而掛替修覆等一同之願ニ而引受ケ、作兵衛・儀助・清左衛門代喜兵衛・弥兵衛義者其後猶又冥加上金之儀を差はまり組内江申談シ、是また一同之願にて永々上金いたし候様罷成、五人共別而寄特なる儀ニ付作兵衛・儀助・清左衛門代喜兵衛義者銀拾枚ツヽ、茂兵衛義者銀五枚被下之

大行事
大伝馬町壱丁目太助店
殿村屋市兵衛勢州住宅ニ付
代　清　六
惣行事
堀留町弐丁目源右衛門店
乾屋善太郎勢州住宅ニ付
代　平兵衛
同町壱丁目新兵衛店
清水屋八郎兵衛勢州住宅ニ付
代　新兵衛

右之通申渡候間其旨可存
巳十二月十六日
右文段中の冥加上金之儀を差はまりハさし間《マハリ》也、間《ハマル》ハ深入之意ナリ

断
此次丁(朱)○○印ヨリ如し(朱)○○印迄数丁拾八枚之間不用の論談也与閲《ミル》もの誹謗《ソシル》のことなかれ、後来の者十組最初発起之事を弁シしめんが為、并ニ通り町組・内店組此二タ組者十仲間之根元親組なることをしらしめんとて、紙数の費を不厭して粗筆を馳《ハ》ス

(朱)○○十組来由
抑十組与云者元通町内店三十軒諸色問屋之儀者、恐多くも神君御入国已来其御仁政を奉慕御当地江罷下り、

御代々諸色商売相勤来候、依之従御公儀様商売躰之儀ニ付御尋被為成候趣、諸色相庭書差上申候様子、或者御訴訟之子細、且又組合定法等之帳面往古ゟ有之候所、元録（ママ）之頃類焼之節焼失ニ付、其後家々の覚書等取集粗書記有之候、蓋御入国之砌者問屋中買小売ト申無差別何商人も幽成事之由、其砌当組合儀者京都・大坂其外諸国産物、絹・布・木綿并ニ小間物類等を買廻し、御当地江罷下り御用等も差上、御屋鋪様其外御当地者不及申在々所々売買致し、其頃未タ世上不穏成候故、非道姦曲之者御防のため諸商人江商売御免札被下置候由、其後万治二己亥年ニも町御奉行神尾備前守様・村越治左衛門様両御奉行御印鑑を被相居候御免札被下置、文化之今ニ至候迄所持之衆中も有之候

然ル処御仁恵之至り世上一統静謐、追日而御繁栄ニ随ひ商売躰も日々手広ニ相成、国々ゟ出店差出シ或者仕入問屋ヲ相立、諸国産物を買取其外国々ゟ送り荷物等を引請、御当地・奥筋・関東在々之売子を扣、繁花之市中に甍を竝《イラカナラ》へ、連綿として家業無故障相勤候事、是全東照神宮之御恩沢、上もなく難有仕合奉存之間、御法之趣大切ニ相守可申候事

一往古之諸帳面焼失致候得共、明暦三年・万治二年諸色相場書上被仰付候、其後も数度相庭書差上候所、貞享三丙寅年呉服物御用可被仰付旨、町年寄御役所江当組合被召寄御申渡有之候事

又元禄十二己卯年中小判壱両ニ付六十目通用之儀を奉願上候処御聞済被為仰付候、其後御評定所ニおゐて諸勘定差引通用宜キ旨御褒美被為成下候事

又元禄十五壬午年金銀出入御取上無之旨御触有之候得共、諸問屋之儀者格別之御沙汰ニ而御取上御裁許被下置候、其砌外々問屋之者売懸ケ滞金出入御願立申上候得者、当組ニ行事被召出御尋之上御裁許被下置候由ニ付、十仲間之義者当両組通町内店ニ而取立候由之事

一元禄年間船手取締猥ニ相成候ニ付、当組内大坂屋伊兵衛と云ものゝ丹情ニ而再興、運送荷物紛失等無之諸国荷主中積合都合能相成候事、猶又元録十六辛未年問屋売躰致かた之儀御尋ニ付、両度書付を以町年寄御役所江相納候、此時ゟ二十軒組諸色問屋と書上ケ致来候事

一享保年中新規仕出シ物流行、万物直段不平ニ付御吟味

有之、江戸中諸商人売躰致方書上ケ候様被仰付候砌、当組合之儀者往古ゟ諸色商売仕候ニ付其旨相認、奈良屋御役所江相納候事

一其後新規ニ諸国運送諸荷物等役金を差出シ候御奉公筋を中立願出候族も有之候節者、御尋ニ付十組諸問屋一同より差障ニ相成候旨返答申上候得者御取用被下置候事

就中都而商人者天下の財用を通して国家之調法成もの、別而諸色問屋之儀者諸国之産物を引受、一己之勝手を不致万物無差支天下融通して、誠ニ国家之貨ニ候得者組合一同能々申合万事大切ニ相慎、倹約第一ニして家業出情相勤可申事肝要也

勿論

宝永三丙戌年春中則常憲院様之御代、町御奉行坪内能登守様より御糺之節、御由緒前段之趣申上候得共、両組内通諸色問屋之儀者無部分商売可致段被仰付候、其後享保六辛丑年七月中諸商売之者其所名主支配限り小売糶《セリ》商人ニ至ル迄、不残奈良屋御役所江被召呼御糺之砌も、通町・内店両組之儀者前段万治二両町御奉行様ゟ御免札之由緒を中立候得者、無故障諸色問屋商売可致様被為仰付候、依之両組之儀者諸色品々無部分問屋職相続致来候也

其頃勿論万民日用之十二品者各部分して、夫々問屋株式を御定置被下置候御規定物是也、其後外三品猶言上物又御用物或者御役等之品々弥厳重也

右者通町組之内白木屋店ニ所持仲間用扣帳之初メニ記し蔵スル所也

又内店・通町両組一統之仲間帳之古帳面序文記ス所則左之如し

序

一船積十仲間之面々先年示合有之候後、廻船海上之過あること無少《スクナク》、其功誠ニ広大にして諸国ニ流布せり、されと年久敷ニ及ひては其開基之功明《アキラ》かなる間敷事を面々憂《ウレエ》り、予はしめ其事に与《アツカリ》たるを以テ其本末ヲ記シ留んことをすゝめらるゝ人多し、今因茲旧友を慕《シト》ふに他国に移り或は冥途黄泉に赴て、我のミ只一人此ニ止り居ルといへとも、短才をもつてその旨《ムネ》趣を記ん事また恥し、されと後世きゑ果んもいたづかハしくて人々

の進メニ任せ、つたなき筆とりて愚なる心の丈を書付
ること左《クダリ》の如し
正徳五乙未年七月吉日

船積仲間
通町組ノ内
通り三丁目
大坂屋伊兵衛
実名川上正吉

覚

一上方ゟ諸商売之品々往古ゟ積合運送致来候といへとも、其頃迄者諸商売之問屋も無少、誰有て難船有之候時ニ吟味致候荷主もなけれハ船問屋の心任セニして支配不致候故、諸事之勘定何角共ニ不埒ニ罷成候事、就中貞享三丙寅小松屋仲右衛門と申船遥々の海上を無事ニ乗下り候所、船頭私欲之為ニ相州沖ニ而難風ニ逢、破船致候由を船問屋利倉屋三郎兵衛方江申来り候、然ル処斧を以テ態と船底を打割、積合之荷物過半盗取候よし、此噂粗相知レ候故積合荷主中此所彼所《ココカシコ》区々《マチ〳〵》の相談有之候得共、諸商売問屋中互ニ平性の着合《ツキヤヒ》も無之候得者、詮義相談之世話役も無之候故自然と此沙汰相止等閑ニ相済候、依之船手弥不行跡ニ相成、既ニ元録五壬申年迄者諸廻船共ニ荷打・破船・水船等之難多分有之候、其節者船頭水主皆浦方湊々の者共と馴合、荷物過半盗取配分致候躰、剰残荷も悉ク中味を抜取候而丸荷物者無之、別而金高之荷物者猶以捨り候躰、殊更難風ニ不逢船々も折々荷打之躰ニ方便を取拵へ荷物紛失多ク、積合之荷主数度之損金ニ逼《セマ》リ、諸商売荷物運送も鈍《ニブ》く相成候ニ付、元録六癸酉年ニ至り拙者存入候者、如此船手猥ニ相成候而者末々御当地之諸商人・諸職人共ニ家業之手元払底ニ罷成、御当地者不及申、国々迄も貴賤共ニ不自由難義ならんと推計、元録七甲戌年橋町惣取ト申者方ニ而参会を催候、其節会合之衆中者

本船町米問屋ニ而
鎌倉屋　桑名屋　山口屋　松葉屋
室町塗物問屋ニ而
楠見　八木　日光屋
通り町ニ而
畳表問屋中不残

呉服町酒問屋ニ而
鴻池吉兵衛殿　同惣右衛門殿　同五兵衛殿
本町紙問屋ニ而
山中　高田
大伝馬町綿問屋ニ而
磯屋　紙屋
同町薬種問屋ニ而
駿河屋　小西
同町ニ而
小間物諸色問屋中不残
右一同相談之上紙数三拾余枚程帳面ニ致シ相認、其後段々会合申合、元録十丁丑年拙者方ニ而参会之節、帳箱其外入用之小道具等迄拵用ひ来候、且又日本橋釘屋衆中も拙者相働組合ニ差加置候、依之右之衆中合而十組也
一右之組々ニ而寄合之節行司々々を相定、振分勘定之節当番之行事支配致候様ニ相談相究、猶又十組大行事を相定一組ニ而四ケ月ツヽ、船手一件之支配順々ニ致シ相勤可申候、尤三極印元者菱垣往来毎ニ船具等委細ニ相改候様ニト相定申候
一其頃十組之衆中参会之節被仰候者、船手之支配諸事格式能相改候義者末々諸問屋・荷主中之為ニ者勝手宜敷候得共、仮初なから大造成企新法之義成就之程難計、殊ニ以江戸・大坂船問屋之為ニ者不勝手之筋ニ相見候得者、若船持中沖船頭一統に申合、此十組之荷物を積不申候時者、商売手支可申哉といつれも無覚束思召候得共、此儀者拙者兼而工面致置候、ケ様之事存寄候而万一荷積差支之事も無心元存候故、呉服町鴻池三家之衆中江内談致シ大坂鴻池一家中江相談申所、左様之儀ニも相成候ハヽ、鴻池の手船を先百艘余出し、其上ニ而猶手支候ハヽ、又新艘百五十艘も造り足シ、少しも手支させ申間敷由慥ニ請合被申、契約の為大坂鴻池中ゟ態々手代衆壱人御下り被成、かたく相究置候故、此旨十組衆中江披露致候得者皆々安堵被致候、弥十組大丈夫ニ示合候
一海上ニ而難風ニ逢候船々の支配古来より遠州今切を限り、西者大坂之船問屋中相捌、東者江戸船問屋之捌ニ致来候所、破船・水船・荷打等有之候度毎ニ振分散ニ

致シ、大坂之方者大坂ニ而売捌候得共、其代金一切荷主方江相渡し不申候、江戸船問屋之捌も大坂同様ニ而船問屋手代中相捌候故、荷物分散之勘定等者相仕舞候而も曽而割合之金子相渡不申、且割付之書付計差出し置候事余り不埒成致方ニ候故、其砌積合之荷主中会合之催し此趣を遂相談ヲ、以来荷打・水船・破船有之候ハ、荷主組々之行事立合勘定致、船問屋江者曽而相捌かせ申間敷旨相定候

一十組衆中被仰候振分散之節勘定等仲間行事立合支配致シ、荷物濡引も組々仲間〳〵江引請相捌可申候得共、十組之外諸国通り荷物等種々之荷物迄致支配候事者難成義、如何と御尋有之候ニ付幸ひ通り町内店者小間物諸色問屋ニ候間、通町・内店組江手伝、脇荷物者不残引請世話可致旨請合申候、併諸国入込之荷物ニ御座候得者若不都合成事も出来申間敷哉与無覚束旨申談候得者、十組中仰られ候者万一左様之義も出来候ハ、、十組相談之上申合相極候上者拙者壱人之不調法ニ被成間敷よし被仰候、依之脇荷物之分者不残通町内店組江引請、拙者手伝捌来候、尤其砌者只今之様ニ大分之事ニ而者無之候、此捌ニ仍而菱垣船之分者十組之外江一切手ヲかけさせ不申候事に定置候

一十組大寄合として年々正五九月ニ惣衆中参会可致事を相定候、此義者惣而末々ニ至ル迄組合未熟ニ不相成様ニ示合、猶又諸廻船海上之働善悪有事ヲ糺シ相互ニ可申談候事

一御当地船手者段々勝手能罷成候得共、大坂之船問屋格式直り不申候ニ付、荷打・破船・水船之残荷物船粕《イチマキ》迄も江戸江積下シ、江戸支配ニ可致旨相究申候、此一件者書状往来ニ委細留置候

一十組格式能相究船手無恙相続致来候ニ付、元禄十二己卯年大門仲間と申組合出来候而、船手之儀我々仲間ゟ茂手伝致度由ヲ申而、右行事衆五六人連ニ而船問屋参会之場所江御出被成候得共、御当地之儀故百仲間も有之候得共、菱垣之義者十組ゟ捌来候間御手伝之加りニ入申事者不相成旨申入候、但シ荷物積合之儀者御勝手次第ニ可被成旨返答致遣し候

一右之次第示合相談之上相定候所、荷物積合者勿論、御当地船問屋・大坂船問屋船持并船頭水主ニ至迄唯今ニ

而者勝手能罷成、諸人難儀茂無之様ニ相続致候而弥増
菱垣船数百艘造り足シ往来心能、依之上方諸国之商物
者不及申、外国之産物迄も無差閊《カマヒ》往来自由ニ相成候而、
元禄十丁丑年以来船手諸事格式能、聊之難風に逢候
船々も残荷物其外都而箇物并中味不足等多く、丸荷物
者一切無之所ニ、元禄九丙子年以来唯今ニ至迄格別捨
り荷物も無数、残り荷物不手付丸荷物ニ而揚申候、是
偏ニ十組より吟味厳敷致候故ニ、荷主中臨時之損金も
薄く候、然といへとも只今ニ至り船頭水主之中、折々
者不埒之仕方粗有之候間、猶此上も無油断船手の仕置
吟味可有事ニ候
右之条々相糺候事者十組之発旦ヲ無御存知衆中江後々
十組之心得ニ可被成候
右ハ此度帳面相改記置候、以上

　正徳五乙未年

　　七月日　　　　　通町組之中 大坂屋伊兵衛

　　　　　　　　　実名　川上正吉

右伊兵衛殿事享保三戊戌年閏十月三日病死被致候ニ
付、十組ゟ寺迄参候、当組内通町東南両組ノ事より為香奠金
五両遣候也、十組開発者元禄七甲戌年始而也、至今
安永六丁酉年迄凡八十四年続ク

大行司廻次第附

一番　塗物店櫃極印　二　内店
三　表　店表極印　四　薬種店
五　通町組　　　　　六　川岸
七　綿店　　　　　　八　紙店 嶋極印
九　釘店　　　　　　十番　酒店

　都合十組也

右者通町・内店組仲間古帳面之内、十組仲間用扣帳面
の発旦ニ記ス所之文言を其儘、当文化六己巳五月中冥
加上金之義ニ付
三十六番三拾軒組の内、通町組ニ而九人、内店組ニ而
三人、小間物商売致候もの都合拾弐人一組ニ而年々金
百拾五両ッ、永世上納、願之通被為仰付候砌、右拾弐
人一組之組名目を太平組と号、其故者元来《モト》小間物者櫃
荷なり、其櫃を太平櫃といふ、其又ゆへ者小間物諸色
者いつれ手遊ひ栄燿の品にて大平（ママ）の御代の手道具多し、
是を入ル櫃故に大平櫃と云こと然り、此因《チナミ》に此十二人

一組の組合名目を大平組と名附ルこと斯の如し(朱)○○○

断

此一条者白子組筥元之内ニ秘蔵所之太平組御公用帳の
発旦に記し置れしを又此《ココ》に書写し畢

冥加上金次第抄

覚

一金千　両也　繰綿問屋七十人
一金五百両也　水油問屋弐十一人
一金三百両也　畳表問屋三十七人
一金四百両也　薬種問屋五十一人
一金弐百両也　下り糠問屋拾人
一金百　両也　菱垣三問屋三人
一金弐百両也　同沖船頭中
一金千　両也　木綿問屋四十四人
一金弐百両也　瀬戸物問屋三十六人
一金四百両也　釘鉄銅問屋六十五人
一金百　両也　打物問屋拾六人
一金五拾両也　飛脚問屋大坂屋茂兵衛壱人
一金百　両也　線香問屋五十九人

一金百　両也　絵具染料問屋七十三人
一金百　両也　蠟問屋弐十人
一金三百両也　紙問屋四十七人
一金百　両也　真綿問屋三十三人
一金五拾両也　錫鉛問屋拾人
一金弐百両也　干鰯并魚油絞粕問屋拾五人
一金五拾両也　宇治江州茶問屋三十人
一金五拾両也　古手問屋拾三人
一金三拾五両也　下り蠟燭問屋二十五人
一金弐拾五両也　竹皮問屋拾壱人
一金弐十両也　草履問屋拾人
一金三百三拾両也　小間物問屋百六拾九人
一金弐拾両也　人参三臓円売薬冥加　酢屋平兵衛壱人
一金六拾両也　塗物問屋弐十六人
一金拾　両也　菅笠問屋九人
一金百　両也　下り塩問屋仲買共ニ而二十五人
一金五拾両也　糸問屋二十壱人
一金千五百両也　下り酒問屋三拾八人
一金拾五両也　大坂革足袋商人三十二人

一金百　両　也　雪踏問屋三十七人
一金弐百両也　藍玉問屋三拾八人
一金三拾両也　船具問屋八人
一金弐拾両也　川船積問屋三拾五人
一金三拾五両也　色油問屋三人
〆三拾八株也　尤株々兼帯
門数
〆千百七拾六軒也
本主金八百三拾六人也ト云
外ニ菱垣船沖船頭当時百人也
右三拾八株之内
薬種問屋一株五拾壱人之内訳
本町薬種問屋弐拾六人一組
大伝馬町組薬種屋弐拾五人一連
小間物問屋一株百六拾九人之内訳
通町内店ノ内小間物諸色問屋拾弐人一組
三十軒組下り蠟燭問屋　弐十二人一組
丸合組ノ内小間物問屋　三十六人一組
同　墨筆硯問屋　拾八人一組
同　きせる問屋　拾弐人一組
同　扇子問屋　六人一組
同　紅白粉問屋　十弐人一組
同　墨筆硯新組　弐十壱人一組
茅町組ノ内雛手遊人形問屋　拾四人一組
内店組之内　扇子問屋　十六人一組
〆十組合して人数如高
都合四拾八組也
上金高
〆金八千百五拾両也　年々上納永世也
右株々追々願之通り御聞済之段々被仰渡之旨趣巳ノ三月十一日水油問屋・畳表・繰綿・下り糖・薬種問屋等五株之もの共江申渡之条いつれも同断ニ被仰渡候而後、又同年六月ニ至リ右金段之訳合被仰渡候、其文左之通
申　渡
此度十組問屋共相願候上金高都合八千百五拾両之儀者、毎年其方共ゟ直ニ当御役所江可相納候、尤右之内半金四千七拾五両者為融通十組惣仲間之者共江御預ケ被為置候間、三ヶ年相立四ヶ年目ニ上納可致、勿論御貸附

抔与申訳ニ者無之利金差出シ候筋ニ者決而無之、全仲間之者共為融通三ケ年之間御預ケ被成下置候間、心得違無之様可致候、尤上金之儀者先達而申渡之通通用難成程之切金・軽目金を以上納致候義ニ付、半金御下ケ分者御蔵金を以引替渡シ遣ス、右之振合を以順々御下ケ被成下候間、其旨存上納致候もの共江不洩様申通、不取締之儀無之様可申合候

文化六乙巳年

六月五日

御鑑札一条

巳年七月九日十日此両日十組人数不残

小田切土佐守様御番所江被召出、於御白洲被仰渡左之通

一其方共御国恩冥加を存上納金致度旨追々願出、願之通相済候ニ付後年迄冥加之儀為不致忘脚（ママ）并納方混雑不致後々紛敷儀も無之様鑑札請取、上納金致候者共銘々所持致度旨願出候、右者商売筋ニ而鑑札相願候訳ニ者無之、上納金致候もの共計江相渡候義ニ而外々江拘り候義も無之間、願之通鑑札渡シ遣ス、尤末々迄猥成義無之様厚心懸麁末之儀無之様所持可致、鑑札いまた出来不致候ニ付追日相渡ス

依之同月廿八日願人百四拾九人一同被召出、株々四拾八組惣人数千百七拾六枚之御鑑札を請取候而御請

一札其文則

一四拾八組人数千百七拾六人

右者冥加上納金仕候者共江願之通御鑑札被下置候段先達而被仰渡候所、今日書面之通御鑑札御渡被下置奉請取、一人別ニ相渡シ候様可仕候、仍如件

文化六乙巳年

七月廿八日

願人組々　行事百四拾九人

十組　大行事惣行司四人

同　会所頭取壱人

右惣連印

御　番　所　様

其御鑑札之形地

則

表面

其裏面

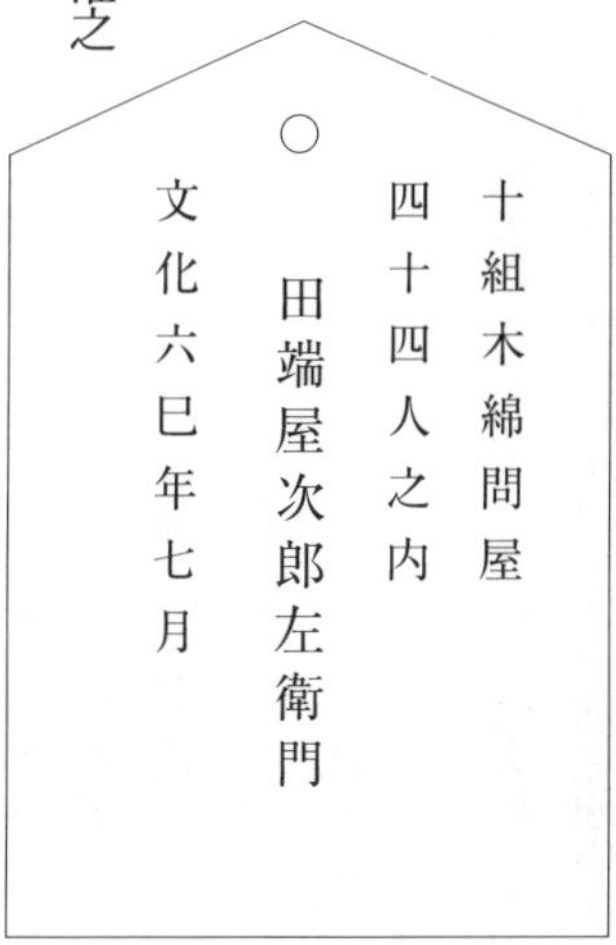

図の如し

余者皆准之

因玆

十組一同申合連印之事

一御国恩冥加聊ニ者御座候得共、年々上金之儀奉願上候処御聞済被成下置難有仕合奉存候、猶又後年迄冥加金之儀忘脚致さるため并多人数之儀ニ付、調方混雑不致後々紛敷義も無之様仕度奉存候ニ付、御鑑札被為下置上納致候者共銘々所持致度旨奉願上候処、御聞済被下置重々難有仕合奉存候、然ル上者末々迄猥成義無之様大切ニ所持可致候、且又已来都而御公辺之儀其外何事ニ不寄、異変之義御座候ハヽ、其趣意時々御達可申義者勿論、私共名前代り或者町所替又者家主替候歟、組内夫々諸問屋増減并株式譲替候義等逸々早速御届可申候、猶又組々取扱候諸色凶作又者船間品切等ニ而不得止事相庭引上候節者、其時々御達し可申候

右之通組々一同申合置候ニ付、致連印差出置候処仍如件

文化六己巳年八月朔日

組々惣連印

右者西川岸会所八月朔日二日両日、十組組々惣名前不残連印致候也

扨又

地面拝領之事

同月十九日十仲間四拾七組一同問屋名前不残、并ニ下り酒問屋不残北御番所江被召出被仰渡左之如し

四拾七組問屋連名

酒問屋名前不残

都合人数

全七百七拾八人也

申　渡

其方共義為冥加以来年々上金并永代橋・新大橋・大川橋掛直等永々引受取計度由相願、先達而願之通申渡候、右者御国恩を存候而申立候たん寄特之事共ニ候、依之室町三丁目ニ而百拾坪之町屋鋪被下候間其旨可存

右之通申渡し候間其旨可存

巳八月十九日

右之通小田切土佐守様御白洲におゐて被仰渡即刻

土佐守様御組　樽与左衛門殿

三村吉兵衛殿　町年寄外二人代

近藤八兵衛殿　平館喜惣治殿

中村四郎右衛門殿　吉田慶蔵殿

肥前守様御組　地割方通壱丁目

蜂屋新助殿　樽三右衛門殿

横地惣兵衛殿　同地割方手代

川上武兵衛殿

室町三丁目名主　大行事　丸屋正右衛門

加藤助右衛門殿　代伝八

惣行事　嶋屋市郎左衛門

大野屋五左衛門

伊坂屋重兵衛　代喜兵衛

会所頭取　茂十郎

右一同御同道御立合之上、室町三丁目東側南角ゟ四軒目、新道南角屋鋪壱ヶ所表間口京間五間半裏行町並此

四方江

御免許御建被下置候

封示杭則

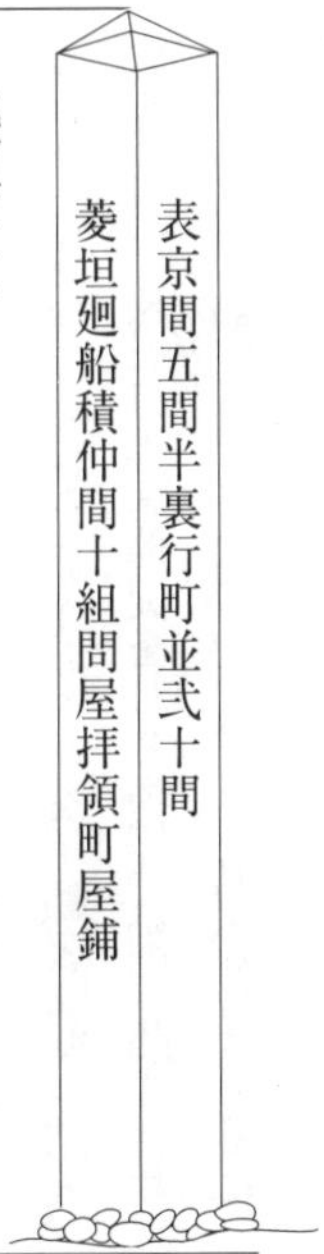

此方面ニハ
文化六乙巳年八月日ト記シ有之候
右立合此方両行事いつれも袴羽織也
但し頭取のミ帯剣也
翌廿日室町三丁目名主加藤助右衛門宅ニおゐて、右之人数一同御立合之上地所請取渡し相済候

沽券之評

新タニ御公儀様ゟ被下置候拝領屋敷候得者古代草分之時分御縄張地面同様之事ニして、沽券之沙汰ニ不及之所、世話番之もの内実沽券高を人ニ見せ度心底故、只向後心得之ためを申立、先御取上之沽券証文被下置候段強而願ふニ付、被下置候沽券状其文則

永代売渡申家屋敷沽券証文之事

一室町三丁目東側南角ゟ四軒目、新道南角屋敷表間口京間五間半裏行町並弐十間有之、我等所持之家屋敷此度代金三千両ニ相究貴殿方江永代売渡申所実正也、右代金名主五人組立合不残只今慥受取申候、此家屋鋪従御公儀様拝領地ニ而者無御座、勿論諸親類者不及申、何方ゟ茂毛頭構申者無御座候、若以来此屋敷ニ付横合ゟ違乱申者有之候ハヽ、加判之名主五人組何方迄も罷出急度埒明可申候、為後日永代売渡申家屋敷沽券証文仍而如件

宝暦十二壬午年　家屋敷
五月廿六日　売主　半兵衛　印
五人組　善右衛門　同
同　佐兵衛　同
名主　助右衛門

お縫殿

前書之家屋鋪我等妻致所持罷在所、当戌九月十一日病死致候ニ付実子惣領娘たつ江此度印形共相譲申候、尤右家屋敷ニ付諸親類者不及申、横合ゟ違乱申者無御座候、依之継足致し為後日我等印形致置候、已上

明和三丙戌年　名護屋検校　印
十一月十九日
譲受人お辰殿

前書之家屋敷我等娘たつ致所持罷在候処、去卯十二月廿六日病死致候ニ付此度我等名前ニ相改申候、尤右家屋敷ニ付諸親類者不及申横合ゟ違乱申者無御座候、依之継足致し為後証我等印形致置候、以上

明和九年

壬辰八月九日　　名護屋検校　印

名護屋検校成行果《ナレノハテ》

元来此盲人者辺鄙の産、宝暦の始江戸に出府して神田藍染川の辺りに住、按摩を業とする所、無程士分と成頓而配当《ハイトウ》となり、小金貯軽キ御家人・御旗本等江立入貸金致て高利を取事劇《ハナハダシク》、忽《タチマチ》勾当之官を得て、居《キヨ》を八町堀又深川に移し、後呉〔服〕町ニ住ス、終ニ検校の官に至り財宝土蔵《クラ》に満て何一つ無不足身なれ共、欲《ヨク》に限りなく諸大名及ひ藩士《カチウ》に貸金して高利を貪取事実金三両ニ付利金壱分ツヽなり、奢の余りに金銀を散スこと誠ニ塵芥のことし、其貸金限日違ふ時者催促盲人《ザトウ》と云溢者《アフレモノ》を数名召抱置、諸侯御旗本之歴々を不顧表玄関ニ詰入、昼夜或者二夜三日等居催促をして喚詈、御玄関式台共ニ二便を以穢《ケガシアバル》し嗷こと言語に絶り、其不礼を見るに不レ忍《シノビズ》且世間を恥て家禄を失ひしもの幾莫《イクバク》、其数を不《ハカ》レ可レ量《ルベカラズ》、これに准《ナラ》ふて此代《コノトキ》の盲人共皆々斯の如し

此作者伯母の知音伊州上野の城主藤堂和泉守殿家中留主居役高七百石、洲内孫左衛門といへる人其頃鳥山検校手下の座頭かねを借り、前ニ云催促盲人のあらびるを厭ふて門を不入者、則佐久間町御上屋敷の表御長屋下ニ彼之催促盲人五六人挙《コゾリ》居て詈喚《ノノシリワメク》こと盛の付タル犬のいとむが如し、須（ママ）内氏堪《タエ》兼而妻并ニ三人の子息を召連譜代恩拠《ヲンコ》の七百石を捨、夜ニ紛れて出奔して後鉄炮町山田屋と云蕎麦屋の筋向裏店に住て、浪々のたつきにせまり所持之道具を売喰にせらるゝ事、此作者《ヲレ》漸く七歳計の稚心《ヲサナココロ》にも痛《イタマ》しく悲《カナ》しくて能もおほへ居り

古人の金言に盛《サカ》ふる花は散に近、此頃南御番所町御奉行牧野大隅守様悪之而《コレヲニクミテ》捕人を被差向、江戸中の金貸盲人を被捕取《カラメトラレ》、日々御白洲に盲人の並居事恰《アタカ》も筋違御門の外川岸に冬瓜《トウカン》船の水揚をせし如く也

一日此作者童縁に因て右御役所に遊ひ居る折から、名古屋検校御白洲ニ引出さる其容、白羽二重の無垢

を身にまとふて砂利の上に引居らるゝ時
御奉行盲人〳〵と二声召るれ共不答故、大隅守様再ひ大音声にコリヤ盲人と呼たまへハ名古屋答て私者名古屋検校ニ而候といふ、其時御奉行大ニ憤激《フンゲキ》して曰ク、名古屋検校ニ而あれハ盲人ニ而者非哉、コレヤイ検校、任《ニン》して漸く権兵衛・八兵衛の平人と同格ダハ、ヤイ検校勾当以下のめくら共者犬猫にも劣《ヲトリ》し鼠虫けら同前ダハヤイといかり罵《ノノシ》りたまふを、障子のかけゟ見聞て須（マヽ）打殿の成行をおもひ廻し、稚心にいと〳〵嬉しくてよく覚へ居し也

されば社安永中鳥山検校者小柄原にゐて箏笠一蓋、青さし壱〆文を与《アタエ》て御追放也、又名古屋者鈴ケ森にゐて鳥山同断の御追放也、右地面者此時闕所の上り地也

又宝暦末年の売主半兵衛者、海方勘兵衛分家海保半兵衛也、奢潰《ヲゴリツブセ》しこと海保一統の見世手代常着羅《ジャウギラ》黒羽二重也と古老いへり、恐くハ驕奢《キャウシャ》之地、此地面を所持するもの必おこりを慎へし、さるに仍而古沽券状江御裏書被成下置候、其文則

北町奉行所

表書之町屋鋪先年上り地ニ成候処、今般菱垣廻船積仲間十組問屋共江被下之、文化六巳年八月廿日地所相渡畢

断

此次巻十一巻江直ニうつれハ、午ノ五月に至り巳ノ九月ゟ午ノ四月迄之間隔除《カクジョ》タリ、前後無差別抔といふべからす、九ノ巻ノ廿一丁を末《バツ》ニ云如ク、其所ニ次《ツイ》づれハ却而混乱するゆへこゝに抄《カキヌク》

（一二）　感腹新話　十弐

感腹新話　巻十二

目　録

一感伏新話一部大意発起段《シヨダン》《ソロリハシマル》　交耕段《チウタン》《マセツカエス》　治定段《ゴクタン》《キマリキル》等

一姫路産物会所一件有増

一射前知鵠之解

　此一条者対州行御用船并御奉行御乗船感腹両行事執持之事を明ス

一去則厥后《サレハソノノチ》

　此一条者後段冥加上金の段々を書顕ス

一冥加上金ゑんきりばなし

一跋萃解此一条者薬種店ノ記録ヲ抜書せし本の表題の事ヲ記ス

一雑譚

感腹新話　巻十二

一部大意大概抄

一元来十組取締再発起に云如く近来菱垣廻船無数に相成、自然と船廻りもあしく相成、廻り悪敷ニ就て者追々樽船積流行して次第に菱垣船法衰へ候ニ随而十仲間組法も乱れ、其長たる四極印両行事のもの一同難破船等勘定合も到憎ク、連々と次第〳〵に十仲間組法衰微する《コゾ》而已にて往々困迷親辺《コンメイマノアタリ》なることを六、七輩歎き、挙りて十組一同相談之上、十仲間廿四組各組毎に惣代壱人宛則弐十四人初而官長江十組取締之儀を訴而御下知に仍而減而十壱人、是則十組惣代世話番と称ス、此世話番拾壱人之者一向に十組取締方を能クし、菱垣廻船増長して船廻りを能せんと思ふの外他事なし

一十組内薬種屋之内砂糖取扱候もの共者樽船之船廻り能々泥《ナツ》ミ、一図に樽船積に可致事をはかるの外なし

一樽与左衛門者御上ニ御金入用之事有を心痛して中々先達而町人共より差上奉候金高にて者迚も不足ゆへ、御

老中方も種々御苦労被遊候事を奉察、何卒都合仕奉存候段昼夜工夫之折柄、十組取締願一件北御番所ゟ樽役所江調方被仰付下り候後者十組一件樽役所之掛り故、取締かた能して後何等可申付工夫区々《マチ〳〵》

一御上に御金入用国限り之御手当テ者むかしゟ夫々ニ沢山あれ共、今度の事者何事歟不知不可云、たしか魯斉《ヲロシ》亜《ヤ》一件もいまた不治定、先年彼《か》ノ国人等《コクンドラ》日本地領を廻船して八方津々浦々の要害等委敷書記し戻りし由、此筋の御手当凡金五十万両程、既ニ加賀殿抔当午ノ四月中北国海辺之御敬固《カタメ》被為仰付、家臣不残国詰也、其上朝鮮人対州応対之事も往古とハ異《コトナル》よし、此節在々農家も百石ニ付金壱両宛御用金相懸り候事衆人能知る所也

一杉本茂十郎者元大坂屋茂兵衛といひし時、飛脚賃銀直上ケ願立之長(ママ)本人也、此義ニ付十組諸商人通弁の為樽主人に懇意す、樽杉本入魂人に勝レたる事は上向役向等金談融通能故也、両士共ニ企巧《ヤマギ》意益昌《サカン》なればなり

右五条《イツスジ》ハ　義太夫浄瑠理ノ作為ニ云　初段也
戯場《シバイ》ノ作意にいふ　一建《ヒトタテ》目也
詩ノ作意ニ云　起《キ》　是也

扨　社

一十組惣代取締方仕法之邪魔ニなる故、無是非砂糖商人を相手取出訴に及ふ

一砂糖屋共者大勢一致之事を取崩《トリクヅス》に当レハ、何条御上江御奉公なく而ハ叶ましと自得して、御詮義方江者賄賂《ワイロ》して出ル度ことに日延を願取、其間ニ大坂樽舟元江樽船一統ニ而永代一橋を可請持旨之かけ合を致ス、此事十組願人者夢にも不知して強而日延を不聞済故、十組惣代は大キニ閉拒《ヘコマ》せられたり、閉拒んでも強けれ者御詮義方ニ而も持扱始終北番所江御引渡しニ相成候、又北御番所ニ而も元十組之事者樽役所江調方被申付置候事故、直ニ樽役所江御下ケ被成候也

一樽主人利解中に砂糖屋共樽船積致度候旨ニ付、永代一橋を樽船一統ニ而可請持かけ合之内談を申ニ付、夫ゟ者砂糖屋一同ニ而冥加上金ヲ致候方却而御上江御奉公ニ急度可相成旨利解ニ付、砂糖屋共一統ニ而年々千両宛上金可仕旨を即答して既に願書を差出させし也、因茲樽思ふ皈《ツボ》中ニ入候得者杉腹《カンプク》に示し合せ十組一同冥加上金を進めさせし也

一十組世話番拾壱人之者も何分砂糖屋共ニ被折《クジカレ》、願成就せざる事残念ゆへ樽主人ニ縋《スガ》り付相歎き願ふ、樽主人また感腹《カンプク》に談せよと支揮《サシツ》す、仍而十組惣代杉本に挙《コゾリ》よる

一杉本茂十郎得たりかしこしと十組取締各達之願は誠ニ正直《セイチョク》正道之願に候得者、不立事なしとしたゝかにほめそやして、頓而御奉公と号、冥加上金三橋請持之儀を託《タク》し了《ヲヽ》せて世話番十一人之組五株咿諾《イダク》シて後、外組々を感伏させし顕元録一冊、代金八千百五拾両宛冥加上金年々歳々永久也ソヤツカナ

一樽主人と杉本と胸腹合《ハラアワセ》躰なる事者諸組々の行事を先樽役所江呼寄せ、一ト通樽主人利解之上杉本宅《カンプクウジ》江差図して送り遣す、其はら合せなる事著《イチシル》し

一北の御奉行者冥加上金を直ニ無利足ニ而三ケ年限り十組両行事之者とも江御下ケ貸被下置者、此金子を以て菱垣廻船数艘増倍させ、すハ御用之節者御軍役御用船之御手当なるへし、是皆樽・杉本重キ御役向迄も胸腹合躰なるへし、加レ之すハ急御用之節間ニ不合故しゐたげらるゝ

浄瑠理作意の　二段目也
右七ツノ条《スシ》ハ　歌舞妓作意の　二建目也
詩ノ作意の　承転《シャウデン》意也
所《ト》止《ヾ》

一十組惣代願之通取締屹与治定せり、菱垣廻船も辰年ゟ午年霜月ニ至り、既ニ新造出来数則

大　辰　蔵　　桑亀五郎　　大員兵衛
柏　兵　蔵　　大悦之助　　富　与　作
大亀太夫　　小　半　蔵　　柏　藤　蔵

〆九艘辰年二四五六八十十一十二月迄ニ出来分

富　悦　蔵　　富新右衛門　　桑　亀十郎
柏　兵太夫　　富　孫　介　〔三艘脱カ〕

〆八艘巳年正三四五六八十二月迄ニ出来分

小　吉兵衛　　小　力　蔵　　小　半五郎
幸　寅　蔵　　富　松　次　　桑　亀　蔵
大九左衛門　　柏兵左衛門　　富　悦　助
大　源　蔵　　日市左衛門　　桑　増　蔵
日　喜十郎　　桑　良　蔵　　大　善四郎
大　宗十郎　　大　市太郎　　小　吉　蔵

小　十作　大平右衛門　大　亀九郎
小　十蔵　大　森蔵　大常右衛門
小　半九郎　粂民右衛門　日孫右衛門
顕亀右衛門　富　三五郎　富　新五郎
〆三拾艘午年二三四五六七八九十十二月迄出来分
都合四十七艘
但し此内上廻り作事仕立直シ五六艘あり
有来り残り船共七拾有余艘に及ひて、入津度毎に船足
三寸入改等丹誠する故、船廻りも順々にはやし
一樽船も酒問屋一同感腹させられ、冥加上納金願書ニ外
荷物不積入故、樽船之仕方建如往古相成都合宜敷旨を
言上致候上者、已後一言の申条更ニなし、去なから永
代一橋の大役をのかるれハ敢て残念もあるべからず
砂糖屋共者骨折損の草臥れもふけ、俗ニ云犬骨折而
鷹にとられたるとは此事なるへし
一樽主人も十組地面拝領地評定所ニおゐて被仰渡候節、
南御奉行ニ赤面させられてよりあまり不被用也
其赤面の条
肥前仰　与左衛門御身ハいくつニなる哉、樽答　は

や七十歳及候、肥前仰　ヲヽ年がよつた、己レもと
しがよつたがおミも年よりてハ余り心労をしやるな、
とくだよ、町年寄ハ町年寄、町奉行ハ町奉行の其役
のミを勤て居へき事肝要なり、必ずいろ〳〵の事を
巧《タク》ミ苦労をすると寿命の毒ダヨ、いつ迄長寿《イキノビ》ルぞ、
ちつと保養をしやれ　樽与左衛門閉口赤面、北ノ御
奉行もにか〳〵敷御面躰、脇坂殿者莞爾《ニコ〳〵》とし給ふて
一座しらけたりと詰合の御用聞衆の物語れき
何用らるゝ也、いやとよ金談之事を省《ハフカレ》たり、不被用却
而樽主人之仕合成へし
一御上ニも少分之事なから御手当の御心ゆかしに少し者
成へけれは、御悦喜も有へき道理、既に北御番所の百
姓金左衛門騒動も穏便の御沙汰、是迚も土佐守殿之御
勤功に御免じ成へし、五百石の御加増に御留主居者握《ニギ》
た《ツ》様也
一杉本茂十郎者誠《カンプクセンセイ》ニ仕合もの、古来稀なる立身、三年寄
之次席ハ本所道方、其次席を被免《ユルサル、》のミならす、三人扶
持とハ諺《コトハザ》に云人の褌《フンドシ》で相撲をとつても運か能《ヨ》けれは団
扇をあけて肝煎名主を眼下に見おろすも、是皆厚運の

なす所也、其厚運といふもの元此茂十郎実父甲州夏目原の治左衛門猶先祖等陰隲《イントク》家なるへし、其故者治左衛門全子福者也、且此杉本子《カンプク》中途安積光角《アツチクハウカク》先生相して天下一人也と称美せし事竹翁斎物語りき、又曰中吏道《リドウ》先生に聞ば、今一段出世するなりといへり、此上の立身は御目見へ已上歟又者御扶持を益成へし、唯人々恐れて感心のミ致すへし、必羨《ウラヤム》事勿れ名聞

一十組諸商人一統之者は冥加上金之事、余慶事之様ニ而欝陶敷事ニおもう族も有之由、さは思ふへからす、治国平天下の冥加をおもハヽ、疾《トク》にも此方より先達而可奉貢筈之事なり、無之者外に御用金等被為仰付事必定也、夫なく共銘々其商売筋夫々結構之株式ニ相成候事眼前也、況や御規定物十二品之株式之者者真事ニ金看板金帛荘厳ト云是なるべし、且三橋之事は不慮にして銘々の陰隲《イントク》、家門繁昌之基《モトヒ》、是のミ如何計か歓《ヨロコバ》しき事ニ社《コソ》

茂太夫浄瑠り作意ノ三段目大切也

右六《ムツ》ノ条《スジ》ハ　戯場の作意ニ云　三建目ノ大詰也

詩ノ作意ニ云　　合句是也

右大意初段・中段・極段の三段を各別別而閲則《ミルトキハ》一部の大概顕然たり

因ニ云

姫路産物会所一件有増

文化七庚午六月廿八日の夕、町御奉行根岸肥前守様御番所より、木綿問屋行事共可罷出段御差紙ニ付、翌廿九日両組行事一同罷出候所

於御吟味所

御掛安藤小左衛門殿御尋、播州姫路産物木綿類之儀、酒井雅楽頭殿手船を以テ御当地江差下シ被申、於当地神田関口町越前屋小市兵衛と申者、小網町壱丁目利左衛門店産物会所江引請売捌候様願出候ニ付、其方共仲間一統差障り無之哉

両行事答　大キニ差障りニ相成候

安藤仰　然者其方共引請ル旨願出へし、

行事答　一同及相談度候間何卒御日延願上候

安藤仰　決而日延不相成候、其方共之為なるべき間早々願書可奉差上

行事一同暫御猶予相願置、御腰掛におゐて両組ゟ見舞の者一同相談之上差上候願書、其文則左の如し

乍恐以書付奉申上候

一木綿問屋惣代之者奉申上候、酒井雅楽頭様御国産木綿類、御当地江御積下シ一同売捌之儀差障義無之哉御尋ニ御座候所、右木綿荷物之儀者私共仲間木綿問屋ニ限り引請申度、何卒御慈悲を以此段御聞済被下置候様奉願上候、以上

文化七年

午六月廿九日　　木綿問屋行事

大伝馬町壱町目清兵衛店
六兵衛勢州住宅ニ付
代　善兵衛　印
家主　清兵衛　同
五人組　幸　助　同

同町七兵衛店
治郎左衛門勢州住宅ニ付
代　万兵衛　印
家主　七兵衛　同
五人組　長左衛門　同

本町四丁目六左衛門店
孫左衛門京都住宅ニ付
代　礒兵衛　印
家主　六左衛門　同
五人組　惣右衛門　同

通旅籠町茂兵衛店
正右衛門京都住宅ニ付
代　伝　八　印
家主　茂兵衛　同
五人組　平兵衛　印

御番所様

右願上差上候得者可上置段、安藤小左衛門殿被仰渡、続而仰　如此之書付小市兵衛ゟ取置候得者其旨可相心得段被仰聞候上ニ而、御見せ被下置候、小一兵衛願書其文左之通り

乍恐以書付奉申上候

一神田関口町平左衛門店小一兵衛申上候、私義酒井雅楽頭様御屋敷江年来御出入仕候に付、右御領分播州姫路国産之内、鉄物類・木綿・下り晒革、右品々此度小網町壱丁目利右衛門店ニ而私引請取捌方仕、尤右品々其向問屋共ニ限り売渡候儀ニ而私ゟ素人江直売仕候義決

而不仕候、此段御尋ニ付申上候、何卒右之趣御聞済被
成下候様奉願上候、以上

神田関口町平左衛門店

文化七庚午年　小一兵衛印

六月廿九日　家主　平左衛門同

五人組　吉兵衛同

小網町壱丁目

家主　利右衛門印

五人組　藤　七印

御奉行所様

右文面之通り書付取置候得者、已後右小一兵衛ゟ素人
江直売致候ハヽ、其方共ゟ可申出、其節急度可申付段被
仰渡候

其　後

午ノ七月四日当両組行事并双方一同被召出、於御吟
味所ニ安藤小左衛門殿ゟ被仰渡候条左之通り

一酒井雅楽頭殿御領分播州姫路国産之内、鉄物類・木
綿・晒革、右品々小網町壱丁目利右衛門店ニ而売捌之
儀被仰付、尤鉄物類・木綿者其向問屋江売渡可申、革
類之儀者勝手次第売渡可申旨被仰渡候
且其筋問屋共并革類商人共江も右之趣被申渡候旨願人
江被仰聞候也

于時文化七庚午年七月四日也、両度罷出候両組行事
太物店◈太兵衛外壱人、白子組ハ木印吉郎兵衛外壱
人也

扨又姫路産物会所者翌未ノ年春中、堀江町三丁目中程
ゟ南江寄引越、立派に家作せし也、然共世間之評判不
宜、其故者姫路領分之商人一同並ニ大坂表の商人一同
甚不承知之由、并ニ小一兵衛身分行跡驕慢《キヤウマン》之よし聞及
ハれし姫路の家老河合速《ハヤ》之助、去冬中下向江戸着以来
姫路殿一家中甚タ質素《ヒツソ》之趣、御出入之町人外神田伏見
屋手代作兵衛、元本町四丁目冬村田支配人彦兵衛、当
時同町北川儀右衛門并万屋庄右衛門等之物語同断之事
也、此川井早之助殿ゟ三代以前之川井勘解由左衛門者、
上州前橋ゟ御国替之後度々水損ニ而姫路領分之農民困
窮、姫路殿不如意ニ付御身上執直しの発頭人ニ而、其
砌り郡奉行・勘定奉行・重役の姦人《カンジン》犬塚又内を初メ三
人まで手打にせし勘解由左衛門之孫、当時川井早之助

是也、其節より大坂堂嶋笹屋勘左衛門金主ニ而今に川井に付て雅楽頭殿御用達出頭之由に候なり
今度産物会所の発起《ヲコリ》者、姫路産物之松葉釘のミ不残深川油堀北川岸石橋弥兵衛出店茅場町東ノ川岸石橋氏鉄物店之手代共之工夫ニ而、先ツ三千金先納致置一手ニ松葉釘を引請度、荷物積付着岸等差《トウサ》ニ随ひ追々金納可致由之おもひ入なるへし
是に荷担《カタン》の人々者
一瀬戸物町嶋屋佐右衛門住地ノ隣り家主嘉兵衛店浜田屋百助、是樽船元之荷謄(担)人積取かた工夫之作者なり、此もの元ハ町堀ニ而百助ト云同心成しが、先年高名輪芸者怪異《ケイド》動の砌り捕人に先達子細を通し、賄賂《ワイロ》を貪《ムサボリ》取て追放《ツイホウ》せられし後神田永富町辺に住、夜に所謂《イワユル》公事師といふ業をせしが、辰年頃今住所の地主ニ取入り家守となりても其癖不薄去《クセウサラス》、かゝる事に与《クミ》するも尤也、此百助兄は則小一兵衛也、其外は差合を厭ふて不レ記レ之ヲ、且大坂ニ而も右産物会所出来候評判区々、容子礑与分り兼候所、翌文化八年未ノ四月下旬大坂本組櫓店理兵衛下向、此仁江相尋候得者右一件ニ付私共仲間ニ不限、十八組のもの共一同十日余りの間昼夜寝食ヲ忘れ騒動仕候、其趣意
右西川小一兵衛江大坂内平野町日野屋孫六一同姫路産物会所一件届訴ニ致罷出候、其時刻ニ落合、姫路御蔵屋敷川井早之助殿も如此〳〵の訳ヲ届訴ニ被出候ニ付、私共一同不承知差障りニ相成候旨ヲ申、御吟味中右本主小一兵衛者姫路江罷越、右之旨趣姫路御役所江も被訴出候処、雅楽頭様御家老中御評議之上、郡奉行御代官ゟ大名主ヲ以御領分中御尋ニ付、地下人一同差障りニ相成候間、一統不承知之旨申上候ニ付姫路御役所ゟ御領分江御触左之通
一此度江戸表江罷登り候西川小一兵衛ト申者御領分不益之儀を願出候趣可取上儀ニ無之候条、依之右之者止宿決而不相成、早々追払可申候、以上
右之趣櫓の買次播州加古川清田屋四郎太夫ゟ具サニ申来候ニ付、安堵致候間もなく大坂町御奉行所へ双方一同被召出、小一兵衛・孫六両人心得違之由を申立、願下ケ相成事済致候也
前条ニ言去冬中速之助殿御下向之上、御屋敷之取締

方今又櫓の理兵衛殿物語彼ト是ト符合し、察すれ者
川井氏も心得違有之故之事ならんと推察しぬ
謝前知鵠之解《シャゼンチコクノカイ》
一前条一部大意に所謂《イワユル》対州行之御用船則

小堀　半九郎　　顕屋　亀右衛門
柏屋　兵右衛門　柏屋　源右衛門
柏　屋　東　蔵　富田屋　新五郎
日野屋　喜十郎　小堀屋　半五郎
大津屋平右衛門　富田屋　三五郎
大津屋　半五郎
〆拾壱艘

右之内小堀屋半九郎者、元遠州川崎湊和泉屋八郎左衛門持船虎徳丸の沖船頭半兵衛と云しもの也、此半兵衛水先潮行風雨の考等委敷、殊に乗船之名人、数年来奥通ひに一チ度之小難もなし、世挙而《ヨコソッテ》とらの半兵衛とらの半兵衛と口実《クチクセ》の如く人々不レ称はなし
こゝに又十組世話番の骨張《コッチャウ》森田儀助と云ものありけり、此者甚タ我慢強ク十組之もの一組毎ニ船も不造、己か意に不随者を悪《ニクン》て其等に見せしめんがため自分一人にて親船壱艘打立、右とらの半兵衛を抱《カヽエ》んと云、依之右半兵衛は主人八郎左衛門を偽り、虎徳丸の沖船頭役を実子に譲り渡し、おのれハ森田義助ニ被抱、菱垣船ニ元名代小堀屋半九郎となれり
忰半兵衛とらとく丸当未のはる春奥行にてはや難船せし故、主人和泉屋八郎左衛門大きに立腹之由、相良川崎之船々此頃物語れり
又小堀屋半九郎船玉神号者りうご丸と号《ナツケ》し由、是森田儀助の暖簾《ノフレン》印は「⊠如図かねに横りうご也、是を河岸綿仲間ニ而りうごと計呼《ヨベ》ば也、其文字ヲ問ば竜子と書よし、斯てはりうごニあらすりやうし也、りうこの本字は聾鼓《リウゴ》《ヒツツミ》也、田夫野人の俗物どもかゝるひがこと多かるへし

なれば迚

午ノ極月八日町御奉行御見分、則小田切土佐守殿御乗船也、尤佃沖なり、其式者水主之者共不残合羽或ハ敷付尻艫等江皆追退ケ、明ノ間ニ両行事頭取三人の式礼、尤頭取者肩衣、両行事者袴羽折也
櫓ノ間ニ毛氈を敷詰、上座ニ小田切殿御着座、即刻三

方御菓子、両行事腰高の茶台、錦手の茶碗ニ高蒔絵の
蓋をして持出ル、頭取取次謹而蓋ヲとり御前江進《スヽ》ム、
小田切殿御手ヲ以テ頂戴《イタダク》真似ヲシテ茶碗を取、茶を吃《キツ》
し給ふとなん

一前条一部大意に所謂小田切殿にも午ノ極月廿一日五百石御加増なりしか、翌未ノ年四月十三日土佐守殿御死去之由噂ニ不違、同月廿三日御送葬、廿六日役屋敷引払跡御役永田備後守殿同廿九日引移り也

去則厥后《サレバソノノチ》

前十一ノ巻末条霜月中の一句ニ云如ク、呉服屋煎茶問屋其外共冥加上金之次第

覚

去ル午年十月廿八日ニ願出候願人一連願書面者前々同断也、翌年未ノ閏二月廿八日御聞済被仰渡、同月晦日御鑑札御下ケ頂戴仕候組々

則

一金七拾両也　蕨縄問屋　四拾人
一金三百両也　たはこ問屋　四拾一人

一金拾両也　丸藤問屋　百壱人
一金三十両也　素麺問屋　十四人
一金百五拾両也　鍋釜問屋　三十六人
一金百五拾両也　傘問屋　百拾三人
一金百五拾両也　水油仲買　八拾五人
一金百五十両也　麻苧問屋　七十人
一金弐百両也　醬油問屋　五十五人
一金弐拾両也　綿打道具や　四十七人
一金五十両也　明キ樽問屋　五十五人
一金百両也　茶問屋　弐拾人
一金五百両也　呉服問屋　五十五人
一金弐百両也　薬種問屋　追願増上金
〆拾四株　内薬種問屋者先上金連人数也
上金高弐千八拾両也
二口
合門数千九百三軒御鑑札高也
上金高二口
合テ金壱万弐百三拾両也
〆　年々歳々上金高也

右被為仰渡も先々之通り也
　因茲右人数一同
文化八辛未のとし
三月朔日御礼訴を捧畢
　冥加上金離縁《エンキリ》噺し
当御奉行小田切土佐守殿御遠行之後、跡御奉行永田備後守様御勤役に相成、杉本茂十郎、樽与左衛門等心腹《ハラア》合《ワセ》躰の公用人中西専左衛門も、土佐人形の糸きれて璿《セン》巻機関《マイカラクリ》も狂ふて、中々さし油位ニ而者不届、其上先例ニ背き備後殿より暫ク助よとの御言葉もなけれは、放々の躰ニ而小田切殿本屋敷江退ぬ、此故に樽も杉本も機関《カラクリ》か颯皷《サツパリ》離出来ぬ故に、世話番森儀白作も高飛車《タカヒシ》之《ヤ》手もきれはてヽ唯否味《イヤミ》のミいふ計り也
　さればこそ川辺壱番組炭薪問屋共江折角冥加上金可致旨虐《シエタゲ》候得共、承引不為故《セザルユエ》手を替て南御番所御掛り安藤小左衛門殿より、其方共為冥加ノ本所一ツ目橋内ゟ逆井口まて之川定浚可致旨被仰渡候得、〔者脱カ〕十組橋会所之世話役名主五人之内、最寄故南八町堀肝煎名

主岡崎十左衛門利解ニ而有増取極り、炭真木〔薪カ〕新問屋一統承知致候頃おひニ至り小田切殿ニも御遠行、又安藤小左衛門殿も不首尾ニ而南御番所之御吟味役を被取放、根岸肥前守様より大番与力江組替被仰付候、又世話役之内神田永富町肝煎名主木村定治郎も役取放シ北御番所永田備後守様より被仰渡候旨、本町三丁目名主益田文左衛門ヲ以申次被仰度候折から、神田明神御祭礼夜宮の夜ニ而、中々目も当られさるありさま心地よく気味能抔、永富町之青惣〔物カ〕問屋のもの共一同に云あへり、さかふる花はちるに近しと、其後文化九申のとしに至りても右川浚の沙汰は更になく夫なり梟《ケリ》ニなりけらし

（頭書）
「永田殿当時公用人関丈之進、御見習矢野平助、同見習布施三平、目安方笹嶋喜右衛門、右四人ハ永田殿御親類水野若狭守殿より御役付之後被貰受候四人」

されはこそ杉本一連のものとも何条おもひ入レはしら

されとも、未ノ年春中ゟ大坂ニ而米買上ケを致し候而盆前に至り右米買代金ニ困り入、又々十組之者共江差加へ金をしゐたくる事蟻《アリ》の如く蜂の如し、既に同年霜月ニ至りては誠ニ差支候哉、其虐《シエタグ》ることあたかも祝ひに小児に付し婦乞食《ヲンナコジキ》の如し、否味苛味《イヤミカラミ》も聞飽頃《キキアクコロ》雪踏問屋行事麴町四丁目伊勢屋佐兵衛と云もの三橋会所江被呼寄世話番之もの共言

先達而御奉行所より被仰付候米買代金御用ニ付、十組組々各夫々御差加金出金被致候之間、各雪踏仲間ニ而も五百金或は三百金可被成候

伊勢屋佐兵衛答テ云　一切出来不申候

世話番云　先一応御仲間江御相談可被成候

いせ佐云　我等大キに了簡違いたし罷在候、右者冥加之御鑑札と相心得罷在候、只今貴殿御申之通御用金之御金鑑札ニ而候ハヽ、不及儀故返却可仕候

世話番言句不出、傍の世話番又和して云、先ツ不出《デキヌ》来なから一応仲間江可談と御申被成候而御帰宅可然候

いせ佐大音声ニ言　貴様御申之通り答置候而者又候返事不致ニおゐて者又々呼寄らるべし、所全(詮)不出来事故不出来と云也、仲間一同承知いたし候共我等壱人不承知也、壱人不承知之上者仲間一統不出来事也と云きり帰り此音響《イイヲヲ》にて当木綿問屋呉服仲間抔おもひきつて断り云果せたり

未年極月ニ至りては当時世話番拾一人之外ニ、抑享和三亥年発旦願出之節之残り拾壱人ヲ加江、都合弐十弐人にて入り替り立替り世話番の者共此方江入来り、手《テ》ノ甲摺《カウスリ》足をすり一向頼入候得共、更に取敢されば世話番之もの畳ニ泥頭《テイトウ》して云、去午とし六月十三日各御一統より御差加金三千両也御出金被下候節、森田儀助過言仕候義定而御腹立被成候御義と奉察入罷在候、右者儀助并私共一同御家別様江罷上り御詫等も可申上候之間、何分此度之儀者世話番一同御救ひと被思召、少々成共御出金被下候様只管ねかひ上候

(頭書)

「此時入来之世話番名前則室町塗物店いせや利助、南新堀荒物店白子や勘兵衛代伊右衛門、大伝馬町弐丁目

油店升屋喜右衛門代利八、外ニ四人都合七人也」

此言葉に対して太物店竜万〔蔵カ〕云フ、決而立腹は不致候、其ゆへはたとへ壱歩壱両たりとも将軍家之御印鑑を被《ス》為居《エサセラレ》候御かねを目くされ金と被申候森田儀助殿者、知恵深き御人ゆへ定而よしある御事とのミ存知罷在候得者、決而其一儀におゐては御心配被下間敷候、兎角ニ此節時分からゆへ右午としの差加金御返却申請度存念より外無御座候

世話番云　御尤至極ニ候得共、追々御願申入候始末合ニ御座候得者何分御才覚可被下、如何程高利ニ而も不苦候間たとへ百金ニ而も宜敷候まゝ私共江御免シ被下、偏ニ御出金之程奉願上候

太物店行司答テ云　百金者おゐてたとへ拾両五両ニ而も出来不申候

世話番云　左様被仰下候而者木から落たる猿は又登ることも有べし、私共は誠に数千丈の崖《ガケ》より落し馬にて候

となん云て打しほれし有様、流石《サスカ》に岩木ならねは中々に気の毒なりしか、世話番之者敷居を跨出るや否《イナ》や行事一同にホツト溜息をつきし跡《アト》は、煤掃餅搗七五三餝《ススハキモチツキシメカサリ》年玉揃へて立帰るとしの始は

文化九壬申年

正月中之大安日ニ

筆とめ申候

跋萃解

此感腹新話十二巻に洩たる事も難計候故、本町三丁目薬種店ニ而綴り上ケ候記録の外題則

表

十組再興　改正発端録

裏

本町三丁目　薬種問屋

右発端録一冊此作者懇意ニ付、本町三丁目岸部屋安兵衛英勝ぬしより借請一覧せし所、大概具《ヲヲムネソナワ》れり、尤右発端録書中一ヨリ十二迄口取ヲして夫々ニ仕分ケ書なせし記録なり、其記録中当両組ニ而可取用事敢而無之候

得共、此感伏新話に相洩候文段等別記ニ挙《アゲ》置候、勿論
右発端録の口とリニ准《ナラ》ひ順番ニ記し置候、其表題
　左之通り

表

本町三丁目薬種店秘蔵
十組再興　改正発端録抄

裏

右上書の通り別冊一本有之候之間、両組ともニ後の賢
者鑑覧《テラシミテ》而宜敷増補の筆を加へ給へと云ことなり

　雑　譚

いろ〳〵くさ〴〵の中にて出来宜敷を二ツ三ツ往々微
笑のたねにあくる

　忠臣蔵になそらへ
　　山師名の段

嘸本望でこさらうなふ　樽与左
此恨がかゝるまいかあるまいか　杉　本
それにこそ手だてあり　十一人是ハ世話番の事也

（一二）感腹新話　十弐

底意を明て見せ申さん　両行行（事）大行事、惣行事ノ事也
おまへなれ〔ば脱カ〕いたしなく　内店通り町組
又了簡もあるへきに　三　橋
御無用ととゝめたは　橋　銭
浪人とあなとつて　橋守下タ地ノ橋守ハ上リシ事
襷はっして飛んて出る　伊勢太坂本町寄合茶屋ノ事
造り建しは　会所西川岸三橋会所ノ事
つり合ぬは不縁のもと　頭　取
役ニ立たは三日のうち　瀬戸物感腹
たつねて爰にくる人は　下タ組
開き見れハコハいかに　急廻状
敵地の案内知レさる故　呉服是ハいまた上金の沙汰無之時也
　右
　又

三ツ折上書左ノ如し

開テ中ハ下ノ図ノ如シ

已《ヲノモノ》《スデニ》　文化六　絶

文ハアヤ化ハバケルト訓《クン》ス、天文化《テンモンクハ》スレハ聖起ル、化《バケ》ル時ハ災星《サイセイ》《アクホシ》アラハル、今間《コノコロ》甲斐ノ山奥大坂ノ杉本ニ毛充狼《モウジウロウ》ト云獣《ケダモノ》アラハル、其声メウガ〳〵トホユル、一ト度コレヲ聞人皆アホウトナル、此毒ヲ解スモノ徳本ノ外ナシ

梵学者云

感伏先生者是全ク川上正吉の再来也、元録年中十組取締に心をゆたねしは大坂屋伊兵衛といふ、今又再興は大坂屋茂兵衛也、誠や仏の説《トキ》給ふ因果因縁是也ト

漢学者云

天ナル哉命ナル哉時ナル哉時ナリ、時々にかわる時よの時なれハ時にしたかへ時〳〵の人

国学者云

ゆたかなるミ国ふりこそめてたけれ、あなかたましき戎《エビス》くにふり

吉原町遊君云

おや〳〵ヲや、おやばからしうざんす、いつそ紙かついヱヽスヨ引

先御奉行小田切土佐守様御遠行之跡、文化八辛未年四月廿九日当御奉行永田備後守様北御番所へ御引移、已後同年八月ニ至り四日市御納屋の西後口、水茶店《ミセ》の南後口江鶏卵《タマコ》会所一ケ所冥加上金品々立派《リツパ》に出来候、其行相西向表玄関高張敷石等、殊之外厳々重々立派ニ有之候所、武蔵・下総・常陸等三ケ国之玉子持出し、商人一統して水府御領分之もの惣代ニ而、御添翰ヲ以北御番所江たまこ会所ヲ相手取訴出る、双方公事合当日御白洲ニおゐて

御奉行御尋　相手方之者其方とも前々五〆文六貫文之仕切ヲ出し候時節、御用之御差支有之哉無之哉

玉子問屋答　一切御差支仕候義無御座候

然者五〆六〆文之仕切りも以後出スへし、又願人共五

〆四〆文之仕切も取ルべし、弥引不合時は勝手次第いつれへ成とも売渡スへし、双方共ニ其旨を可存と被仰候而

又

玉子問屋之者共、四日市水茶屋の後口に補理候玉ト云印シヲ付し建家何致ス所ニ候哉

鶏卵問屋答　右建家は御用物玉子ヲ撰立場所ニ御座候

御奉行仰　夫ニ而者余り立派ニ候之間、早々納屋造り平家に建直し可申

玉子問屋御願申上候者、折角造立仕り罷在候建家ヲ打壊《コボチ》、平屋ニ建直シ候而者多分失墜相懸り、問屋共一同甚難渋仕候、何分御慈悲ヲ以右建家ヲ相用ひ候義御免被下被下〔衍カ〕候様一向相願候得者

御奉行仰　然者今日中ニ玄関敷石等は取払ひ候跡、建家其儘可相用申、高張は只今此方江可差出段厳重ニ被仰付候而、挑灯者御取上ケニ相成候也

又

長芋者日光海道御用地より一日大造成大長いもヲ付ケ込、筋違御門江新タニ冥加上金ニ付出来候寄場へ付込仕切ヲ乞候所、問屋共立合右大長いも壱本ニ付百文宛之仕切故、附込候荷主云、前々此位之長芋者弐百文余之仕切ニ有之候、せめて百七十弐文ニも仕切可被申と達而誣言《フゲン》いたし候

青物問屋答テ百文ゟ一銭たりとも直上ケ一切不相成候之間、夫ニ而否《イナミ》候ハヽ、勝手次第いつれ江成共持行売渡すへしと云ゆへ

件之荷主早々馬付ケニいたし持出テ外々江持行、壱本ニ付弐百五十文宛ニ売渡し候ヲ見ルや否や、件の荷主も買主も預ケ置、北御番所江訴へ出ル

双方公事合当日御白洲ニおゐて御奉行仰　願人青物問屋の者とも、其方共是迄相納候御用長芋、太サ長サ分量者何程ニ候哉

青物問屋答テ丈ケ何尺何寸、太サ廻り何寸〳〵ト申上ル

御奉行仰　相手方其方共売渡し買取候此度之長いもは、太サ長サ分量は何程に候哉

荷主買主一同太サ何寸〳〵、長サ何尺何寸ト夫々ニ申上ル

重而御奉行仰　夫ニ而者前々青物問屋ともより相納候御用長芋ゟ長サ太サも大也、仍而已後は壱本ニ付百文ニ仕切候位之長いものミ問屋とも方へ差出し、其余は勝手次第ニいつれ江成共可売渡ス

又青物問屋之者共能心得へし、此度之長いも其方共百文之上は一銭たりとも買取難しと突放候、その長いも壱本ニ付弐百五十文ニ相成候事、半分直段ゟ者また余慶なり、已後は無理のなき様ニ仕切遣スへし

双方共ニ其旨可存

此事のミならすいろ〳〵の押領等ありし故、永富町の名主木村定治郎者役御取放しニなりしとそ

又樽与左衛門者此已前五月中度々御奉行所江御目見得之義を願上候得とも御免シ無之、強《シイ》テ相願ひ候得者公用人関丈之進云　此方主人永田殿者天下之御奉行職也、其方者町人ならすや、樽答　如何ニも町人ニ而候、関丈之進云　其町人之分在《ブンザイ》として若党者何れよりゆるされたる哉吟味を遂《トゲ》べき哉

樽与左衛門大キニ閉口して詫けれハ、已後を嗜べしとて先済し置れたり、其後漸々と関氏の執持にて御内寄合之前日に御目見へ出来候之所、一礼終て後

御奉行御尋　諸商人共大造成冥加上納金致候儀者定而骨折候事ならん

与左衛門者只恐入平伏のミ也、再三骨折し事ならんと被仰ニ付猶〳〵与左衛門泥頭平伏のミ也、其時

御奉行仰　右者実々町人共の真腹《ハラ》より難有事ニ存入り其方共江〔ゟカ〕願入候義ニ候哉、又者其方並ニ茂十郎と歟云もの共よりすゝめ候事ニ候哉、返答可致候

樽与左衛門いよ〳〵恐入腋下《エキカ》ニ汗スルのミ也、与左衛門心中に以為《ヲモフハ》いつれの組も各銘々自分〳〵ゟ難有事ニ存入、上金仕り度旨之願書者取置候得とも、実々の所者諸組々不残茂十郎と両人ニ而すゝめ候こと故、一言半句も出はこそ、やゝ有て重て

御奉行仰　宿所江戻り候上ニ而此組々者これ、其組者それ、彼ノ組者斯と夫々に銘細ニ書付を以テ可差出ト被仰渡候也

因茲与左衛門帰宅、早々病気訴を申上候而後、今中年ニ至り而も夫なりけりニ而あるなり

其頃の戯歌《ラクシュ》に

長いもはおれる玉子はつぶれける
はしのをちとに樽はびしやげる

（一三）　十組再興　改正発旦録抄　全

十組再興　改正発旦録抄

目録次第

一序文、附り断り一条又云の条
一惣目録自壱至拾弐而終ル之一条、附り断り之一条
一壱ヨリ四迄其目録一条毎に次に当両組所持之感腹新話ニ書記を断ル
一五ノ口取り者薬種店願之通り被仰渡一条并町触又砂糖問屋願通り被仰渡町触文言等、附り十組取締願之通菱垣積仲間与申名目御定被下置候段、文化五辰年二月七日組々一同被召出於御白洲被仰付候上、年番名主江被仰付御触流被成下置候段難有仕合奉存候ニ付、右御趣意堅相守仲間規定永久違乱為無之、十組一同連印証文の条々、附り断り太物店調印有無不審之一条并白子組故障無之旨趣弁明又附り規定証文之文談猶断り一条
一六ノ口取、七ノ口取二ッ共其条目の下に当両組所持之感腹新話記し有之ことを断る
一八ノ口とり者三橋一件ニ付東本願寺・報恩寺・紀伊殿等より差加銀子の事の条并ニ組々ト記し有之儀を察当の断り写
一九ノ口取者御鑑札并地面拝領之事、其名目ノ次ニ当組之所持感腹新話ニ記シ有之候義を断る
一十ノ口とり者名主五人江被仰渡之文言并ニ頭取茂十郎江被仰渡之次第文言五ケ条、附り夫々断り之条々等
一拾壱ノ口とり者大津屋善四郎江被仰渡之末文ニ十組両行事添書之文談等
一拾弐之口取者則
菱垣廻船積仲間取締三橋会所文化六巳年二月廿九日御免被下置候ニ付、両行事勤方其外共改正
条目三十二ケ条但シ書十三ケ条、右ケ条之趣の結句一ケ

条也
目録次第終

序　文

享和三亥年従五月文化六巳年迄十組再興之発旦以次第此一冊エ写シ置也、但後年ニ至リ見能様順々印ヲ付有之候、尤次第不同之文面も有之哉視人可察之、享和二戌年十組之内其頃重ニ世話致し候もの折々噂申候者、近来菱垣廻船積高減少難建行、全組外之衆中樽船積ニ相成、右江十組内より茂多分相泥ミ弥以樽船方及増長、既菱垣方相続成兼退転ニも可及趣ニ付、誠ニ旧来之船手歎ケ敷被存、同年秋中十人計り打寄色々及評儀候処、いつれ御公儀様江願上、御慈悲之御威光ならてハ相納り申間敷と追々及相談、享和三亥年正月ゟ願書認メニ取懸り、新古之内拾人計打寄候而願書出来上り、則同年五月中北御番所当御奉行小田切土佐守様江御訴訟申上候、中興之発端趣意書如件

断

右序文薬種店秘蔵記録文面之通也、猶表題も書面之通りなり、只抄《シヤウ》《カキヌク》の字一字者此方之加筆なり

（一三）　十組再興　改正発旦録抄　全

又言
惣目録も右薬種店秘蔵発端録文面之通り写シ置候也
但シ惣目録中此方之記録感腹新話ニ相洩候事并ニ齟齬せし事は別に惣目録之次条ニ再度これを書写ス、勿論一々目録に准して断ルレ之ヲ

惣目録

壱

一十組ゟ初而御訴訟ニ罷出候時之次第

弐

一鰹節干肴問屋ゟ願出者小船町組・四日市組、右両組ゟ願一件有之ニ付、享和弐戌年中度々行事樽御役所江被呼出、夫々ニ返答申上候得共十組一同初而御訴訟申上候前年ニ付、最初之事共略之、享和三亥年八月ゟ翌子年十二月迄度々御呼出し、十組惣代拾一人より夫々ニ御返答書差出し、干肴問屋と熟談有之候上、為取替証文相済一組と相成、浜吉組と号し十組江加入相済候迄之一件、猶品々御尋答等之一条

参

一十組江積仲間と申名目御番〔所脱カ〕ニ而被仰付候一件

四

一砂糖重ニ商売致候もの願出候儀ニ付、夫々返答書差出し候事

五

一十組ゟ砂糖屋惣代を相手取願出候一件、後ニ十七人纏《モツ》合《レアイ》十組ゟ仲人を立テ熟談之上為取替一札等之事

五

一薬種両組御再触被下置候始末并砂糖問屋五十弐人江願之通被仰付候一件

六

一大川筋三橋願一条并ニ会所一ケ所相立度願一件

七

一十組一統御国恩為冥加年々上金仕度願一件

八

一三橋ニ付東本願寺・本所法恩寺・紀州様等ゟ被差加候銀子之事并に組々より

九

一御鑑札被下置候一条并於室町町地面被下置候事

拾

一名主五人江被仰渡之事并ニ此度重に右取締方世話致候もの〻内五人江銀子被下置候事

拾壱

一御国恩金之内半金御下ケ金被成下候一条并ニ茂十郎江勤方被仰付候一件、又大津屋善四郎白銀頂戴之事

十二

一於西川岸会所通例之定法書之写し

惣目録都而十二ニ而終

断

前段序文の末断の条之次又云の条に述る如く、此次丁より右目録順に一より十二迄一々其趣を弁明ス、猶初条に云如く此方之記録に相洩候分と齟齬せし分、其条々《クダリ〱》　に書写《ショシャ》し弁《ヘンシ》　畢《ヌ》

壱

一十組ゟ初而御訴訟ニ罷出候時之次第

此一件其願書文面願人名前其外趣意并別冊人数書上等、当面組所持之感服新話一ノ巻之二ノ口取、十組

取締再興発旦之条ニ記ス所同断也

弐

此一件当両組所持之感腹新話一巻之十丁目紙裏面ノ初筆ニ、同年十月十二日呼出し之条ニ一寸記シ、又十三丁目紙表面ニ撮記シ、又感腹新話二ノ巻中に委し

参

一十組江積仲間与申名目被仰渡一件

此事感服新話三ノ巻ノ七丁、八丁に委ク記ス

四

一砂糖問屋願立之儀ニ付十組惣代言々

此一条感腹新話三ノ巻ノ十四丁ヨリ三十二丁ニ至リ而有増尽シ、又四之巻ノ初丁ヨリ十八丁ニ至而委く記ス

五

一薬種両組御再触被下置候始末并ニ砂糖問屋五十弐人江願之通り被仰付候一件

此一事願立候者文化五辰年三月十四日迄訴、同年十月十日ト両度也

（一三）　十組再興　改正発旦録抄　全

断此一条十組一件ニ不拘義故省《ハブク》レ之、然共被仰渡并御触流等を左ニ記し置、一見して其意を察へし

則其文左の通り

本町三丁目宗右衛門店
薬種問屋又右衛門
堺住宅ニ付
代　善兵衛

本町三丁目五人組持薬種問屋
武左衛門後家ふぢ後見
嘉兵衛

同町宗兵衛店
薬種問屋
吉兵衛

同町五兵衛店
同　安兵衛

橘町三丁目家持大伝馬町組
薬種問屋行事
平六

米沢町壱丁目善兵衛店

同　同断　彦四郎

南伝馬町壱丁目家持

薬種屋庄三郎煩ニ付

代　吉兵衛

新両替町三丁目家持

薬種屋

八右衛門

申渡

一其方共相願候者、薬種問屋之儀者、古来ゟ本町三丁目ニ住宅致問屋之外、直荷引受申間敷旨町触有之、大伝馬町組薬種屋之儀者所々ニ住宅致し古来ゟ直荷引請致候ニ付、願之上、享保十四酉年直引受御差免、其方共両組之外直荷引請不相成旨町触有之、同十五戌年ニも猶又町触有之候所、年月相立候ニ随ひ猥ニ相成外薬種屋共上方筋ゟ直引受致、右之内ニ者出所不正之品等も有之、又者一己之利潤ニ拘ク性合吟味も不行届不軽義ニ付、外薬種屋共上方表ゟ直引受不致様、古来之通取締再触之儀願出候ニ付相糺候処、享保年中町触有之候段無相違、山方ゟ出候和薬之儀者薬種問屋ニ不限何方ニ而茂勝手次第可引受旨、元文年中相触候得共、上方ゟ積来り候和薬之分者両組ニ而引受来候ニ付、願之通上方表之儀者唐薬者勿論、和薬共弥以其方共両組ニ限り、其外ニ而直荷引受候儀堅致間敷旨今般再触申付候間其旨可存

右之通被仰渡奉畏候、仍如件

文化五戊辰年十二月十日

町中申継

此度大伝馬町弐丁目勘兵衛外五十壱人江砂糖問屋申付候、依之持渡り并和製砂糖共直荷引受候義右之者共ニ限候事

右之通年番名主江申渡候旨三村吉兵衛様ゟ被仰渡候事

辰ノ

十二月十日　大伝馬町弐丁目庄助店

勘兵衛

外十六人

本町三丁目佐平次店

茂兵衛

外三十四人

申渡

一其方共勘兵衛外十六人之者共相願候者、古来ゟ砂糖類上方直積荷引受問屋同様致来候処、近年和製砂糖多国々ゟ御当地江積送り、外商売之者共専引受外相当之仕切等差出シ、殊に和製砂糖之儀者遥ニ其味も劣り、上菓子類に遣候而者品ニ寄間ニ合兼候儀も有之候得者、形者同様ニ付持渡り砂糖入用之処江和制（製）を交遣シ候而も相分り兼、其上持渡り砂糖之相場ヲ聞合ス者江和製之直段ヲ申聞候儀も有之、直違ニ相成高直之売方致候様相聞、持渡り砂糖捌方不宜、必竟外商売人共紛敷売買致候故、持渡り砂糖注文響キ格別仕入高相減、専商売致候者共衰微致し及難渋候間、砂糖問屋ニ申付有之外々ニ而直引受不致候様致度、願之通相成候ハヽ、持渡り和製上中下廉直ニ品分致下直ニ売捌、為冥加金千両宛永々上納可致旨願出、追々相糺候処砂糖直積致来候薬種問屋・大伝馬町組薬種屋両組不残并ニ問屋触下と唱候者共差加、願人一同都合五十弐人江砂糖問屋名目申付候様相願、冥加金之儀者割合上納可致旨熟談之上願人共一同申立、差支之筋も不相聞候間願之通其方共五十弐人江割合年々相納候様可致

右之通被仰渡奉畏候、仍如件

文化五辰年

十二月十日

断

当木綿問屋両組の記録感腹新話第四ノ巻十九丁冥加金発起之話之条の其二、砂糖問屋仲間内談推釈之条ニ所謂是誠ニ冥加上金の発旦なり、嗚呼《アヽ》後世《コウセイ》衆人《シュウシン》の歎《ナゲ》き何れに歟報《ムク》ひん、我意《ガイ》たる

砂糖屋共

御触

一唐薬和薬共上方表并在方ゟ直荷引受候義、本町三丁目薬種問屋・大伝馬町組薬種屋共之外一切不致筈ニ（手脱カ）享保年中相触置、其後和薬之儀者山方ゟ出候薬種勝次第可引受旨元文年中猶又相触候得共、上方ゟ積来候和薬之分者右両組ニ而引受来候、然所近年猥ニ相成両組之外脇々之薬種屋共、上方表ゟ薬種直引受致候趣相聞、右之内ニ者出所不正之唐薬又者一己之利潤ニ拘り性合紕等不行届も有之趣相聞不届候、上方表之儀者唐薬者勿

論之儀、和薬共ニ弥以右両組ニ限り、其外ニ而直荷引受候儀堅致間敷候、若相背候もの有之候ハヽ、吟味之上急度可申付候、
右之通町中不洩様可触知もの也
文化五辰年
　　十二月十日
右之通従町御奉行所被仰渡候間、前書之趣急度相守候様町中薬種屋商売人共者勿論、借家店借裏々迄不洩様入念可相触候
　　辰十二月　　　　　　町年寄役所
右御再触之写京都・大坂・堺江同月十四日出ヲ以御連札差出し候、尤巳年初船より組外荷物留申遣し候
　　依之
翌十一日右御礼訴薬種店并ニ砂糖問屋二株共ニ樽・奈良屋両役所江御礼訴状壱通宛差上候、文面ヲ略ス
○
砂糖問屋初而御訴詔者文化五辰年五月九日也、其願書面之趣者商売躰為取締之問屋株御定被成候ハヽ、為冥加金千両ツヽ、年々御上納可仕旨、小田切土佐守様御番所江奉願上候所、御吟味中本町三丁目薬種店・大伝馬町薬種屋都合五十弐人江問屋株願之通同年十二月十日被召出、御白洲ニおゐて願之通御聞済、且冥加金千両之儀者五十弐軒江割合、年々可相納旨被仰渡候、一同御請奉申上候也
　依之砂糖問屋一連為申合ケ条八ケ条之内
一唐紅毛砂糖与和砂糖与品分いたし廉直ニ取扱可申候事
　　断
外七ケ条者当両組木綿問屋仲間規定之ケ条も同様之振合故略《ス》ㇾ之《ヲ》
△十組取締願之通菱垣積仲間と申名目御定被下置候段、文化五辰年二月七日被召出、於御白洲被仰付候上、〔衍カ〕上年番名主江右之旨被為仰付町触被成候（ママ）置候段不軽御義難有仕合奉存候、然ル上者右御趣意堅相守仲間規定永久違乱〔無脱カ〕為之一同連印証文左之通
　　覚
一菱垣廻船積仲間御規定被仰付候ニ付、古来ゟ菱垣船積合荷物之分者右御趣意之通積仲間江加り上方積致、難事之節世話致合可申、且右廻船積合荷物之分者一手ニ

菱垣廻船積合可申、外船江積合決而致間敷候事

但シ菱垣廻船荷物積合之外品者拾三品有之、右品者十組ニ而差構無之旨、去文化二丑年五月中御吟味中中立候品則左之通り

米　醬油　酢　炭　薪　材木　竹　石　土　瓦

煙草　書物　荒革荷物

〆拾三品

一難船之節元直段付明白ニ相記、仕来之通其組々行事立合猶再吟可致事

一船々弁銀不直之筋無之様組々申合、万一不直之弁銀等有之候ハヽ、其組行事江相届、其家々引合廉直ニ取計可申事

一菱垣廻船積合荷物荷払之儀者、従古来江戸菱垣三問屋、井上十左衛門・銭屋久左衛門・利倉屋彦三郎差配ニ付、菱垣荷物之分者右三問屋ゟ請取可申事

一菱垣廻船荷物積合之分、若外船ゟ水揚等致候ハヽ、荷物引受候ものハ其筋相糺、未積仲間江不加もの者早束（ママ）仲間江差加江、其段樽御役所江御届可申事、万一違背申族者其組行事ゟ時之両行事江相届、御番所様江早速御訴可申上候事

一此度被仰渡候御趣意積仲間惣名前連印仕差上候様、樽御役所ゟ被仰付候間、帳面江右御趣意相認メ惣連印仕差上候ニ付、以来組々人数増減有之候節者、其組々之行事早束右御役所江御届可申上候、猶又今般差上置候帳面前文之儀者、両行事元ニ扣有之候間入用之節者熟覧可仕事

右之条々今般御下知ニ付猶又申合、菱垣廻船積物之分者以来仲間内相互吟味致合、外船積決而仕間敷候、万一心得違を以外船積致候〔者脱カ〕有之候ハヽ、如何様共御掛り可被成候、依之此度被仰渡候御趣意堅相守、自今已後違乱為無之積仲間一統連印致置候処依如件

文化五辰年

二月　　　　惣組合 行事 印

断

此組々行事印形白子組之儀者内店組行事・通町組行事ニ而印形を相居《スヱ》候事疑ひなし、然共木綿ニ者不拘儀故後の憂《ウレヘ》少しもなし、太物店者如何其節之行事印形ヲ致候哉、また不致候哉之義を不相

弁事不埒至極なり
行事の調印致候也ト被申候、然者太物店者無之事ト
推察致候のミ

（頭書）「二十二組者願人
出勤の廿二組也」

規定証文之事

一従往古十仲間諸商人売買之荷物廻船之儀、享保年中迄酒荷物も一同菱垣船江積合候処、不勝手之筋有之双方熟談之上、酒荷物ニ限り相別レ、其余之諸品者菱垣船江一手積合一同無差支渡世仕来候所、去天明年中より積仲間不取締ニ相成、自ラ船々取調も不行届候ニ付、追々莫太之諸荷物海底ニ相沈ミ候様成行、一同難義至極仕候間、無是非六ヶ年以前享和三亥年積仲間取締之義土佐守様御番所江奉願上候処御聞済被成下、当二月七日菱垣廻船積仲間と申名目御定被下置候段被為仰渡、広太之御慈悲冥加至極難有仕合奉存候、然ル上者此後積仲間之内心得違ニ而他船江洩積致し積仲間法式猥ニ相成、菱垣船之手当不行届候而者海難猶々相増可申哉と（も）難計、然ル時者諸商人一同之難渋ニ而往々衰微ニ可及と歎敷、且者相互ニ申合候積仲間与申者之儀者縦海難有之候共一己之損徳ニ不拘、積合之諸荷物正直平等ニ割符正敷取計来、為世上相立候積仲間ニ候得者、申合を相背我か儘ニ他船江積候様相成候而者積仲間相立候詮も無之、畢竟一統菱垣船江積合候規定ニ而相立候積仲間ニ候得者、向後此義忘脚致自己之勝手を以他船江洩積致もの有之候而者、規定相破レ候基と此度一同屈伏致し、銘々為諸人之候間申合相背外積致間敷段、為後証積仲間商人惣組一同規定連判仕奉差上候処実正仍而如件

文化五辰年八月廿一日

断

八月廿一日と計書放シ有之候事、然共結句ニ為後証積仲間商人惣組一同規定連印仕リト有之〇
此惣組一同連判者行事のミか又者家別か不審〇又奉差上候処実正ト有之〇奉差上者いつれ成哉不審、此二口三ケ条之不審岸安へ聞糺候処、前文之通願人共二組之其時之当行事のミ〔事脱カ〕調印致し樽御役所江差上候由、又西川岸橋会所両行元江も扣置候との事也

六

一大川筋三橋一条并会所相立度願一件

此一件当両組所持之感服新話第六之巻六ッ目ノ口取、紙数廿二丁ノ裏面大川筋三橋一件ニ委敷記置ぬ

七

一十組一統御国恩冥加上金仕度一件

此一条者当両組所持感腹新話第六之巻三ツ目ノ口どり、紙数十四丁ノ裏初而冥加金上納を願出ル事ノ条に記ス

又願書文面等者感腹新話第八ノ巻木綿問屋之条ニ委し

八

一三橋ニ付東本願寺・本所報恩寺・紀州様等ゟ被差加銀子之事并組々より

断

此組々よりと目録ニ記し有之候者、追々いつれの組ゟも出金可致与心得たるか、薬種店の者如何心得候哉、元来十組一統ニ而請持候上者別ニ出金可致所謂《イワレ》有へからす、如何ニ〳〵

一東本願寺より被招候ニ付参候者

大行事　●断是ハ小西長左衛門也　◬者近江屋茂兵衛也共ニ本町三丁目也

惣行事　山崎屋藤五郎、伊勢屋徳三郎

客殿江被入一献之上申条則

此度其御仲間中ゟ永代橋・新大橋・大川橋掛替修覆共永々引請、右三橋渡銭相止候様致度願候所、於公儀御聞済之由、右者御国恩冥加を被存、且者諸人之救ニも相成候儀ニ付願之通被仰出候段具ニ本山江申達候処、各実意之趣誠ニ諸門下教導之一端ニも可相成義、深ク御随喜之御事ニ候、依而右三橋為助成白銀五拾数〔枚カ〕此節被遣之、以来之儀者年々永久白銀二十枚宛御差加へ可被成間、可然様取計頼存候、此等之趣相心得宜敷申述旨本山ゟ被仰越候事

文化六巳年

三月十四日　　本願寺 輪番所印

一右に准シ本所法恩寺(ママ)ゟ茂白銀弐拾枚也被差加候事

一同年四月四日紀州様御勘定所江被召呼白銀五拾枚也被下置候事

但シ出席人数左之通
頭取　茂十郎　　白木屋彦太郎
松葉屋勘兵衛　　伊勢屋徳三郎
森田儀助　　近江屋茂兵衛
小津庄助　　伊世屋佐次兵衛
鍋屋　寅次郎　　已上九人
　　杉本　茂十郎
一　白銀五拾枚　　十組　大行事
　　同　　惣行事

去年比井・日高・富田三ケ浦船手之者共、稼手狭ニ相成難義之趣船主共願出、茂十郎ゟ一統江及熟談候所、実意ニ納得有之三ケ浦廻船之便ニも相成一段之事、猶当時公用向を茂追々奉相勤候趣相聞旁以寄特成義ニ付被下之

巳四月四日

以書付御頼申上候

一私共商売躰之儀ハ古来ゟ本町三丁目ニ致住居、渡世相続仕候段冥加至極《バミカビソンジ〔キ〕》難有仕合奉存候、殊ニ薬種之儀者虫《ムシ》喰殕損等多く品ニ而町内両側江年中干物差出シ往還之差支ニ者不相成様申合仕来候得共、先年ゟ致来り候儀故御公儀様御慈悲ヲ以御宥免被成下置難有仕合奉存候、然ル所今般十組一同大川筋永代橋・新大橋・大川橋三橋懸替修覆等永々十組江被仰付度段御願上被成候ニ付、私共組合一同恐悦奉存候、依之右為冥加組合二十五人ニ而年々金三拾両永世差出し申度候間、右一同之御願候ハヽ、三橋入用高江御差加江被成度御頼申上候、以上

文化六己巳年
　正月十三日　　薬種行事
　　　　　　　　●小西長左衛門
　　　　　　　　▲近江屋　嘉七

大行事御衆中
惣行事御衆中

九

一御鑑札被下置候条并地面拝領之事
御鑑札頂載之事は、当両組所持感腹新話十ノ巻五ツ目ノ口とり、紙数三十九丁目ニ委し
又地面拝領之事ハ同ク十ノ巻六ツ目の口取、丁数四十三丁目に委ク記しおきぬ

拾

一名主五人江被仰渡之事并此度重ニ取締世話致候者の内
五人江銀子被下置候事

此事ハ感服新話九ノ巻丁数二十四丁目ノ裏面一ツ、
同ク九日両行事并ニ頭取被召出ノ条ニ記し有之候、
尤被仰渡其文則左之通り

申渡

本八丁堀肝煎名主
十左衛門
新革屋町同
定次郎
呉腹（服）町同
三郎右衛門
本町三丁目同
文左衛門

菱垣廻船積仲間十組問屋とも義御国恩冥加を存、永代
橋外弐橋引請并永々融通之ため御下ケ金も有之、諸品
直段等江相懸候義無之、都而仲間組合不取締之義無之
様堅申合候得共、多人数之義ニ付為取締最寄名主之内
万端心付呉候様相頼度旨大行事・惣行事・会所頭取一
同願出候、其方共者最寄之義、其上支配内ニ右問屋共
も多分罷在候も有之候間、旁心を添無腹臓（ママ）申合、頭取
茂十郎江申談諸事心付候様可致

西川岸町名主
清右衛門

其方儀者支配内に菱垣廻船問屋共も罷在候義ニ付、右
重左衛門外三人江申渡候通相心得申合、頭取茂十郎江
申談シ諸事心付候様可致

巳ノ十月二日

一文化六巳年四月廿七日会所頭取被召出、町御奉行所御
用達并御内寄合烈席被仰渡候よし

町奉行御用達
杉本茂十郎

右之通両行事ゟ当薬種店江披露有之候事

十組会所
茂十郎

以来肩衣着用致御役所ニ而ハ地割役之次江可罷出候
右之通巳ノ十月十七日、用人共ヲ以茂十郎江被申達候

申 渡　　　十組会所頭取

西川岸町半右衛門店

茂 十 郎

其方儀年来御国恩冥加ヲ存候而家内者勿論仲間之者等ニ至ル迄、厚く心を用申教寄特之取計共も有之趣相聞候、依之御扶持被下、苗字御免被仰付之、右者牧野備前守殿依御差図申渡、難有可奉存候

巳ノ十月十七日

断

右薬種店記録此発録〔且脱カ〕十ノ口前一ッ名主五人江被仰渡之事、并ニ此度重ニ取締世話致候者之内五人江銀子被下置候事ノ条

此一条初ニも如クレ断ル

一名主五人江被仰渡之事は当両組所持感腹新話九ノ巻二十四丁ノ裏面、同九日両行事并ニ頭取ノ条ニ記といへとも、其被仰渡之文言無之候故こゝニ記ス

一文化六巳年四月廿七日会所頭取被召出、町奉行用達并御内寄合烈席被仰付候儀者、当両組之記録感腹新話ニ相洩候故、此所ニ書抜記し置く

十組会所頭取

茂 十 郎

以来肩衣着用地割方次席御免之事、当両組記録感伏新話ニ相洩候故こゝニ記ス

地割方次席ノ釈

御内寄合出席烈座ノ順、町三年寄上席奈良屋市右衛門・次座樽与左衛門・三はん喜多村彦右衛門其次地割方家城《イエキ》善兵衛等也、此家城善兵衛之次席江出勤可致段被仰渡候事也

一申渡　　　十組会所頭取

西川岸半右衛門店

茂 十 郎

其方儀年来云々御扶持被下苗字御免之事、感腹新話九ノ巻廿八丁の紙裏初口一ッ十月十七日会所頭取の条ニ記ストいへとも、其文言相洩候故爰ニ記ス

一此度重々取締世話致候もの丶内五人江銀子被下置候事、此一条者当両組所持之記録感伏新話十ノ巻二ノ口取り、

紙数十三丁目世話番五人之者江御褒美之段の条ニ委敷
記し有之
拾壱
一大津屋善四郎江被仰渡之条
其文言并樽与左衛門取計両行事差配等者当両組所持
之記、感伏新話九ノ巻二十六丁ノ表一ッ十月十三日
の条ニ委敷記し有之候、尤両行事ゟ添書之結句其文
則
本文略而則断感伏新話委シ
添書則左之通り
右之通逢危難云々白銀五枚被下之
右之通結構被仰渡候義全頭取厚ク存寄を以被中立候儀
ニ候得者、後世ニ至迄忘脚者致間敷、以来冲船頭為規
矩如斯記畢
巳ノ十月二日
大行事　判
惣行事　判
拾弐
一於西河岸会所通例之定法書之写シ
断
此一条白子組者内店組通り町組各其行事元用談日記
ニ扣有之候、又太物店者行事元所持之太物店大行事
役義断談ト云別冊中ニ記シ有之候、然とも因ニ此一
条のミ爰ニ書記ス
菱垣廻船積仲間取締三橋会所文化六年巳二月廿九日御
免被下置候ニ付
両行事勤方其外共改正
一大行事惣行事一ヶ月宛順番ニ相勤、朝四ッ時ゟ七ッ時
迄無懈怠四人宛出勤可致候、并次行事弐人為見習当行
事江差添順番ニ相勤可申候、尤袴着用可為腰弁当、酒
肴無用之事
但シ両行事四人・次行事・筥番之者一人宛弐人都合
六人万事可為同席、各勝手を以別席致候義不相成候、
何れ之席ニ而も可為同断事
一御公用之儀者不及申組々諸事取締之儀、其外不寄何事
ニ頭取被申出候趣意両行事令承知、其上組々江可致披
露候、尤其趣意組々一同令承知、一組限存寄申出都而
多評ニ随ひ、一己之我意中間敷候事
一諸御用談共両行事・次行事談合之上、不限何事ニ頭取

江及伺、差図を受万端取計可申事
一行事当番中者積仲間一統可為長間、万端致心配身分厳重ニ相守、不寄何事贔屓之沙汰無之、万事明白之取計肝要ニ候、銘々一己之取計堅致間敷候、万端両行事立合相談之上取計可申事
　但シ行事六人致日勤、万一無拠用向ニ而致不参候ハヽ其趣意申聞、頼合之上不参可致候、急度四人宛者相詰可申候、猥ニ他行等一切不相成候事
一於会所雑談高咄并軽卒間〔ケ脱カ〕敷義無之様精誠心付可申候、且又組内ゟ被出候而も聊失礼之儀無之叮寧ニ可及挨拶候事
一三橋会所御掛り様方御出勤之節者玄関取次之者壱人御出迎御案内可申上候、御帰り之節者両行事弐人・取次壱人、式台迄御送ニ可罷出候、猥ニ大勢不罷出様可申合候事
一組内ゟ諸願并諸出入等申出候はゝ等閑ニ不致、早束両行事評義之上当人呼出し得与始末相糺、不正之義も無之候ハヽ其始末巨細ニ当人より書付ヲ以両行事迄相届、猶又両行事ゟ書付を以頭取江相届、差図ヲ受可申候事
　但シ何事ニよらす両行事江無沙汰、組内ゟ一己之了簡ヲ以致出訴候義致間敷候事
一出水之節者定例之通三橋江致出役シ万事手配致し、掛り名主頭取より差図を請、出情相勤可申候事
　但シ三橋平日取計之儀者夫々仕法帳之通相勤可申候事
一会所近火之節者不限昼夜ニ早束両行事致出勤、諸用向諸書物等并諸道具等ニ至迄不取落様差図致し為持出可申候事
一三橋近火之節者不限昼夜ニ大火ニも相成候ハヽ、早束会所へ相詰、夫々致手配人足召連詰合之者差出し可申候、并最寄御役向江者見廻手札等為差出可申事
　但シ小火之節者不及出勤候事
一於会所日記委細相記可申、其外諸用向夫々の帳面江無等閑委細相記可申事
一御役向其外諸方年始并暑寒御伺之儀ハ礼式帳之通両行事ニ而相勤候事
一両行事諸帳面金銀共於会所一纏《マトメ》に致し、諸事一躰ニ取計可申事

一金銀諸出入之儀者万端於会所両行事立合取計致候事
但シ融通方之儀者雛形仕法之通取計候事
一両行事引渡之儀者、小箱ニ致シ行事引渡帳一冊并行事印形ニ限り置キ、組々順番相廻シ可申事
但シ行事引渡毎月可為晦日事
一会所諸用向之鍵并金銀之かぎ両行事十五日宛融〔隔カ〕番ニ預り可申事
但シ両行事共鍵預りニ相当り候かた万端可為上席、都而其時之書物等連名初筆ニ相認メ可申、其外万端行事相談諸事可致心配事
一月々入用勘定毎月廿五日立会之儀者、当行事四人・次行事弐人都合六人立合之上相調払高相究可申事
一諸払毎月晦日、尤七月者十日、十二月者廿六日限ニ取計可申事
一冥加上納金例年十二月廿五日限包立、晦日迄ニ相納可申事
但シ相納候節、当行事四人・次行事弐人・頭取都合七人可為出勤、且右上納金包方等者別ニ扣有之候事
一御預ケ金御下ケ奉請取候節罷出候人数之儀も前書可為同断事
但シ御預り証文之扣者別帳ニ委ク記し有之候
一入船足見分之儀者新古惣組より壱組壱人ッヽ、弐人、船問屋ゟ主人壱人都合三人宛不限昼夜ニ出勤致可申事
但シ右見分之節、諸道具并乗組人別相改、其時々会所江相届可申事
一難事船有之節浦方出番之義者新古一躰惣組ゟ順番之通り壱組壱人宛二人・船問屋ゟ弐人・供壱人都合五人出勤致候事
但シ両行事并次行事江出番相当候ハヽ、其組ニ而差繰出番致し可申事
一浦方出役出立之節、両行事為見立出勤可致事
一浦方入用金会所ゟ取替出役之者江相渡し可申事
一売荷物并立合物引方両行事立合可申事
一売荷物代金会所江預ケ置可申事
一難事船一件諸帳面書物等両行事立合致封印、三問屋江相預可申事
一惣組烈席古方者大行司、仮船方ハ惣行事頭ニ行事相勤候組月々隔番ニ順席致し、次江両行事相勤不申組是又

月々隔番ニ順席可致事
　但シ壱組行事弐人宛出席為致、勿論以来席札差出シ
　月々順番隔番ニ相改候事
一両行被〔事カ〕船手之諸用向先掛り是迄之通り取計可申事
一時々寄合之儀廻状刻限通り出会可致、勿論出席致候節
組名目相断、両行事江出席届可致、猶又引取候節も相
断候上引取可申事
一年始暑寒共組々行事頭取并会所江手札持参出勤可致事
一菱垣廻船積仲間之儀者渡世之元建ニ而大切之儀ニ有之
候間、各両行事和熟睦敷大切ニ相勤可申候、何事ニ不
寄両行司熟談之上惣組一躰之弁理宜敷義工夫専用ニ候、
惣組熟談相決し候義おゐては一組立一己之我意無之様
相慎可申事
右箇条之趣惣組熟得之上取究聊違背無之急度相守可申
候、依之行事連印致置候所仍而如件
　文化六己巳年十一月
　　　　　　　　惣組々行事　連　印
　十組再興発端録抄　終
跋而云

序文の末文断りの条にいふことく此一書者本町三丁目
薬種店行事元の為秘蔵
　十組再興発端録　一冊
其著術〔述〕者岸部屋安兵衛森嶋英勝主、此与作者依入魂備
求而目録順道当木綿問屋両組とも行事元所持之記録感
腹新話に相洩し文談而已、維時文化九壬申年秋八月下
旬、於木綿問家〔屋〕両組立会館茶渓堂局山道人録抄之畢

（一四）嘉永再興録

嘉永四年辛亥
百三拾九番
嘉永再興録
三月ゟ八月迄

嘉永再興録序
（漢文・略）

嘉永四年辛亥年三月十組諸問屋株式再興被仰渡候

御触之写

去ル丑年菱垣廻船積仲間問屋共ゟ冥加金上納致し来り候処、問屋共不正之趣も相聞候ニ付不及上納ニ、向後諸問屋仲間組合停止被仰付候処、其以来商法相崩諸品下直ニも不相成、却而不融通之趣相聞候ニ付、此度問屋組合之儀都而文化以前之通再興申渡、弥以冥加上納御沙汰ハ無之候間、其旨を存諸物価際立直段引下ケ、〆買〆売者不及申、品劣り掛目減等之儀無之一切正路之売買可致候、且新規仲間加入之節多分礼金振舞等為致候儀者、御法度之趣前々御触有之、享保度諸職人諸商人組合取極り候節茂、新規商売取付候もの有之節、同渡世之者妨申間敷候段申渡有之候儀ニ而、薬種問屋・両替屋・岡鳥問屋・水鳥問屋・暦問屋等之類人数を被立候儀者有之候得共、其余新規商売相始メ候儀を被禁候儀者無之候間、此度問屋組合再興申付候迚、文化度之如く株札等相渡候儀者無之、人数之増減者勝手次第之事ニ付、不筋之申合手狭窮屈之自法相立候儀者決而不致、併其渡世柄ニ寄無拠人数不定候而者差支候儀有之品者吟味之上、明白ニ其いわれ無之候而者容易ニ難相済儀ニ付、其段相心得文化以来之商法ニ不流、質素倹約を第一ニ致し諸事奢侈潜上之儀無之様相慎、深く太平之御仁徳を奉仰分々之渡世永続致し、御城下ニ安住いたし候冥加之程を相弁、四民暮方弁利之儀

を厚く心懸、実直産業を営候様可致候、此上心得違一己之利得ニ迷ひ、申渡を背もの有之候ハヽ、召捕遂吟味、厳重之御仕置申付仕儀ニ寄家業取放し候間、不取締之儀無之様精々可申合候

右之通申渡候ニ付而者、問屋組合共都而前々ニ不拘現在之姿を以取調、其方共ゟ当月限り町年寄月番江可申立、尤仕入等不致請売いたし候小前之もの共相除候儀者勿論之儀ニ付、右等之品紛敷儀無之様厚く取調可申立、其々篤与穿鑿をとげ夫々可及沙汰間、夫迄者諸商人諸職人共全く当時之振合ニ相心得罷在、右申渡以前家業筋ニ付何事も訴訟申出候者有之ハヽ、町役人共迄曲事たるへく候条、其旨能々可相心得事

右之通町御奉行所被仰渡候間、町中不洩様早々可相触候

町年寄

役所

三月九日

右之通御触書奉拝見一同難有奉存候

一翌十日諸色懸り名主衆ゟ、十軒店亀の尾方江白子組世話番之者罷出候様申来り候ニ付、伊豆蔵吉右衛門代半兵衛・大黒屋三郎兵衛代治兵衛・白木屋彦太郎代太七右三人罷出候処、諸色懸り名主熊井利左衛門殿始四、五人立合ニ而被申聞候者、今般菱垣廻船積仲間諸問屋株式再興被仰付候ニ付、元白子組名前并新加入之者も候ハヽ、書上ケ候様被申聞候

一十四日南御番所様ゟ御差紙ニ付、諸問屋一同御白洲ニ被召出、両御奉行所御列座、遠山左衛門尉様ゟ被仰渡之御言葉大旨左之通

嘉永四亥年三月十四日

南御番所ニ而被仰渡候扣

諸組問屋

并ニ仲間一同

諸色懸り名主共一同

今般格別之御仁恵を以諸組問屋共再興被仰渡候段、厚相心得可申儀勿論之事、然ル上者質素倹約を基として身分限を相弁、諸品物価下直ニ相成候様心懸ケ、一己之利欲ニ迷ひ己々渡世利潤を得候共、外品高価ニ而者矢張暮方ニ掛候間、其所を相弁四民共々暮方宜様ニと可相心得候

御政道之儀ハ譬て申ハ料理調味之如くニ候、塩梅物ニ而魚又者菜物等新古酢・醬油・酒等之善悪其品ニ寄、三盃酢なり共何迚も同味ニハ無之、春秋寒暖ニ寄料理人ニかけん千心ニ勘□(汚損)之儀、御政事も夫と同様之事ニ而、或者停止或者再興等茂有之釣り合者御仁政之事ニ候間、其旨篤と相弁心得違無之様可致候、武士者今日之命明日ニも難計御奉公相勤、敵と戦勝時者足軽ニ而も大名ニ成ル事も有之、百姓も同様之軍役ニ被遣作物も踏あらされ難儀も有之、武士も百姓も立交り立身致ものも有之候得共、吾身武士同様ニ候其内ニ而、町人者泰平之難有事格別ニ存可申儀、御城下日本橋辺ニ而糸車取候儀も見世先等ニ相見へ、表向質素ニ相見へ候得共分限不相応ニ被存候、素ゟ分限ニ応可申事ニ候、其日暮之者と身上有之者との違ひ有之分限相守可申、殊ニ町人共ハ万石以上之暮致候も有之候、皆泰平之御恩沢ニ而此度諸問屋再興被仰渡候儀ニ付、諸問屋取調廿日三十日ニ者行届不申事、其間ニも心得違致不申様申諭候、万一心得違ニ而御仕置等被仰付候而者不便ニ存候、中ニハ是程之儀者弁申者も可有之候得共、親か子へ物教致候様上ゟ御諭ニ有之儀ニ而、不届者ハ夫々死罪等も有之候而者不仁之仁と申事ニ而、壱人を罪し衆人を安穏ニ致し候事ニ候、右政道ニ違候もの奉行所ニ而不便ニ存候得共、善者之妨ニ相成候間其仕置ニ被成候、此不仁之仁茂違ぬ様ニ可存事故、あたり前と申程之事迄も何ケ度も申諭親か子へ教る之道理なり、此度諸問屋再興被仰出不容易御仁政ニ候間、此上物価引下ケ諸人難儀ニ及不申様可心懸、此上ハ問屋再興之儀者文化度之仕風不宜候故、就中寛政度之仕風ニ基キ、追々御取調之上人数等之御定も可被仰付候、取調之儀市中名主共ゟ追々申達有之候条其旨可存候

南

遠山左衛門尉様

仁木八右衛門様
東條八太夫様
中村次郎八様
東條八太郎様

北

井戸対馬守様

谷村源左衛門様

中嶋嘉右衛門様
秋元久　蔵様
磯貝七五郎様
町年寄
舘　市右衛門殿
橘　吉　五　郎殿
喜多村彦左衛門殿

右之通被仰渡有之候、其後日々組外之衆当白子組江加入いたし度段、右ニ付名前書上ケ呉候様追々申込有之候間、一同評議之上組内名前壱冊、外ニ加入相望候者名前書壱冊并別紙願書壱通相認、同十五日亀の尾におゐて名主衆江差出候事

但名前帳面弐冊之儀者調印之日取ニ委敷相認候間、此度ハ略之

口上覚

一此度御府内諸商人共問屋株式御取立之儀被仰渡、冥加至極難有仕合奉存候、右ニ付而者私共儀元木綿問屋之儀ニ付、此度新規加入名前差出呉候様申出候者数人有之候得共、身元大小相撰候儀も難出来候ニ付、依怙勝手ニ相当申候而者恐入奉存候間、遅々罷在候内御手元江願出候旨、則名前書御見世被成下、私共存寄之処御尋ニ御座候、元来私共儀往古ゟ御当地ニ永住仕、諸国元方ゟ直引請仕候、尤木綿之儀者享保年中被仰渡有之候御規定物拾弐品之内ニ而、私共儀者三拾六番組木綿操綿問屋ニ相認、弐拾番組大伝馬町太物問屋、右両組ゟ町年寄衆御役所江月々出入員数御書上ケ仕候品ニ而、仕入元之儀者国々江買次之者相定置、猥ニ取引不仕候ニ付、諸色直下ケ御趣意被仰渡候節、右買次之者江通達次第引下ケ方行届候儀ニ而、不拘盛衰以来実意ニ取引仕候間、多分ハ持店も同様之姿ニ而、厚世話致遣候辺も有之、株式組合等御停止被仰付候以前迄ハ、新規加入之者ゟ身元為証拠金千両以上之地面沽券状仲間江相預り、前書国々買次之者方江安心取引致候様案内申遣候儀ニ御座候、必竟ハ身元厚薄相撰候儀も難相成無拠筋ゟ出候仕来ニ而、如何敷申条ニ而御座候得共、私共同様大躰釣合候身帯様之者ニ無之候而者万端捨（拾）通方

不都合ニ有之、自然不取締ニ相成可申奉存候、右ニ付此度者私共仕来之通、都合を以千金以上之沽券も可差出候得共、跡々外々抱地面等所持無之手薄之者ニ而者、手船新艘造立等之節出金向も多分相懸候間、却而後悔之筋も可有之与奉存候、尤木綿問屋相望候者共之事故、兼而此等之覚悟者可有之与奉存候へ共、此度加入致置候ハヽ、跡々之為宜抔与心得違仕、一時ニ相発候慾心を以懸ケ合有之候而者、混雑之基ニ相成可申候与心痛仕、金銭之沽券状相預り置候儀ニ而、右地面上り高等不残本人江請取候事ニ而、聊も金子等請取候筋ニ者更ニ無之候得共、右辺之沽券所持之者ニ無之候而者、仲間取引者勿論、国々買次共ニ而も危踏可申与奉存候、今般格別之以御仁政御取立相成候儀ニ付、乍恐御府内之木綿問屋与申候而茂、国々之者尤与存候身元之者計加入被仰付候様相成候上者、古来之通品潤沢仕直下ケ等も行届可申候へ共、手薄之者共差加候時者直下ケ之為買休等之節を付込買荒し候ニ付、直下ケ御趣意等行届申間敷者身越候儀ニ有之候得共、旧来之仕方相崩候而者難渋仕候、此段何卒御賢慮被成下置、私共勝手ニ相当候儀者何ケ度も御尋預御教諭ニ、御仁政ニ相背不申候様御取扱之程偏ニ奉願上候

亥三月十八日

右之通名主衆迄差出候処、舘御役所江も御伺ニ相成候由ニ而、御役所江罷出候節、先日差出候書面之趣尤ニハ相聞候へ共、此度ハ御取用ニ不相成候段被仰聞候

一四月十六日御配符ニ付舘御役所江罷出候処、新加入相願候もの一同御召出しニ而、舘市右衛門様ゟ加入奉願候もの五拾人（ママ）一同江被仰渡候者、木綿問屋江加入致候ニ付而者、船手出金向其外手数出銀筋も相懸候由、荷高少分之事ニ而加入相願候而者、後悔之儀も可有之旨御利解有之候ニ付、追々四十四人御免奉願上候願書左之通

御免願雛形

乍恐書付を以奉申上候

一何町誰地借奉申上候、私共儀今般問屋江加入奉願上候処、荷物積方少分之儀ニ付、此度問屋加入不仕候而も差支無御座候間、名前御差除被成下候様御聞済奉願上候、以上

嘉永四亥年四月何日　何町誰　何屋誰　印

館御役所

右之通四十四人之儀者願書差上ケ、引残而拾六人御座候処、右之者共儀者丑年後十ケ年之積高取調方被仰付候間、其段大伝馬組江も申達、十七日ゟ亀の尾ニ而立合荷高取調候事

荷高調書之雛形

天保十二丑年何月ゟ何月迄

一仕入代金何程　何州何郡　荷主誰

同十三年

同　同　同

同　同　同

十ケ年

合金何千何百両

右之通御座候

右半紙竪帳江壱ケ年宛ニ仕入高帳面ゟ写取、明十七日朝四ツ時迄本町亀の尾迄帳面送り状其外証拠共取揃持参可致候

諸問屋再興被仰渡候ニ付而者、世話懸り諸色懸り取調中其家業之内旧来相続いたし、重立用弁可相成者見立取調候ニ付、度々相懸り立合候席同役手弁当之外、自分入用ニ而も酒食菓子等相禁、商人共同様手堅相守候様御申付、水茶屋ニ而も席料等多分不相懸様精々心付、商人共江入用不相懸様いたし、且右御用中如何之風聞等請候而者以之外之儀ニ付、格別ニ手堅く御心懸可然候

一名前書上ケ候儀ニ付、古来之株名前ニ而当時之休株・捨り株之分、名前而已差加度旨申立候分ハ、別段雛形ニ准し名前認、休株・捨り株之訳ケ御書取館様江伺ひ御差図請可然、是又如何之風聞不請様厚御心付可成候

一今日御達申候問屋名前其外、廉々御書上ケ半紙竪帳ニ
通御仕立御印形ニ不及、来ル十五日朝正四ッ時迄本町
三町目亀の尾迄御持寄可被成候、尤御銘々弁当御持参
可被成候、右申合之趣御達申上候
右者諸色掛り名主衆ゟ被申聞候

一金八万七千三百両余　伊勢町
戌年迄八ヶ年　松　居久左衛門
一同五万八千九百三拾両　同町
右同断　布　屋卯　兵　衛
一同五万四千七百六拾両　富沢町
戌年迄九ヶ年　大黒屋又　兵　衛
一金三万八千八百七拾両　糀町七町目
戌年迄十ヶ年　伊勢屋八　兵　衛
一同三万千六拾壱両　元浜町
戌年迄六ヶ年　佐野屋長　四　郎
一同壱万八千三百八拾両　同町
戌年迄五ヶ年　松坂屋藤　　八
一同壱万弐千六百七両　新三橋
戌年迄拾ヶ年　吉野屋平　兵　衛
一同壱万千四百六拾両　青物町
戌年迄五ヶ年　田原屋徳　太　郎
一同七千九両壱分　本船町
右同断　油　屋和　　吉
一金弐万弐千五百六拾両　通油町
戌年迄七ヶ年　津嶋屋七　兵　衛
一同弐万千四百七拾七両　小網町弐町目
戌年迄三ヶ年　桑名屋源　次　郎
一同九千七百五拾両　橘町
戌年迄弐ヶ年　布　屋与　　市
一同弐万八千弐百八両　長谷川町
戌年迄八ヶ年　下総屋三　　蔵
一同弐万四千八百九拾五両　通塩町
右同断　近江屋吉　兵　衛
一同五千六百四拾七両余　堀留町弐町目
戌年迄六ヶ年　丁子屋吟　次　郎
一金弐万九千弐百拾三両　横山町壱町目
戌年迄六ヶ年　近江屋喜右衛門

地木綿

戌年迄八ヶ年
一金壱万三千六百六拾両　富沢町　大黒屋又兵衛
戌年迄六ヶ年
一同千三百四拾九両余　(ママ)油町　津嶋屋七兵衛
戌年迄十ヶ年
一同壱万五千七百六拾両　麴町七町目　伊勢屋八兵衛
戌年迄五ヶ年
一金九千百四拾八両　青物町　田原屋徳太郎
戌年迄九ヶ年
一金三万三千五百六拾両　本船町　油屋和吉
戌年迄六ヶ年
一同弐万九千四拾弐両　堀留町弐町目　丁子屋吟次郎
戌年迄三ヶ年
一同八百九拾四両余　小網町　桑名屋源次郎
戌年迄五ヶ年
一同三千五百四拾六両　元浜町　松坂屋藤八
戌年迄拾ヶ年
一同五千五百三拾七両　新橋　よしのや平兵衛

戌年迄八ヶ年
一金九千弐百四拾壱両　伊勢町　布屋卯兵衛
戌年迄弐ヶ年
一同五千三百七拾八両　橘町弐町目　布屋与市
戌年迄八ヶ年
一同六千弐百七拾壱両　通塩町　近江屋吉兵衛
戌年迄弐ヶ年
一同三千六百拾六両余　伊勢町　松居久右衛門
戌年迄六ヶ年
一同九万七千百四拾両　元浜町　佐野屋長四郎
右同断
一同七千弐百弐拾五両　横山町壱町目　近江屋喜右衛門

右之通荷高相調、廿一日書上申候

一廿二日名主衆より呼出しニ付罷出候処、古株之仕入高凡之見積、且如何程位之金高相仕入候而問屋相当ニ有之候哉、其外心得之儀も候ハヽ、書取并当組旧記書抜差出候様被申付候ニ付、早速御懸り左之通相認廿四日ニ

差出候、但旧記之儀者御番所様江差上候由ニ而再度被申付候間、此度ハ略シ候

以口上書奉申上候

一此度新加入之儀ニ付、私共心得方之儀御尋被成下置、難有仕合奉存候

一仕入方之儀木綿ニ変り候儀も無之候得共、下り荷物重ニ相仕入候者ニ無之候而者、船々世話茂行届不申候、惣而之心得者上方物ニ付添候地廻り木綿ニ御座候間、危き海上を積取諸国運用品潤沢可仕候儀、第一之心得与乍恐奉存候

一新規問屋ニ被仰付候者、仲間規定等不相守候而者難儀奉存候間、古株之者江熟和仕候様御取扱被下置候ハヽ、船之新艘造立等も行届可申与難有奉存候

一諸国織元買次之者御府内江出見世或者分家等差出し問屋江相加り候而者、乍恐私共ニ不限大伝馬町組ニ而茂迷惑仕候筈ニ奉存候間、問屋ニ相願候ハヽ、買次取引之儀相断申度奉存候

一見世附懸り之儀古来より振合ニも御座候間、長暖簾ニ致都而木綿問屋ニ相見へ可申様仕度奉存候

一加入相望候者仕入金高之儀ニ付、私共仕入金高御尋被成下置候処、御覧被成下候通新規之者多分之荷物直仕入仕候ニ付、渡世向衰微仕候儀申上候迄ニも無之奉恥入候得共、全長久敷奉蒙御国恩候御蔭を以相続仕難有仕合ニ奉存候、依之壱人之利益ニ不相溺、実意第一ニ永々奉蒙御恩沢度志願之者ニ御座候ハヽ、先年十八株ニ被仰付有之候処当時九軒相残候間、組内相増候様仕度奉存候

一此度荷高・金高之位付申上ケ候様被仰聞御座候得共、既ニ於私共ニ茂盛衰も有之候間、書取候而者申上兼候、此段御憐察奉願上候

一同問屋之儀ニ付大伝馬町組江不実仕候者ニ候ハヽ、差加候儀も遠慮仕奉存候、此儀相互之事ニ御座候間、此末永久申（支）合等行届候様仕度奉存候、依之大伝馬町組ニ而差仕候儀者同様私共ニ而茂差支候間、御手近之事ニ付心得方御尋被成下置候様仕度奉存候

一右私共心底之処預御尋難有奉存候、有之儘奉申上候間、御憐見之上勝手ニ相当候儀者蒙御教諭度、此段偏ニ奉

願上候、以上

亥四月

（貼紙）
「平均壱軒前下り荷物仕入高
凡金三万五千両位ニ奉存候」

一廿六日亀の尾江罷出候様名主衆より申達有之候ニ付、世話方三人罷出候処御奉行様ゟ被仰渡左之通

申渡

諸色掛名主

諸問屋再興取調之内、下り荷物之類新規商売相始候現在之分引請荷物少分ニ而、問屋加入有無見居難聞もの、其組合之内仮組与名目を附、名前別帳ニ致当時之人数高書上ケ、名前帳面可差出候、尤追而再調之上問屋江加除取極候儀与可相心得候

一別帳蠟・操綿・瀬戸物商売相始候現在之分、前同様難聞ものハ右仮組与致し、別而操綿之内清水屋茂兵衛并瀬戸物屋本石町十軒店大和屋善兵衛外壱人者引請高少分故猶更之儀、其外者此上仕入高出精可致段相諭、再調之上問屋江加除可取極旨申渡置へく候

但瀬戸物仕入高之内御用請申張差拒候ハヽ、其段可申出候

一操綿之内元浜町松坂屋小三郎店支配人新七儀、全通荷物之捌方義掟与取調其旨可申立

右之通相心得差急キ名前帳取調可差出候

右ニ付御免相願候四十四人御呼出ニ相成、積高取調被仰渡候、依之尚又伝馬町組江も申達、箱元一同罷出追々取調、廿九日書上ケ仕候事

右者一旦御免願御聞済ニ相成候処、下々風聞御聴ニ入候哉、初発名前書上ケ候者不残下り荷物仕入高をも取調相成候ニ付、箱元并千印一同立会取調仕候事

酉年ゟ戌年迄

一金千百四拾三両弐分余　　高田屋善　兵　衛

申年ゟ戌年迄

一同六千弐百弐拾五両弐分　　川村屋由　兵　衛

戌年ゟ

一同七百七拾両弐分　拾匁　大黒屋惣七
申年ゟ戌年迄
一金四千九百壱両三分　六百四拾壱文大黒屋幸吉
右同断
一金三千八百四拾八両弐分　九匁五分七厘　近江屋儀兵衛
右同断
一同四千三百七拾三両三分　拾匁八分五厘　伊勢屋清兵衛
右同断
一同五百弐拾八両三分　伊勢屋徳右衛門
酉年ゟ戌年
一同弐千四百五両弐分　三川屋弥助
午年ゟ戌年
一同三千九百七拾九両壱分　近江屋三郎右衛門
寅年ゟ戌年迄
一金八千百六拾三両三分　三匁九分　万屋八郎兵衛
卯年ゟ戌年迄
一同壱万三千八百八拾八両　篠田屋利右衛門

酉年ゟ戌年迄
一同千弐百四拾弐両　八貫三百九拾壱文　山城屋勘兵衛
丑年ゟ戌年迄
一同壱万百三拾九両三分弐朱　松坂屋治郎兵衛
右同断
一同四千七百拾六両三分弐朱　壱匁弐分　右同人　下り
酉年ゟ戌年迄
一同弐千六百壱両壱分余　百八拾四文布袋屋善兵衛
酉年ゟ戌年迄
一金弐千七百四拾五両弐分　練屋又右衛門
申年ゟ戌年迄
一同六千七拾九両壱分弐朱　五百三拾六文　富屋角次郎
右同断
一同千五百三拾弐両　八匁九分八厘　三浦屋豊八
戌年
一同四百八拾五両弐分　奈良屋勘兵衛

八百六拾四文
未年ゟ戌年迄
一同壱万七百九拾七両弐分
三匁四分八厘　伊勢屋徳　兵　衛
戌年分
一同千七百八拾九両弐分　壱匁七分　右同人　下り
酉年ゟ戌年迄
一金弐千三百六拾四両三分弐朱　西　村善　八
壱貫八百三拾六文
申年・戌年
一同千三百五拾四両三分　拾四匁六分伊勢屋林　兵　衛
右同断
一金三千弐拾八両　三川屋又　吉
戌年
一同七百四拾壱両壱分弐朱　近江屋与　五　郎
弐百五拾四文
酉年・戌年
一同千六百八拾四両壱分　京　屋伊　兵　衛
七匁四分六厘

戌年
一同四千百四拾六両弐分
弐拾五匁弐分　松　田長右衛門　下り
戌年
一金弐千九百弐拾九両　右同人
丑年ゟ戌年迄
一同弐万七百三拾弐両弐分弐朱　嶋　屋新　兵　衛
三貫五百匁
酉年・戌年
一同四千七百五拾両三分弐朱　内田屋正　兵　衛
四匁六分
酉年・戌年
一同六千四百六拾八両三分弐朱　吉野屋伝　兵　衛
右同断
一同五百八拾五両弐朱　右同人　下り
午年ゟ戌年迄
一同五千五拾壱両弐分弐朱　中村屋磯　八
壱匁七分　七百七拾五文
午年ゟ戌年迄

一金六千五百八拾九両壱分　伊勢屋小兵衛
辰年ゟ戌年迄
一同七千弐百八両　弐拾五匁八分六厘矢　坂六兵衛
酉年ゟ戌年迄
一同千五百五拾三両　拾壱匁七分　町田屋直次郎
戌年
一同千七百八拾八両弐分　三匁七分　伊勢屋惣兵衛
卯年ゟ戌年迄
一同壱万五百八拾六両壱分弐朱　嶋屋市兵衛
六百四文匁

一晦日名主衆より亀の尾江罷出候様申来候ニ付罷出候処、名前取調半紙竪帳出来、調印仕候様被申聞候間調印仕候事

亥四月晦日館御役所江書上候控

白子組木綿問屋名前書上

白子組木綿問屋
本町四丁目家持
柏屋孫左衛門京都住宅ニ付
店支配人　嘉七印
通壱町目家持
白木屋彦太郎京都住宅ニ付
店支配人　庄兵衛印
通油町
大黒屋吉右衛門江州住宅ニ付
店支配人　利七印
糀町五町目与右衛門地借
升屋九右衛門江州住宅ニ付
店支配人　久右衛門印
通旅籠町茂兵衛地借
大丸屋庄右衛門京都住宅ニ付
店支配人　安五郎印
駿河町市郎兵衛地借
越後屋八郎兵衛京都住宅ニ付
店支配人　与五郎印

尾張町弐町目金兵衛地借

蛭子屋八郎右衛門京都住宅ニ付

店支配人　寅五郎印

本石町四町目家持

大黒屋三郎兵衛京都住宅ニ付

店支配人　和兵衛印

本町四町目家持

伊豆蔵屋吉右衛門京都住宅ニ付

店支配人　新兵衛印

通壱町目家持

近江屋伝兵衛江州住宅ニ付

店支配人　三右衛門印

右拾人御改革前より商売仕来申候

御改革後新規商売相始メ候者

元浜町六兵衛地借

佐野屋長四郎野州住宅ニ付

店支配人　由兵衛印

伊勢町太平地借

松居久左衛門江州住宅ニ付

店支配人　善兵衛印

新古合

〆現在人数拾弐人

右元問屋行事并新規之者共仕入帳面相調、書面之通相違無御座候、以上

但仮組之者別帳差上申候

亥四月

諸色掛名主共

亥四月晦日館御役所江書上候控

白子組

木綿問屋仮組名前書上

白子組

木綿問屋仮組

伊勢町源右衛門地借

布屋卯兵衛江州住宅ニ付

店支配人　政兵衛印

小網町三町目清兵衛地借

桑名屋源次郎駿州住宅ニ付
店支配人　吉　兵　衛印
富沢町家持
大黒屋又兵衛江州住宅ニ付
店支配人　林　兵　衛印
橘町壱町目
布屋与一郎江州住宅ニ付
店支配人　伝　兵　衛印
横山町壱丁目嘉兵衛他借
近江屋喜右衛門江州住宅ニ付
店支配人　佐　兵　衛印
麴町七町目
伊勢屋八　兵　衛印
元浜町庄八地借
松坂屋藤　　八印
長谷川町勘兵衛地借
下総屋三　　蔵印
通油町金助地借
津嶋屋嘉左衛門勢州住宅ニ付
店支配人　七　兵　衛印
通塩町吉助地借
近江屋吉兵衛江州住宅ニ付
店支配人　吉右衛門印
本船町家持
油　屋和　　吉印
神田富松町元地家持
吉野屋平　兵　衛印
本材木町壱町目卯兵衛地借
田原屋徳　太　郎印
堀留町弐町目伝右衛門地借
丁子屋吟次郎江州住宅ニ付
店支配人　徳　兵　衛印
伊勢町良助地借
万　屋八郎兵衛印
同町五人組地借
篠田屋利右衛門印
同町太平地借
伊勢屋徳　兵　衛印

堀留町弐町目半兵衛地借
松田屋長右衛門印
本町四町目五人組持地借
伊勢屋林　兵　衛印
同町同地借
京　屋伊　兵　衛印
通油町吉右衛門地借
佐野屋次郎兵衛印
同町徳次郎地借
河村屋由　兵　衛印
通油町善五郎地借
練　屋又右衛門印
横山町壱町目喜兵衛地借
吉野屋伝　兵　衛印
元浜町源助地借
奈良屋勘　兵　衛印
同町六兵衛地借
近江屋儀　兵　衛印
橘町壱町目平四郎地借

布袋屋善　兵　衛印
同町弐町目長八地借
伊勢屋徳右衛門印
同町伝兵衛地借
大黒屋宗　　七印
同町佐助地借
大黒屋幸　　吉印
富沢町吉兵衛地借
松坂屋治郎兵衛印
同町茂左衛門地借
近江屋千五郎江州住宅ニ付
店支配人　藤兵衛印
橘町壱町目
富田屋善　兵　衛印
久松町岩太郎地借
三河屋又　　吉印
久松町五兵衛地借
伊勢屋清　兵　衛印
通旅籠町清右衛門地借

通弐町目多吉地借
富　屋角　次　郎印
山形屋三郎左衛門京都住宅ニ付
店支配人　嘉　七印
飯倉町弐町目武次郎地借
山城屋勘兵衛京都住宅ニ付
店預人　治兵衛印
元浜町平七地借
三河屋弥　助印
村松町要助地借
西村屋善　八印
因幡町庄吉店
三浦屋豊　八店
元浜町平兵衛地借
内田屋庄兵衛本町壱町目住宅ニ付
店支配人　市　兵衛印
大伝馬町壱町目嘉兵衛地借
嶋　屋新　兵　衛印
同町弐町目平兵衛地借
嶋　屋市　兵　衛印
同町壱町目治兵衛地借
伊勢屋小　兵　衛印
橘町弐町目長八地借
町田屋直　次　郎印
富沢町忠七地借
伊勢屋惣　兵　衛印
橘町壱町目平兵衛地借
中村屋磯　八印
大伝馬町弐町目弥太郎地借
矢坂屋六　兵　衛印
本町四町目五人組持地借
和泉屋清　八印

〆五拾人

右者引請荷物少分ニ而問屋加入見居難聞候ニ付、四月廿五日被仰渡之通仮組ニ而書上候、追而再調之上問屋江加除見極可申候、以上

諸色掛

亥四月　　　　　　　　　　　　名主共

以書付申上候

一今般諸問屋再興被仰渡御改革後新規商売相始候現在之者共茂、新規問屋江加入被仰付候御沙汰ニ御座候処、私共儀者新規木綿商売相始候得共、引請荷高問屋格合ゟ少分ニ候ニ付、此度者問屋加入ニ至り不申、仮組江御差加被成下置、此上格別出精いたし下り荷物手広ニ引請、物価引下ケ商法守り方実直ニ心掛ケ、問屋並之荷高引請候ハヽ、追而御調之上問屋江加入可相成、若又荷元仕切直段糶上ケ物価引下ケ方之障筋等仕候者、直引請御差止ニ茂可相成段、今般御仁恵之御趣意逸々奉承伏候、依之御請一札差上ケ申候、仍如件

嘉永四亥年四月晦日

右之通仮組之者一同連印ニ而差上候事

一六月七日御配符ニ付館御役所江罷出候拠、館市右衛門様ゟ株式再興ニ付題帳出来候間、調印仕候様被仰渡候、古株之者者美濃紙御帳面、仮組之者ハ半紙御帳面に調印仕候、其節古株九軒之外、近江屋三右衛門殿儀同様調印被仰付候儀者無拠次第ニ御座候へ共、佐野屋長四郎殿・松居久右衛門殿儀も右株同様調印被仰付、御役所様ゟ加入可致旨一応之被仰渡も無之、右ニ付当人衆よりハ更ニ折合候而相談ニ参不申候間、此方より仕来之儀相談も出来兼候次第ニ有之、甚以当惑仕候ニ付、組内難渋之廉々左之通書取歎願仕候間種々心配仕、右ニ付而者大黒屋吉右衛門代弥兵衛種々心配一際骨折之廉も有之、右願書左之通

乍恐以書付奉伺上候

一此度株式再興之儀被仰渡難有仕合奉存候、右ニ付新規加入相願候者六拾三人御座候処、右之内拾弐人儀者望無之旨再応申上相除、三拾五人儀者金高少分ニも有之候間仮組ニ被仰付、残り拾六人儀者名主衆御立合ニ而仕入金高書上ケ仕候処、四月晦日私共拾六人之内松居久左衛門（ママ）・佐野屋長四郎儀、古株之者同様調印被仰付、引残拾四人儀仮組之内江御加入ニ付、十四人之内ゟ彼

是申聞候得共、私共ニ而子細相訳り不申候
　但右両人仲間相成候共、此度之儀者別格ニ而、私共同様従来之仕来相守候様申談候而も如何可有之哉与奉存候、当人儀唯今迄折入而相談等無之候
一仮組被仰付候者并古株江加入之者、私共従来之仕来相弁不申、御当地打越在方行荷物等取次仕候而者、御府内之衰微ニ可有之与奉存候、既先年御差止ニ相成候程之御儀ニ御座候、其子細者元来上方表ゟ積取候荷物、凡半分者関東在々・奥羽等江卸売仕候、都而三ケ津共其土地計之売買ニ者無之御座、諸国立用之利合を以相続仕候儀与奉存候
右様元筋ニ者心附不申、今般名主ゟ申渡有之候仕入高出精之廉ニ相当り候様之心得を以、万一右取次荷物仕候者御座候而者、私共ニ不限商人共一同衰微ニ至り可申与心配仕候間、此段仮組之者江も心得方被仰付有之候様奉願上候
一加入人相撰候心得者、仕入金而已ニ者有之間敷与奉存候、右子細者国々織元買次之儀者、私共持分も同様厚く世話致し、地場永久之儀を心懸、且又得意先之儀者売子与唱候位之事ニ御座候間、実躰ニ而不如意ニ相成候者取潰候様之儀者不仕、引残売懸等置居ニ致遣し、持店同様之姿ニ而為取続候儀間々有之候処、新規之者売法相乱し株ニ仕度、一旦之欲心を以元方買荒し、得意先せり売勝手次第ニ仕候ニ付、双方共不実成行御覧も可被下候通、私共儀衰微者仕候得共、全古くゟ御府内ニ住居仕候御蔭を以相続仕難有奉存候、此理合を以相考候得者、相庭懸引ニ相拘り候米穀其外与者大ニ相違仕候
　依之一時大行手広之者計称美仕候儀ニ者有之間敷、根組より丈夫ニ而壱人之利益ニ不相溺、実意第一之者加入為致度奉存候
一新加入之者仲間規定者勿論、都而組内熟和不仕候而者取締向并直下ケ御趣意之節、行届申間敷与奉存候
乍併此度之儀者御上様ゟ被仰付候御儀ニ付、別段之事ニ有之候哉難計奉存候間奉伺上候
右ニ付従来之儀別冊ニ而奉入御覧候、可相成者一同行届候様仕度奉存候、右規定之内万一不承知之者有之、奉懸御苦労候而者恐入候間、私共勝手ケ間敷廉

者相止メ申度奉存候間、以御慈悲御一覧之儀奉願上候

一加入之者私共組内旧来より之振合ニ御座候間、表長暖簾ニ仕白子組木綿問屋与相見へ候様仕度奉存候、小躰ニ引込候而者不景気ニ相見可申と奉存候

一仮組ニ被仰付候者之内、心底者地廻り木綿別株御取立之儀願立仕度儀与奉存候、地廻り手近之場所ゟ取締相乱多人数ニ而買立候時ハ、上方表江も押移り元流行ニ相成、惣躰之木綿直段引上可申与奉存候、依之二様ニ相成候而者難渋仕候、私共同様規定相守船手世話者勿論、取締向心掛ケ候者加入相拒候筋ニ者無之、只々海難之愁も無之地廻り木綿別株ニ被取抜候而者、且船方世話等も張合無之行届申間敷と見越候儀ニ者御座候得共心配仕候

一諸国買次之者御府内江出見世或者分家等差出し問屋江相加候而者、得意先気請ニ茂相拘り難渋仕候

前書之通正路之心得を以書取候得共、愚昧之了簡故混雑仕候間、勝手之儀曲而申上候様御推察御座候而者重々恐入奉存候、手薄之者共ニハ御座候得共、以御蔭

何れも上方住宅仕り、手代任ニ而家業相続仕候程ニ相成難有奉存候間、中々以不筋勝手等之歎願仕相頼可申主人共ニ者無之候間、くせ付候勝手之儀者以御慈悲御教諭被成下置、従来之通仲間内取締相立、猶又此度仕入金高書上仕候者之内、身元相応之者も相残り有之候間、御目鑑を以私共同様問屋職被仰付、船手世話等仕候様相成、関東問屋与申新規別株願筋御取上ケ無之、安穏ニ問屋渡世相続方相成候様、偏御仁政之程奉願上候、以上

前書之通案内出来仕候ニ付、御願奉申上候積之処、七月十一日御配符ニ付御役所江被召出、御書付を以被仰渡候、然ル上者組内一同之存寄も不願而相達、怖敷迄難有奉存候ニ付、不用之文ニ者候得共記し置候事

口達書

一此度問屋組合之儀文化以前之通再興被仰付、現在人数名前帳取組候上者弥和融致し、丑年後商売相始候者者別而前来渡世之者江相親しミ、前来之者共も新古無隔

睦合渡世可致事
　亥七月十一日
右之通被仰渡、且又旧記商法品潤沢直段引下ケ方之儀、
書上候様被仰付候
　木綿問屋商法書上
　　白子組木綿問屋
　　　惣代
乍恐以書付奉申上候
一今般世上御救以御趣意諸問屋株式再興、諸品潤沢直段
引下ケ方被仰渡奉承伏、且又七月十一日被召出新古無
隔睦合渡世可致旨并私共仲間旧記商法等奉申上候様被
仰渡、冥迦至極難有仕合奉存候、依之乍恐私共仲間旧
記商法、猶又品潤沢直段引下ケ方心得之儀左ニ奉申上
候
　旧記抜書
一私共仲間之儀三拾軒組と申、通町組・内店組二組同様
之渡世向ニ而、呉服・木綿・操綿・小間物諸色類国々
元方ゟ直引請仕問屋商売仕来、明暦三酉年大火之節右
品々直段書上ケ被仰付、寛文五年巳四月絹・木綿壱反
を弐丈六尺ニ被仰付御請奉申上、其後御調又者直下ケ
御趣意数度被仰渡、元禄年中私共組内通町組之内、大
坂屋伊兵衛与申者十組与申名目組立、取扱仕候ゟ追々
極り方相付、且又金銀御吹替後金壱両ニ付、銀四拾七、
八匁、銭三貫七百文位之取引ニ而、諸品元直引上ケ甚
高直ニ相当一同難儀仕候ニ付、私共始十組一同ゟ元禄
十二年、町御奉行所江小判六拾目通用之儀奉願上、同
十五午年売掛金一同相対済被仰出候節、私共問屋之儀
薄口銭之儀ニ付、年月ニ不拘御裁許被仰付、享保六丑
年新規仕出し物御停止被仰渡、悉御調之上御入用拾五
品御定被下置、私共儀者三拾六番組木綿操綿問屋ニ被
仰付、猶又右両品之儀者御規定物拾弐品之内与申伝、
毎月高瀬船入津帰帆之節積入候荷物出入員数并白木綿
相庭書上ケ被仰付、宝暦年中大伝馬町組ゟ木綿荷物
国々元方ゟ直引請致候者、不残大伝馬町江引越渡世仕
候様出訴之節、御吟味之上私共儀往古ゟ書上ケ仕問屋
職仕来候ニ付、拾八軒仲間与御裁許之上相立、文化二

丑年中大伝馬町組・私共両組ゟ、諸国織元ゟ木綿荷物直引請仕候者御差留之儀奉願上候処、願之通取締被仰付、其後御両札頂戴仕候儀ニ御座候、誠ニ以旧来奉蒙御国恩渡世相続仕難有仕合奉存候

仲間掟　　此段古帳面之通ニ付略之

私共仲間ニ而取扱候品

一木綿類不残并麻布・糸入嶋木綿

但シ右之内麻布之儀者外組ニ而も御書上ケ仕取扱候得共、木綿類之儀者木綿問屋両組ニ限古来ゟ直引請仕候

一仲間内江加入之者有之節者、身元為証拠金千両ゟ三千両位迄之地面沽券状双方立合封印之上、仲間江預り候仕来之事

但地代上り徳分之儀当人江請取候事

（下ケ札）
「本文沽券状之儀、今以加入人身元組柄ニ釣合セ度奉存候迄ニ而、仲間江上リ高等壱銭も請取筋ニ者無之、出火其外之節大切ニ持退候ニ付、手数相懸迷惑之事ニ有之候得共、右様無之候而者手薄之者も仲間入仕、織元買次者勿論仲間江も損毛相懸ケ、不取締ニ相成候而者難渋仕候、尤古来ゟ於御当地私共同様奉蒙御国恩候而慥成者ニ御座候ハヽ、右躰損益ニ相拘り不申預り物ニ有之候間、何通ニ而も差出可申筈与奉存候、私共儀も右様迷惑之預り物、永年行事元江差置可申所存ニ者無之候、町人之身上者融通を以上手ニ操廻し、随分大前ニ見せ懸候手段恐乍如何程も可有哉ニ奉存候、右謀計を以引荷等被致候而者難渋仕候間、証拠物相拒ミ候もの程猶々相預り申度奉存候間、沽券高も相談之次第も有之候儀御座候

一白子表手船之儀者組名ニ唱候程之儀ニ付、大切ニ心掛ケ新艘造立并作事入用等家別割出金之事

一仲間加入人廻船所持ニ候ハヽ、右白子船之内江差加可申、所持無之候者ハ新艘造り立候共、当時船々有姿相当出銀致候共仕勝手候仕来之事

但金子ニ而差出候分者預り置、新艘造立之節相用候事

一菱垣廻船積方名目之儀者内店組・通町組ニ有之候間、当白子組江加入之上者右両組之内江加入いたし、十組積合江相加り候、右ニ付別段手数等相懸り候儀無之候事

一右菱垣廻船之儀先年者不正之筋度々有之、両組之儀者金高之荷物故積方不安心ニ付別段相預候得共、不容易儀ニ而相立不申、右ニ付嶋極印役相勤候様罷成、依之追々廻船造立厚ク世話致遣候ニ付、其以来不正之筋又者疑惑之廉も無之候、右ニ付而者家別ニ名分之出金も有之、速ニ難行届当時衰微ニ至り候得共、今般株式再興被仰付候上者是又古復致候様心掛ケ、右極印役勤方出銀筋共銘々同様之事

　但右ニ付只今出銀之儀無之候事

一十組大行事役順番并諸廻船共難波船之節、浦方改役順番を以相勤候仕来之事

一御公用者勿論船手諸相談等之節、当人支配人次役或者出店之者罷出候事

一春秋参会・臨時寄合等刻限之通出席致候事

一諸国仕入元之儀直段引下ケ方之節行届候為、相定置候買次之外猥ニ取引不相成候取極之事

一三尾州始都而仕入金之儀者、買付為替・積付為替或者前金ニ貸遣候儀間々有之候事

一海難者庭離与申難船損之儀、買次方庭先相離候後者銘々引請之事

　但送り荷物之儀別段之事ニ者候得共、買次立行候様慈愛を以取計来候事

一荷物積方之儀者定法も有之候ニ付、新規之積方一切不相成候事

一無株之者江貸名題打越荷物取次候儀決而不相成、両組規定ニ有之候、万一右躰之儀有之節者仲間相除可申取極之事

一諸家様御国産之儀、姫路両会所之外直買一切不相成候、外御国産之儀者両組古来より之定法有之、壱人立直買決而不相成候事

一見世構之儀内店組者長暖簾、通町組者太鼓暖簾往古ゟ之仕来ニ有之候間、古格之暖簾相用表格子戸又者小躰ニ引込居候而、相庭懸引〆買〆売等一切不相成取極之事

一木綿直段之儀者綿作之凶豊ニ随候義を、元方江出買いたし相庭くるハせ候儀有之節者仲間相除可申両組申合之事

一仲間加入人振舞之儀組柄相当ニ取計、其節三尾州始国々買次江加入之段通達之書状相認置、当人江一覧為致候事

木綿荷物潤沢方心得之儀奉申上候

一近来御国産追々御当地江直廻しニ相成、大坂表衰微之由尤之事与奉存候、私共儀も羅物同様ニ而当座之小用者弁候得共、仲買同前之姿ニ相成難儀仕候間、産物取扱人ゟ当組家別江相対取引之儀者姫路様ニ限、其余御国産之儀者不残入札払ニ而、高直之者江引請問屋定法ニ有之候、此段仕来之通仕度奉存候

一三ケ津商人共之外、在々之儀者農業之傍ニ商内致候ニ付、三ケ津問屋共方江相懸り売買仕候而可然哉ニ奉存候、然ル処諸家様方御国産者御入用之由御申立、京・大坂表之手を御抜ニ相成、関東在々之商人共者江戸表江相懸り不申、上方織元江罷越直仕入仕、御当地相越直々引請仕候而者、此末如何可相成者心痛奉存候処、今般問屋株式再興被仰付、誠ニ以町人共御救之御趣意与難有仕合奉存候、乍恐御府内問屋共江相懸り仕入方仕候様相成候上者、問屋共計之利益ニ而者無之、諸人一同之潤ニ可相成と奉存候、何卒以御仁政旧来之通、御当地打越荷物并浦賀揚荷物在方ニ而直引請不仕候様、取締方被仰付被下置候ハヽ、十分ニ仕入方行届、御府内ニ諸品潤沢可仕与難有仕合奉存候

一諸国廻船取締方厳重ニ無之候而者一同危踏候ニ付、積取方十分ニ者行届申間敷と奉存候、廻船方之儀も古復仕候様ニと奉存候得共、組内人少ニ相成行届不申候間、私共組内江釣合候身元之者加入被仰付、宝暦年中御定被成下置候十八人株之姿相残候様奉願度奉存候、然ル処此度組内江加入相望候仮組之内ニ者手薄之者茂相見、殊ニ大伝馬町組江加入之儀手重ニ相心得、頻ニ私共組内江而已加入相望候段、甚以不安心ニ奉存候、依之問屋相応之身柄之者、古株之私共方江折合商法相守可申旨示談之上、加入之儀奉願候様相成候得者、廻船方世話相談も行届可申、然ル上者如何成辺鄙之品ニ而も無

差支沢山ニ運送仕候様罷成、諸家様方御用者勿論在方迄も聊不自由無之、諸品々潤沢可仕与奉存候
一仮組ニ被仰付候者共私共従来之仕来相弁不申、御当地打越荷物取次等仕候而者、御府内之衰微ニ可有之与奉存候、既先年御差止ニ相成候程之御儀ニ御座候、乍恐右者上方表ゟ積取候荷物凡半分者関東在々・奥羽等江卸売仕候、都而三ケ津共其土地計之売買ニ者無御座、諸国立用之利徳を以相続仕候儀与奉存候、右之処江者心附不申、今般之御趣意金高出精之廉ニ相当候様之心得を以無会釈買立候而者、相場も引上ケ商法相乱可申与乍恐心配仕候
一加入之者商内金高ニ順内実相応無之候而者、組内不取締ニ可相成と心痛仕候、元来国々織元買次之儀者、私共方持分も同様厚く世話致遣候向も有之、織元永久之儀を心懸、且又得意先之儀者売子与申候程之事ニも御座候間、実躰ニ而不如意ニ相成候者取潰申候様之儀者不仕、引残売懸等置居ニ致遣し、持店同様之姿ニ而為取続候儀も間々有之候処、近来相始候商人共株ニ可致ため右等も勘弁無之、得意先江入込糶売等勝手次第ニ仕候ニ付、双方共不実ニ成行、荷高御調ニ而御覧被下置候通、私共儀衰微者仕候得共、全御府内ニ永住仕候以御蔭相続仕難有仕合奉存候、さ候へ者相庭懸引而已ニ相拘り候米穀其外与者大ニ相違仕候、仕入金高之儀も多分ニ無之候而者不相成候得共、一時大行手広に仕候者ニ而者安心不仕候
一仮組之者万一地廻り木綿別株願立仕、御取上ケ被成下置候時者、近国木綿取締方相乱上方表江も押移、惣躰之木綿直段引上ケ可申与奉存候、且又海難之愁運賃諸懸り物等無之地廻り木綿別株相立候而者、廻船世話方行届不申、諸品々潤沢仕間敷与乍恐奉存候
一諸国買次之者御府内江出見世或者分家等差出、問屋江相加候而者得意先気請ニ茂相拘り難渋仕候
前書奉申上候内、乍恐御取用被成下置候儀も御座候ハ、、諸国木綿直段引下ケ方御趣意之節行届方者勿論、諸廻船共取締方宜相成弥以安心積引可仕候、然ル上者町人共取扱候万物共御府内ニ潤沢仕、問屋株式永続之基と一同難有仕合ニ奉存候、以上

白子組木綿問屋惣代

通壱町目家持白木屋彦太郎京都住宅ニ
付店預人庄兵衛煩ニ付
代　太　七
本町四町目家持柏屋孫左衛門京都住宅
ニ付店預り人嘉七煩ニ付
代　甚　四　郎
本石町四町目家持大黒屋三郎兵衛京都
住宅ニ付店預り人和兵衛煩ニ付
代　治　兵　衛
本石町四町目家持伊豆蔵屋吉右衛門京
都住宅ニ付店預り人新兵衛煩ニ付
代　半　兵　衛
通油町家持大黒屋吉右衛門京都住宅ニ
付店預人利七煩ニ付
代　弥　兵　衛

嘉永四亥年八月

（一五）弐番　再興越後縮出稼人熟談仕法帳

以書付奉申上候

一呉服物之義者惣体蚕を以織立候品ニ御座候所、近来生糸之元方高直ニ有之、其上一昨亥年ゟ引続蚕違作ニ而呉服物直段追々引上候得共、当春以来生糸相庭之釣合ニ而者呉服物之方三分方之下落ニ御座候、右者取扱候渡世人共気配而已ニ而自然引下ケ候義ニ可有之奉存候、然ル処呉服屋取扱品之内越後縮之義者唐虫与申苧を績織立候品ニ而、蚕程年々之甲乙無之品ニ而格外高直ニ相成候謂無御座候、全多人数ニ而買進ミ元方引上候事ニ御座候、既ニ去ル十四、五ケ年以前与此節与相庭ニ引競候得者、縮壱反ニ付拾五、六匁、弐拾匁、上物ニ而者三拾匁方高直ニ相成申候、右者去ル丑年以来取扱候商人夥敷相成候故之義ニ御座候、然ル処一昨亥年之人気ニ而者問屋再興被仰出、問屋之外直売買不相成様心得、諸国之商人元仕入之義者怪踏仕入高薄く候故諸品下直ニ相成、別而越後縮下落致候得共、去子年ニ至候而者以前之姿ニ心得取扱候故五、七分方引上ケ、当年ニ至候而者再興如以前之糶売之もの増長致シ、右故壱割弐、三分方高直ニ相成候得共、私共仲間ニ而縮而已相休候義も相成兼、無拠年柄之相庭与名付売買仕候得共、此侭ニ差置候而者弥々増長致し元方引上候者眼前之事ニ而、此上引上ケ候様成行候而者私共仲間一同奉恐入候、右申上候通無謂人情気配より高直ニ相成候者顕然之事ニ御座候間、越後縮商人共当節夥敷出府直売捌方仕候事ニ付、国々出商人之分当月限直売御差止被仰付、都而去ル亥年十二月廿七日御触面之通、御府内之義者私共仲間一同申合出情売捌方仕度奉存候、来寅年売捌新織縮之義者私共仲間ゟ彼地買人差遣、当盆後早々買初メ候ニ付、其以前越後・信州之商人共江再御触被為達候様仕度奉存候、右者越後縮莫太之高直ニ而再興被仰出候御趣意ニ相振候様奉存候ニ付、此段御伺奉申上候、何卒御賢慮被成下候様奉願上候、以上

呉服問屋行事

麴町五丁目与右衛門地借
枡屋九右衛門江州住宅ニ付
店支配人
久右衛門

嘉永六丑年六月十七日

本石町弐丁目家持
近江屋五郎兵衛江州住宅ニ付
店支配人
三左衛門

長谷川町太兵衛地借
金川屋忠兵衛

（朱筆）「右之通相認六月十七日亀之尾席熊井氏江差出候得者、旧記書類取調持参致候様御談ニ付、同廿日寄合ニ而旧記取調候処、文化十一戌年縮一件済口対談為取替証文壱通并十組頭取杉本茂十郎江差出候享保之度ゟ文化以前仕来始末書壱通右を持参、廿二日亀之尾江差出候、尤別紙口上之覚左之通相認相添差出申候」

口上之覚

一越後国魚沼郡者辺鄙之土地ニ而御年貢上納ニ差支、家別女子之業縮を織出し、国郡之内十日町・小千谷・堀之内右三ケ所之市場江持出売捌候所、追々越後縮流行仕候ニ付、御運上与して縮壱反ニ付銭五拾文ツヽ上納被仰付候義ニ御座候、其後三ケ所市場之商人五、七人御当地江出府、右御年貢申立御武家方町方江直売相初候処追々捌ケ口宜候ニ付、私共仲間江熟談之上口銭差出直売仕候得共、其砌者出商人之分少人数ニ而取締も相附有之候、且私共仲間ゟ彼地買入之義者三ケ所市場買次之者人数相定、右を以買入方仕罷在国方・御当地取締相附候得者、年柄ニ而少々宛之相場高下有之候得共、目立候程之高下も無之穏ニ渡世仕罷在候、然ル処去ル丑年手広之御沙汰被仰出候後者国方買次定之人数も相崩れ、其外御当地直売之族夥敷相増、其外隣郡信州辺之百姓農業ヲ捨置、彼地直仕入致し出府直売致候族是又夥敷、其余御府内ニ者私共仲間之外小売呉服屋共向々江注文申遣銘々勝手侭之買入方致候故、自然買進ミ高直ニ相成申候、然ル処魚沼三ケ所市場之商人出府直売之者共近来相庭直段ニ不拘高利を貪、御当地身薄之者共江半季限ニ貸付、右滞之者共を者口々相手取御勘定御奉行所江奉出訴候処、御年貢之訳を以厳重済方被仰付候、右ニ付隣郡隣国之素人共銘々魚沼郡之者共ニ引合を遂ケ、魚沼商人之名目を借り又者召仕之趣ニ仕成し、帳面等も魚沼郡之名目を付ケ右帳面ニ而武家方・町方迄貸付置、相滞候節者一纏ニ帳合いたし、魚沼郡百姓之趣ニ而数口相手取奉出訴候段不正之仕組ニ御座候、右御年貢者縮ニ而相納候ニ者無之、御年貢之内半分ハ金納ニ而上納致し、右金子者縮代を以相納候を申立ニ仕候由、其外織元之百姓壱反ニ而御運上銭五拾文ッ、其村割元庄屋方江相納候義ニ御座候、右躰出訴仕候者共者魚沼郡之者者勿論、隣郡隣国之商人ニ而、縮ニ付御年貢者勿論御運上等相納候者ニハ曽而無之候、然れ共御当地ニ而借請候者共方江者少々之土産物持参ニ而罷越候ニ付、其当人深節之様ニ心得近辺之者同長屋等江為知合口請合等致し、五割・七割高直之品ニ者不心付当座之事ニ心を寄せ、五・六ケ月之間借請其後九月、十月頃冬物手当之時節ニ至り、魚沼近辺之素人ゟ被相手取及難渋候者不少歎ケ敷事ニ御座候、魚沼郡之外隣郡隣国之出商人凡五、六百人、魚沼之商人弐百人程ニも有之候、右魚沼郡者御料之百姓、殊ニ御年貢縮為売捌出府与偽り権威ニ懸ケ法外之人気、中ニ者信州諏方郡之百姓ニ而六、七十人之売子ヲ抱置為売捌、又者御当地ニ妻子を持住居羅呉服渡世いたし罷在、売懸滞候者者呉服代金共一纏メニ出訴仕、其節者魚沼郡之百姓ニ相成候族も有之紛敷事共及承候、右様多人数御当地江入込我儘増長候を此儘差置候ハヽ、此上何様高直ニ相成候も難計、第一再興被仰出候以来諸品下落之御趣意ニ相振れ奉恐入候間、越後縮取扱候出商人之分人数不残御差止被下置候様奉願上候、越後縮御府内売捌之分者私共仲間ニ而取扱捌方仕候得者顕然下落仕候義ニ御座候間、此段御賢慮被下置何卒以御慈悲本文願之通御聞届被成下候様奉願上候得者、縮直売之旧記書類取調申立候様被仰聞候所、去ル文化十一戌年中右旅人宿并旅人共相手取、南御番所様江奉出訴候節、内済対談書為取替置候得共不取用候ニ付、其後度々奉出訴候得共去ル戌年対談之趣を以其時々内済仕候、右者取締も相附候時節ニ而も不取用乱妨之人気ニ而、此上熟談等難相成奉存候間、右対談書之写奉入御覧ニ候得共御取用不被下候様奉願上候、且又享保之頃ゟ明和之頃迄之旅商人弐拾人程ニ而、壱人ニ而縮三、四拾反持参私共仲間江買取、不向残り之分者旅人共知音之者江壱、弐反売渡候義者格別、其余勝手儘之直売仕候義者無之仕来ニ而御座候、右享保ゟ文化以前之仕来調書之写奉差上候間右を御取用被成下、御府内直売不仕候様被仰付被下度、兎角来寅年ゟ下落之仕法相立申度、国方其外響之ため当月限旅商人直売御差止被成下置候様偏奉願上候、以上

丑六月　　　　呉服問屋行事

（朱筆）「右者六月廿二日旧記本書持参ニ而亀之尾江罷出候所、当日熊井氏御出勤無之、同廿七日尚又罷出入御覧ニ候得者慥成書類之由被申聞、右之写早々認メ当席江差出候様并前書伺書ハ西之内竪紙舘役所之宛ニ書取、口上書ハ半紙竪帳ニ認メ、其外旧記書類写取差出候様御談ニ付、同廿九日亀之尾江差出置其段熊井氏江相届候得者承知いたし候段被申聞候并福嶋氏江も相届候事

旧記之内文化十一戌年縮一件内済為取替証文者取用ニ不相成趣申立候ニ付此帳ニ控不申、享保後仕来之書物者已来取用ニ相成候様申立候ニ付左之通」

（朱筆）「旧記写」以書付申上候

一呉服問屋行事枡屋九右衛門外両人申上候、越後国ゟ旅人共御当地ニ而縮商仕候趣、私共仲間之者共渡世ニ相障候ニ付今般御訴訟申上、右旅人共被召出追々御吟味被仰付候段難有仕合奉存候、依之右旅人共前々於御当地商仕候手続等之義、委細御尋被成候ニ付左ニ申上候

一越後国縮之義古来之義者織出シ之義至而少く趣ニ而、同国百姓之内織元ニ而五反、拾反位も買請御当地江持出、私共仲間之者共方江持参り候ニ付買取、尤旅人共知音之者江者一、弐反宛売渡候由、尤人数之義も至而少き趣ニ有之、右ニ付仲間之者共義右旅人共例年新縮持参致候時節、板橋宿辺迄出迎等之者差出懇意ニ致し、持参候端物買取候義ニ御座候処、凡九拾五年以前享保八卯年之頃、右御当地江罷出候旅人弐拾人位、反数之義も壱人前五反、拾反位之義ニ候処、御当地ニ而越後縮追々望人も多く相成候ニ付、同卯年同辰年之頃ゟ私

共仲間内之者共方ゟ彼地江縮反物仕入ニ罷越買取、又者彼地之者共江買次対談仕買請、并已前ゟ御当地江罷出候旅人共も前書之通持出私共仲間之者共江買取、并右旅人弐拾人程之内知音之者共江も壱・弐反ツ、売渡候趣ニ御座候

但本文享保年中之義、於越後国縮織出し御運上之義、同国小千谷・十日町・堀之内・小出・補(浦)佐・六日市・塩沢右七ケ所ニ而年々入札之上金高相定り、凡金六拾両位之趣ニ有之候趣ニ御座候

一右之通ニ御座候所右旅人弐拾人程之者共持出候反数追相増、五拾壱年以前明和三酉年頃者壱人前凡三、四拾反位持出シ私共仲間之者江買取、勿論知音之者江も壱、弐反宛売渡候趣ニ御座候所、其余尚又人数も相増、凡弐拾年以前寛政七卯年之頃縮商人人数凡五十人程ニ相成候趣ニ而、尤反数之義も五、六拾反位も持出、追々直世利売渡候趣ニ御座候

一拾四ケ年以前享和元酉年之頃ゟ右旅人人数・反数共追々相増候趣ニ御座候所、尚又九年以前文化三寅年三月中大火後同年夏中俄ニ右縮旅人共人数相増、せり売之義者不及申追々呉服もの渡世之者共江も一口ニ反数売渡候様相成、尚又年々増長仕誠以私共渡世ニ重々相障、難義至極仕候義ニ御座候

但越後国ニ而御運上之義、当時縮外六品ニ而都合金高千八拾両之趣ニ付、当時之義縮反物御当地者勿論外国々江も流行仕候ニ随ひ、織元ゟ反別ニ運上割合差出、私共仲間之者共右国元江仕入ニ罷越并彼地之者買継為仕買請候反物、又者織商人共江も一統ニ右運上反別ニ差出候義ニ付、織元反数相増候迚縮旅人共於御当地直売可仕義聊以無之義ニ御座候

一私共仲間之内当時越後国江仕入ニ差遣候者共名前左之通御座候

呉服問屋之内

越後屋八郎兵衛

白木屋彦太郎

蛭子屋八郎左衛門

枡　屋久右衛門

大丸屋正右衛門

近江屋甚兵衛

右之通ニ御座候、右之外仲間之者共義彼地買次之者江対談いたし買取候義ニ御座候処、前書申上候通御当地江罷出候旅人共当時人数五百人位も有之趣ニ而、大造之反数持出し直売仕候ニ付、右仕入仕候者共も買請方甚差支、仕入仕候者も追々相減候様相成難渋至極仕、旁今般御訴訟申上候義ニ御座候間、古来之趣見合人数弐拾人位、反数壱人前弐、三拾反位知音之者共江旅人共売遣候義者私共内々勘弁仕可申候得共、此節旅人共当時人数四百人余ニ候得共、以来御吟味中居残り候人数百拾五人ニ而、如古来反物商ニ相限り可申趣御吟味之上申立候、此義右申立而已ニ而者際限も相分り不申候義ニ付、取締之義懸合罷在候義ニ御座候間、此上何分私共仲間之者共一同御慈悲之御沙汰被成下候様御取扱可被下候

右御尋ニ付書付を以申上候、以上

戌七月　　呉服問屋行事

枡屋九右衛門代

専右衛門

槌屋幸助代

十郎兵衛

松坂屋八助代

兵右衛門

杉本茂十郎殿

下ケ札

本文縮旅人共儀、御用縮・御三家様・御三卿様其外御大名様方江相納来候趣等も申立候、此儀御用縮之義、御召御用之義者御当地彼地とも呉服師御用所ニ而相勤、売物ニ拘り候義ニ者無御座候段承知仕罷在、其外御三家様・御三卿様・御大名様方之内旅人共訳立候義ニ而縮旅人共相納候共、右之分御用残売物ニ相成候類等旁問屋共方ニ而取締等対談不仕候而者一体江響キ猥ニ相成、呉服問屋共難義至極仕、勿論御大名様方江旅人共無謂相納候様相成候而者、是又一体江響不取締ニ相成候義ニ御座候間、此段も御賢慮被成下候様仕度奉願候、以上

（朱筆）「右之通半紙竪帳ニ写取并文化十一戌年為取替証文之写とも相添、舘御役所江差出候、尚又懸り名主衆江も同様差上候事」

以書付奉願上候

一呉服問屋行事共奉申上候、越後縮直下ケ之義ニ付当六月中奉願候所、此節私共仲間ゟ来寅年夏売之縮彼地江買入差立申度奉存候、右ニ付先達而奉願上候通、御当地ニ而旅人共糴売之義御差止被仰付、享保之度ゟ仕来之仕法ニ被仰付被下置候様仕度、此段乍恐御伺奉申上候、以上

嘉永六丑年八月

呉服問屋行事

麹町五丁目

升屋九右衛門江州住宅ニ付

店支配人久右衛門煩ニ付代

弥右衛門

長谷川町

金川屋忠兵衛

本石町弐丁目

近江屋五郎兵衛江州住宅ニ付

店支配人三左衛門煩ニ付代

伊兵衛

舘御役所

（朱筆）「右者八月十二日亀之尾江持参懸り名主へ可差出心得ニ候所、当日名主衆御出勤無之、翌十三日福嶋氏江持参差出候得者、慥ニ請取候旨被申聞候」

一筆啓上仕候、甚寒之節其御地各様御壮健被成御座珍重御儀奉存候、随而当方無異罷在候間御安意思召可被下候、然者御地産物縮御府内直売之義者、去々亥年十二月素人直売不相成其筋問屋江相払候様被仰出候処、其砌ゟ御当地問屋方ニ而相調直売無之様可仕筈之所、左候而者出府多人数之もの被及迷惑候ニ付成丈ケ見合罷在、然ル処当夏夥敷人数出府ニ而素人江直売いたし、此儘捨置候而者弥々増長高直之基御趣意ニ相振、問屋一同奉恐入候間此度相談之上、来寅年より御府内之義者拙者共問屋之外江御差送荷物之分取調方仕其筋江申

立候間、此段聢与御承知被下、問屋之外江送り荷無之様早速御仲間江御示談被下度、此上右之類有之候而御迷惑之義も難計奉存候間前広御引合申上候、御熟篤被下其外取扱候向々江も御達置可被下候、右御達申上度如斯御座候、恐惶謹言

江戸呉服問屋
槌　屋三四郎
大丸屋正右衛門
布　屋宇兵衛

十二月五日

越後十日町
上村藤右衛門様
蕪木孫右衛門様
根津五郎右衛門様
蕪木八郎右衛門様
青山喜兵衛様
樋口幸次郎様
〆壱通

同堀之内
宮　忠右衛門様

宮　治兵衛様
宮崎理助様
〆壱通

同小千谷
吉右衛門様
小平次様
沢右衛門様
〆壱通

同頸城郡
佐右衛門様
三代吉様
〆壱通

同柏崎町
常吉様
太七様
才兵衛様
八五郎様
〆壱通

柏崎亀七ゟ被遣候書面之写

一今般株式再興被仰付候ニ付、去丑年十二月中御文通被下候後も度々御請有之、尚又去々亥年十二月中御奉行所様ゟ被御渡御触書面写此度御渡之上、縮直売不相成義者文化・天保両度之一件ニ拘り候義ニハ無之候間、其以前之振合を以掟与取極可申段再応被仰聞、逸々御尤之義与承知仕候得とも、私共義国産之縮持参御当地ニ罷出商いたし候義者寛永年中ゟ之儀ニ付、此度之御触面ニも不相振、私共家業も永続相成候様御取計願上度趣中立置候所、去ル十七日御集合之席江被召呼、私共願筋存意之趣逸々口上書ニいたし差出候ハヽ、問屋中打寄御相談可被成旨被仰聞難有承知仕候ニ付、私共心得方左ニ申上候

一第一問屋様方初私共仲間家業向差障ニ相成候義ハ、先年株仲間御停止被仰出候以来、外国ゟ罷出候商人共越後縮商与唱多人数罷出専渡世いたし、或者私共仲間之内ニも当座之利欲ニ迷ひ、外国之者江名前貸遣召仕之由ニ取拵候族も相見得候、就中信州諏訪村金蔵与申者者越後十日町組之内助三郎召仕之趣申唱、右金蔵并藤四郎両人ニ而召仕五十人程召連、東仚・西仚与印を附東西ニ分ケ大行ニ渡世諸方江手広ニ貸商いたし売乱候故、古来ゟ罷出候越後縮商人共自然与得意ヲ被奪取、渡世手薄ニ而甚以迷惑難渋仕候間、可相成者此度人数名前相改右様猥之義無之ため、問屋様方御取計を以焼印附之名前札御渡被下候様ニも相成候ハヽ、私共仲間ニおゐても合判いたし、已来紛敷取計不致様相改申度、左候ハヽ、取締方も宜敷可有之与奉存候

一右様御取極ニも相成候ハヽ、口銭与不相唱候共、名札改入用与号相当之冥加差出、向後取締方崩不申様仕法相立候ハヽ、問屋様方御為筋ニも相成、且者被仰渡御触面相背申間敷哉与奉存、次ニ者私共仲間猥りニも不相成、年来仕来候渡世永続ニも相成可申哉与存候間、御差図ニ随ひ私愚案之存意口上書差出申候間、何れニも御相談之上御勘弁之御取計願上度、尤最早時節柄ニも近寄候ニ付思召之次第早々国方江も申遣度候間、いつれニ茂早速御沙汰被成下候様奉願候、以上

柏崎惣代

嘉永七寅年三月　亀　七　印

外百九拾四人一同

尚々右願之通万一不承知之もの有之候ハヽ、人数之内相除申候間、左様御承引可被下候

呉服問屋

御行事衆中様

一縮直売差障一件三月廿四日再興懸り役頭江内々相伺候、并願人名前之義ニ付三河屋ニ而寄合いたし、当月筆頭白木屋店ゟ同店与江御頼ニ相成、外壱軒之義も種々相談仕候得共伊豆吉店ニ而も縮取扱も無之由被仰、願人弐人ニ相成り候得者入用ニも相拘り候間、近与店御一人御願立之義先月行事・来月行事ゟ相頼、依之近与店与相極、支配人代ニ者書役久兵衛差出候方可然旨申談、同日支配名主村松源六殿江五人組平助殿同道、久兵衛願出訴状下書御覧ニ入候所、何れニも書類も持参、廿五日夕ゟ通三丁目ことふき与申水茶屋江罷出、其節否可申旨仰聞候、則右ことふき江久兵衛其外罷出候所、篤与御調有之弥々明廿六日出訴之筈ニ被仰聞候

一廿六日出訴名前差出之写

初而御訴訟

呉服問屋惣代

富沢町家持

近江屋清三郎

京都住宅ニ付

店支配人与市煩ニ付

代

一家業差障出入

願人　久兵衛

五人組　平　助

本石町弐丁目旅人宿

家主重兵衛方ニ止宿罷在候

縮旅商人百九拾五人惣代

越後国苅羽郡柏崎町

百姓

相手　亀　七

寅三月廿六日

（下ケ札）「出訴願書」

乍恐以書付御訴訟奉申上候

一呉服問屋行事富沢町家持近江屋清三郎京都住宅ニ付店支配人与市煩ニ付代久兵衛奉申上候、去ル亥年三月中問屋組合再興被仰出、私共仲間四拾三人再興相成難有仕合奉存候、然ル所私共商躰取扱品下落之仕法追々心懸罷在候得共、越後縮近来元方高直ニ御座候所、別而去夏者格外之高直ニ而御趣意ニ相振、私共仲間一同奉恐入候ニ付追々探索仕候所、縮旅商人近年夥敷人数出府ニ而、小前呉服屋者勿論素人直売大行ニ渡世いたし、不束之売捌方候致段粗承知仕候ニ付、去六月中舘御役所江取締方之義奉願、其後越後国魚沼郡十日町・小千谷・堀之内縮出所之市場并頸城・柏崎之弐ケ所、都合五ケ所縮取扱候旅商人惣代之者方江、去ル亥年十二月国々産物何ニ而も素人直売買不相成旨御触之趣を以文通仕、已来御府内之義者私共問屋之外素人直売無之様、国方取締方為行届度段書状を以申達候義ニ御座候、然ル所当月初旬縮旅商人為惣代、同国苅羽郡柏崎村百姓亀七出府仕、本石町弐丁目旅人宿家主重兵衛方ニ止宿之上申聞候ニ者、去ル天保度寺社御奉行堀田備中守様御勤役中熟談為取替候趣ニ而、旅商人百九拾五人者先前之通直売示談仕度旨再応申出候得共、文化以来之商法ニ不泥与之被仰出、且者御府内之義者私共仲間ニ而取締出情売方可仕心底ニ御座候所、右体多人数ニ而素人直売仕候而者直段引下ケ方等ニ相障候間、去ル亥年十二月被仰出之趣ニ基キ再三相断候得者、願書ニ認メ強而申出候所何分承引相成兼申断候得者、去亥年御触示之義者更ニ相弁無之、且天保度為取替之節出商人百九拾五人者御府内直売仕度、其余之人数者為相止申度、万一聞届無之上者其筋江申立候抔手強申張、市中諸問屋商法申談候而も更ニ不相用、此儘等閑置候ハヽ、弥々増長いたし、元方買荒し縮荷物不締故、直段引下ケ方差障仲間一同奉恐入候ニ付、不得止事御訴訟奉申上候、何卒以御慈悲相手亀七被召出、去ル亥年被仰出候通国産之縮御府内入荷之分者、彼地ニ引合置候買次之者方江引取、其上私共問屋方江相送候様并旅商人多人数出府仕市中素人江直々糶売不仕候様被仰付、国方出商人百九拾五人者勿論其余取扱候者江一同今般御趣意之趣承伏いたし、文化已前之商法取締相守候様被仰付被下置候様偏ニ奉願上候、以上

呉服問屋行事
富沢町家持
近江屋清三郎京都住宅ニ付
店支配人与市煩ニ付代
願人　久兵衛
五人組　平　助
嘉永七寅年三月廿六日
本石町弐丁目旅人宿
家主重兵衛方ニ止宿罷在候
縮旅商人百九拾五人惣代
越後国苅羽郡柏崎村
百性
相手　亀　七

御奉行所様

御月番南　池田播磨守様

御白洲ニ而御直被仰聞ニ者

訴状上ケ置来月三日町可罷出旨被仰渡候、且又御訴所ニ而許状外ニ一通当番所江差出候様前刻被仰付候ニ付、右訴状江訴答見出札いたし御当番所江差出ス

四月三日朝名前差出左ニ
初而公事合
呉服問屋行事
富沢町家持
近江屋清三郎京都住宅ニ付
店支配人与市煩ニ付代
願人　久兵衛
五人組　平　助
一家業差障出入
本石町弐丁目旅人宿
家主重兵衛方ニ止宿罷在候
縮旅商人百九拾五人惣代
越後国苅羽郡柏崎町
百姓
相手　亀　七
寅四月三日

乍恐以返答書奉申上候

一越後国魚沼郡小千谷・十日町・堀之内・同国苅羽郡柏崎・同国頸城郡高田、右組百八拾六人惣代柏崎町百姓

亀七奉申上候、今般御府内呉服問屋行事富沢町家持近江屋清三郎京都住宅ニ付店支配人与市煩ニ付代久兵衛ゟ私江相懸り、国方出商人百九拾五人者勿論、其余市中素人江縮直売羅売不仕様被仰付度段御訴訟奉申上候ニ付、去ル廿七日被召出出訴状拝見被仰付、願人江懸合篤与及示談、若不行届候ハヽ、今三日可罷出旨被仰渡、驚入奉恐入不取敢人頼いたし願人江種々及示談相歎候得共、不行届ニ付乍恐返答書を以御歎願奉申上候

此段私共往古ゟ御府内江罷出国産之縮売買仕候義者、余国ニ稀成大雪国ニ而十月初旬ゟ二月迄之間者日々雪降積、大風吹荒シ、天気之義者稀ニ而、他出も難相成程之極難渋之土地柄故、苗代仕付ケ時節ニ至り候而も、雪弐、三尺堀除種ヲ下し候義ニ付田畑とも実法り不宜、夫食者勿論御年貢等も引足不申、依之若者共九月ゟ十月頃ニ相成候得者、関東筋江酒造方又者日雇稼等ニ罷出候得とも、女共者外ニ稼方も無之候ニ付、有徳成者者羽州米沢・最上辺ゟ唐虫買取村々江貸付、是を以女之手業ニ致し糸ニ取漸一ケ年ニ二、四度ツヽ織立候を買取、御当地江持参売捌来り候義者寛永年中頃ゟ之義ニ而、従来御府内ニ而素人直売仕、右助成を以御年貢足し合親妻子扶助致来候所、文化十一戌年中御府内呉服問屋行事ゟ縮商人宿拾五人相手取、根岸肥前守様御番所江御訴訟申上御吟味中、其節縮商人百拾五人引合与して被召出、尚御吟味之上双方江御利解被仰聞一同奉承伏、夫々懸合之上縮商人人数・反数、惣高之内千五百反者無口銭、其後上縮壱反ニ付四分五厘并代銀拾匁以下之品者平均壱反ニ付壱分五毛宛問屋会所江口銭差出、尤御用縮者勿論御三家様・御三卿様御用之分者通例之売物ニ無之間、右之分者口銭相除已後口銭増等不致、右之外如何様之義有之候とも余慶之懸り物等差出不申候筈、且縮商内古株之もの百拾五人外、已来出人別増減者国許ニおゐて対談之上取締申合候筈、其余夫々規定取極、其以来定之口銭差出安堵ニ渡世罷在候処、天保四巳年ニ至り問屋相対之上口銭五ケ年季相定、一ケ年金百両、外ニ金三拾両者手代良助江差出候筈取極候所、年季切替之節差縺出来、柏崎町百姓弥右衛門外拾人ゟ問屋行事并右良助相手取、同七申年十月中堀田備中守様寺社御奉行御勤役之砌奉出訴、御調中五ケ

所縮商人共義も被召出追々御吟味之上、文化度縮商人百拾五人之外増減之義、国許ニ而申合候筈対談いたし候者争論之基ニ而、取締ニも相拘り不宜候義ニ付、追々加入共八拾人差加都合百九拾五人与取極、已来決而人数不相増、重而紛敷もの不罷出様組毎行事を立取締申合、荷物改方都而文化度議定之通相守、出縮・帰縮とも不正無之様取極可申趣厚御利解ニ基キ、向後不依何事新古無差別商ひいたし聊故障筋無之筈聢与取極済口証文差上、縮商人仲間ニも右之趣規定連印致置、其以来一同相悦罷在候所、去ル丑年十二月中呉服問屋行事槌屋三四郎・大丸屋正右衛門・布屋卯兵衛ゟ居合候縮屋共江文通ニ而、今般株式再興被仰付已来素人直売不相成候ニ付、来寅年より御府内仲間之外江送り荷之分取調仕其筋江中立候間、問屋之外送り荷物無之様、国方仲間一同江急度通達可致旨申越候ニ付、右之趣国許江も早速申遣候処、私義出合中之義ニ付惣代ニ而何様共問屋江示談いたし、已来紛敷縮商人無之様仕法相定、従来仕来候渡世相続相成候様仕度旨申越候ニ付、早速示談可仕与存候所、異国舟渡来ニ付差控居候内、追々渡世時節ニも近付候間当三月ニ至り問屋行事方江罷越、何様ニも問屋衆差図ニ任せ趣意相立候様可仕候間、私共仲間之義者是迄之通無恙渡世相成候様取計之義相歎、其後再三問屋集会之席江被相招、当三月十三日一石橋水茶屋江可罷越旨之呼状ニ付直様罷出候所、去冬ゟ数度懸合も有之候得共、素人直売不相成義者去ル亥年御沙汰も有之義ニ而、此度之義者文化・天保之済口儀定ニ拘り候義無之、文化以前之振合ニ立戻り可申与之被仰渡ニ候間、問屋仲間四拾三人之外、呉服商売之者江者一切取引不相成旨被申渡候ニ付、驚入私共義者従来御当地ニおゐて渡世仕来候義之処、今更家業ニ相放候而者家内営方ニも差支候義眼前ニ付、幾重ニも問屋方之慈愛を以是迄之通家業永続相成候様内談致呉候様只顧相歎候所、左候ハヽ今一応相談致近日挨拶可致旨申之、同十七日尚亦同所ゟ呼状参り候ニ付相越候所、問屋衆多人数集会願人与市代久兵衛ゟ申聞候ニ者、先日も申聞候通先年之済口等ニ不相拘旨其筋ゟ被仰渡候上者、外ニ取計方も無之旨限而申聞候ニ付、国方難渋之次第并往古ゟ御当地ニ而渡世罷在候始末等相歎、此上仲間取締方等閑之義者問屋衆中御差図ニ随ひ如何様ニも可致間、渡世相続相成候様達而相歎候所、然ル上者其元願筋心得之次第口上書ニ認メ差出可申、左候ハヽ、右書付を題ニいたし今一応内評沙汰可致旨問屋衆之内ニ而被申聞候ニ付、任其意已来之義者被仰渡ニも不相背、問屋再興之廉も相立、私共渡世も相成候様之仕法相立、大勢之難渋相救呉候様只願相願候心得之口上書差出候義之処、其後一応之返事も無之御訴ニ相成候義ニ而、中々以私共我意相立聞届無之上者、其筋江申立候抔手強之挨拶仕候義決而無御座候間、私共ゟ問屋行事江差出候口上書を乍恐御一覧被成下置候而茂虚実相分り候義ニ御座候、然ルを私義手強之義申張候旨ニ而御訴訟ニ相成、誠ニ以奉恐入候ニ付、不取敢願人与市方江種々相歎示談仕候得共行届不申、無拠始末奉申上候、前段之通私共国方之義者雪国極難之土地柄故、国産之縮買出し往古ゟ御当地江罷出売捌来、文化度迄者国元運上之外御当地口銭等無之、勝手儘渡世罷在候義ニ而、既ニ同十一戌年中出入ニおよひ候節も外国産物与違、御年貢足合妻子扶助之廉を以、反数之内千五百反者無口銭、其余者口銭差出直売羅売致来り、其後天保度出入之節新加入共人数百九拾五人与取極、都而文化度済口之趣双方堅相守り候筈熟談仕、夫々規定為取替も有之候得とも、今般御触之趣者文化・天保両度之済口ニ不拘旨之御沙汰御座候由ニ付、御触面ニも不相背様之仕法を以私共渡世永続相成候様慈愛之義只願相歎候得共不行届、右体難渋之国柄、寛永年中ゟ仕来候渡世俄ニ御差留ニ相成候而者、多人数難渋ニ落入路頭ニ迷ひ候もの不少、必至与難渋当惑至極ニ奉存候間、無是非返答書を以始末奉申上候、何卒格別之以御慈悲難渋之次第被聞召訳、可相成御義ニ御座候ハヽ、文化・天保之済口規定ニ基キ、仕来候渡世相続御年貢上納妻子之養育相成候様慈愛之取計ニ致し呉候様、願人共江御利解被仰聞被成下置候様偏奉願上候、以上

越後国五ヶ所縮商人
百八拾六人惣代
松平越中守領分
同州苅羽郡柏崎町
百姓

嘉永七寅年四月三日　　返答人　亀　七

御奉行所様

一四月三日公事合、当日相手方ゟ返答書差上候、尤難渋之国柄故寛永之頃ゟ百姓共御府内直売仕来候旨、去ル文化・天保之度口銭差出熟談ニ相成候得者、右江基熟和仕度旨申立候、於御前願人江御尋ニ已前直売之義御尋被成候ニ付、右縮之義者文化已来流行之品ニ而、其頃ゟ直売増長仕候旨申立候、何れ商法之事ニ付篤与取調、追而及沙汰候旨被仰渡引取申候

一同七日御呼出御懸り東条八太夫殿、右仰ニ者訴答共書面者熟覧致候得とも、願人ハ直売一般ニ相止申度旨申立候、併文化之度根岸肥前守殿役中及出入候節、済口証文者願人持参歟与御尋有之、則差出候得者写取差出候様、相手方江者信州辺之もの直売増長之由ニ候得者、右之者出府止宿有之哉御尋、右者百足屋与申ニ止宿申立、右名前書記差出候様被仰聞候、願人江先年及出入候節惣代良助与申もの存生歟与御尋有之、右者先年病死之旨申立候、双方とも明日出被仰付候

一同七日御懸り江罷出候所、訴答并引合人弐人

信州諏方郡御射山神戸村
百姓
金　蔵
同州同郡若宮新田
同
藤四郎

右一同江訴答之願意御読聞之上、相手亀七ゟ申立ニ者其方共両人者多人数召連、手広ニ直売致候由申出候ニ付引合ニ呼出、承り候ニ者縮者信州ゟも出候哉、左様ニ者無之越後之縮を買請候義ニ有之哉、併越後産之品信州之もの売捌口ニ察斗も無之事、願人者一般ニ直売差止度旨申立ルなれ共、先年之済口之表も有之様被仰聞、一同者懸り重立候名主ヲ呼出し取調方申付候間、調を請可申立旨被仰、一同引取申候

一同九日亀之尾席江訴状其外、先年済口之写共訴答共書類之写持参ニ而双方ゟ差出ス、尚口上之書取当方より差出候

左之通

一越後縮之義者多分同国魚沼郡之産物ニ而、農間女子之

業ニ唐虫を績ミ織立、三市場与唱候十日町・小千谷・堀之内江持出、運上壱反ニ付上縮銭六拾文、下縮四拾壱文ツヽ、反別ニ織元より相納候義ニ而、商人共運上等納候ニ者曽而無之候、右を縮商人共御運上縮与申唱、文化三寅年之頃ゟ彼地百姓共農業を捨置、追々出府直売増長仕候、就中天保十二丑年手広之御沙汰後者、国方者勿論市中一統商法相崩候ニ付、其虚ニ乗し右百姓共競合国方買荒、御府内勝手儘ニ直売致候族夥敷、夫故元方気強相成年増高直ニ相成候所、去夏者格外之高直ニ而、拾四、五ケ年已前之相場ニ引当候得者、一反ニ付金壱分、上物ニ而者金弐分高直ニ相当り、仲間一同奉恐入候ニ付其筋江も申立置候義ニ御座候

一右旅商人共縮ニ取交、上州・信州・奥州辺産物呉服類も素人直売致族、又者身薄裏店住居等之者江者五割、七割高直ニ貸付置非道之取立方致候族、又者越後国者勿論信州辺之百姓ニ而売子六、七拾人抱置素人直売被致、旁以不束之事共粗承知仕候

一私共仲間業体者国々産物呉服類夫々取締相立置、保能品を情々下直ニ仕入置、御府内小前呉服屋共江利薄ニ売捌候を専要ニ心懸罷在候処、御当地呉服屋之業体を国々百姓共ニ直売被致候而者実以行立不申候、且去ル亥年十二月廿七日何国ゟ出候何ニ而も素人直売買不相成、江戸表江相廻候品々其筋問屋江相払候様被仰出ニ御座候、然ル処縮之義別格高直之品御当地江相廻し、問屋共ヲ蔑ニいたし大行ニ素人直売仕候段、呉服渡世小前之者一同立行不申御趣意ニ相振、不得止事今般縮商人惣代柏崎亀七相手取、南御番所様江奉出訴候得者、当三月双方公事合ニ被召出候所、相手方ゟ文化・天保両度之済口ニ基キ熟談仕度旨返答書奉差上候所、於御白洲取調之上追而御沙汰之旨被仰渡候、右相手ゟ中立候熟談之義者問屋共更ニ不得心ニ御座候間、去ル亥年十二月被仰出候通、御当地江相廻候分者不残問屋方江相払、素人直売不相成様御触之御趣意相貫、相手之者共者銘々家業之耕作を専ら心懸候様、御利解被仰聞被下置度奉存候、左候得者再興相成候問屋者勿論、呉服渡世小前末々之もの一同御当地平穏ニ安住仕候得者、何卒格別之御賢慮被成下候様乍恐此段奉歎願候、以上

寅四月九日

（朱筆）「諸色懸り名主衆江差出候口上書之写」

一越後縮直売之義者問屋共家業ニ差障候旨、去月廿六日奉出訴当月三日公事合被召出、相手方ゟ返答書を以申立候者、余国ニ稀成大雪国極難渋之土地柄故、夫食者勿論御年貢引足不申、依之男之分冬季之内他国稼、女之分手業ニ唐虫ヲ績ミ織立候を買取、寛永年中ゟ御府内直売仕候旨、尚去ル文化・天保熟談之廉ニ基キ口銭差出示談仕度旨申立候、前書難渋之土地柄与申趣意、魚沼郡惣織元之百姓共之申分ニ而、今般相手之者申趣意ニ者曽而無御座候、別而頸城・柏崎等之土地者魚沼郡与者格別之土地ニ有之、且御府内直売仕候義者近来之事ニ而、文化已前私共江取引者勿論直売等之義更ニ無御座候、尚又御年貢足合并運上等之義者、惣織元之百姓御年貢之足合并反別ニ御運上相納り候事ニ而、買人ゟ運上相納候ニ者少も無之、私共仲間ゟ遣置候買人も頸城・柏崎之買人も、買請候趣意ニ相替候義無御座候、則惣織元之者御年貢足シ合者買人ゟ渡候代金を以融通仕候得者、私共其外之者与差別者聊以無御座候、右等之儀者去ル文化十一戌年出訴之節、相手方ゟ委細申立再応御糺之上相訳り、済口証文奉差上候義ニ御座候、然ル所近来市場江出買いたし候人数相増、四月新縮之頃者今般相手之者共競合買入候を見請候ニ、一反ニ付銭五百文・七百文、又者壱貫文位も高値ニ買進候ニ付、其砌者私共買人之者者相休罷在、買人之出府を見計買入候義ニ御座候

一越後縮者魚沼郡之産物ニ而、享保之頃ゟ御当地江も相廻り候品与相見江、享保之度ゟ私共仲間ニ而縮相庭書上仕来候、去ル明和・安永之度ゟ追々流行仕候ニ付、魚沼郡之内十日町・小千谷・堀之内江市立いたし、惣織元之百姓市場江持出、反別ニ御運上相納来り、市場ニ而買請候者共ゟ納り候運上ニ者毛頭無之候、右を御運上縮抔与申唱候、去ル八十年以前之頃者当節之員数与者百増倍之出方ニ而、三市場之百姓共弐拾人位銘々三十反、五十反位持出私共問屋方江売払申候、尤知音之もの江一、弐反ツ、売渡候義も有之由ニ候得共、文化已前者諸問屋とも敢而構も不仕由ニ御座候所、文化三寅年御府内大火後、追年炎暑続之陽気柄故捌ケ方宜敷旅商人直売相始、三市場之外隣郡之百姓農業を捨置

市場之名目を相唱、御府内直売仕候事ニ至り問屋共義も難捨置、文化十一戌年直売差障之義奉出訴候得者、旅商人共被召出御吟味中十組頭取取扱、其節之御趣意ニ基キ示談之上、平均縮壱反代銀三十匁与見積り、壱分五厘之歩合銀四分五厘ツヽ、問屋方江口銭受取候筈并洩荷無之様其外とも熟談之上済口証文奉差上、御吟味御下ケニ相成申候、右ニ付国方・御当地共取締相附、対談ニ振候義者無之筈之処、翌亥年ゟ洩荷・紛荷不正之事共有之、其時々詫証文問屋方江請取内済仕、又者不正之義懸合中旅商人共ゟ逆訴仕候事共毎々有之、問屋共ニおゐても奉恐入候、然ル処去ル天保十二丑年手広之被仰出後者、越後者勿論隣国之百姓共競合元方買荒し、夥敷人数出府ニ而直売増長いたし、去夏者格外之高直ニ而、一反ニ付銀拾五匁、上物ニ而三拾匁高直ニ相当り、仲間一同奉恐入候ニ付其筋江中立置候義ニ御座候

一右縮商人共縮ニ取交余国之産物等迄素人直売致候族、又者身薄之者江者五割、七割高直ニ貸付置、御運上縮与権威ニ懸ケ非道ニ取立方致候族、又者余国之者共多人数之売子抱置御府内羅売いたし、旁以不束之事共及承候

一私共仲間業躰者国々産物呉服物夫々取締相立置、成丈ケ下直ニ仕入置市中小前呉服屋江利薄ニ売捌、又者貸売等仕候を専要ニ心懸罷在候、小前之難義者約る所問屋之難義ニ付、去ル亥年再興已来呉服品潤沢下落之仕法勘考中ニ御座候所、右縮商人共去ル亥年御触御趣意ニ相振、御府内呉服屋共之業体を国々之百姓共ニ直売被致候而者、呉服渡世小前末々迄難渋至極仕、且去ル亥年十二月御触、何国ゟ出候何ニ而茂素人直売江戸表江相廻候品々、其筋問屋江相払候様被仰出右御趣意相振、呉服渡世一同立行不申難渋至極仕候ニ付、不得止事奉出訴候義ニ御座候

一文化・天保之度再三為取替候印紙証文面更ニ不取用、乱妨強情之相手共江重而熟談仕候存意聊以無御座候、則文化十一「下ケ札」戌年対談相破候者共詫証文并綴込之古帳詫証文之写とも相添奉申上候間、御熟覧御賢察被成下、文化已前之問屋再興被仰付候得者、先前之通三市場之者共出荷致候分者其筋問屋江相払、縮旅商人共義素人

（下ケ札）
「文化之度対談破」

直売無之様御触之御趣意相貫、相手之者共銘々之家業耕作を専要ニ心懸、縮売之丹誠をハ新田開発ニ力を用候ハヽ、其身之冥利ニ相叶候義与乍恐奉存候間、百姓町人共家業を実直ニ営候様御理解被仰聞被下置候様奉願候、左候得者縮直段際立下落仕、且私共渡世小前末々迄御府内永続仕候間、何卒格別之御賢慮被成下置候様私共存意口上書ニ仕奉中上候間、御取計之程偏ニ奉願候、以上

寅四月　　呉服問屋
　　　　　　行事

御吟味中書類之写口々左之通

文化十一戌年中

一縮直売之儀根岸肥前守様御番所江出訴之節、済口為取替証文壱通写

（下ケ札）
「済口之外廿七ケ条」

同十二亥年三月中

一越後十日町買次之者ゟ縮荷物抜荷取締方之義返状之写

同五月中

一縮荷物洩荷不正筋数多有之由ニ付、問屋共ゟ口々見張番差出候写

同六月八日

一十日町宇源太代新次郎洩荷之義相談仕候写

同八月四日

一水戸様御館江呉服問屋惣代之者被召出、越後十日町宇源太代新次郎・嘉蔵右両人水戸御用縮之趣ニ仕成、右一条ニ付被召出候節、支配名主ゟ御番所江御訴之写

文政三辰年六月二日

一和泉屋十右衛門止宿久助代文助、八十反入弐箇隠し荷いたし候ニ付懸合中之所、樋口屋金蔵・大坂屋佐兵衛詫入懸合之写

同月八日

一越後小黒村文次義、松平大和守様御用荷之趣ニ取拵洩荷取調之写

同月十六日

一柏崎要蔵縮七拾八反御府内通り荷一条詫願之写
同月四日
一柏崎利兵衛縮六拾反洩荷詫一条之写
同十八日
一越後頸城郡谷村久助縮弐箇洩荷之義ニ付、同人地頭所江届書之写
同廿二日
一魚沼郡塩沢村喜右衛門縮四拾三反洩荷詫一札ニ而相済し写
一右小黒村文次松平大和守様御用品ニ願立候得共聞済無之、其後同人義右屋敷門留ニ相成候写
一右文次者去ル戌年出入之節出府調印之者ニ而、此節洩荷ニ付不法ものニ有之、宿十右衛門同意致候ニ付其段喜多村役所江願書之写
同五月廿八日
一縮三箇飛脚十蔵与申もの、松平越中守様御用荷之趣ニ申出候ニ付、右御屋敷江伺書之写
同
一右御屋鋪ニ而名前出候而者不相済、宿彦兵衛取扱内済いたし候控之写
同九月十五日
一小黒村文次御勘定奉行所江逆訴いたし、町御奉行所江御引渡御吟味下ケ之節、文次并宿十右衛門其外宿拾人連印之証文壱通之写
文政六未年六月
一柏崎縮商人長蔵・源七・与五郎縮三箇紛荷致候ニ付、宿佐兵衛外弐人加判之詫証文一札壱通之写
文政七申年二月四日
一縮荷物紛荷取調之義迷惑ニ存候哉、一ケ年金八拾両ニ請負仕度旨、三市場三人ゟ申出候節御願書之写
一右三人代兼蔵之助ゟ委細之願書写
天保三辰年閏十一月十日
一信州出商人増長不束筋ニ付樽役所江願書之写
同四巳年二月十日
一柏崎縮行事ゟ出商人人数已来加入不致趣之返状写
同七月十九日
一越後五ケ組惣代十四人ゟ、口銭請負百両ニ取極申度願書之写

同五午年九月
一旅商人増長之義ニ付十日町ゟ返状之写
同八酉年五月
一柏崎嶋屋吉右衛門宿伏見屋重兵衛ゟ洩荷詫一札之写
同
一信州飯山玉屋源右衛門ゟ、縮三箇抜ケ荷之義宿樋口屋金蔵倶々詫一札之写
同
一越後浦原郡三条町惣助并宿伏見屋十兵衛詫一札之写
同
一越後高田八郎右衛門縮荷五箇抜ケ荷ニ付、宿十右衛門・金蔵加印之詫証文之写
天保八酉年八月
一柏崎甚七・久兵衛・権右衛門ゟ寺社御奉行所江出訴仕候節、済口為取替一札之写
右之通写取奉差上候、以上
寅四月

覚

去丑五、六月相庭
一六拾匁　　中縮壱反代
同八、九月頃
一五拾六匁　　同品
同十二月ゟ当正月頃
一五拾弐匁五分　　同品
当節
一右同断　　同品
右之通御座候、去夏相庭ニ引競候得者去秋之頃六歩方之下落、旧冬ゟ当節迄之相庭ニ引当一割三歩方下落仕候、且当四月十八日新縮初市立御座候由、元方品少ニ者候得共気配至而弱ク一際下落可仕哉之旨、彼地買次之者ゟ文通着仕候得とも、新縮荷物者当月中旬者着荷仕、追々品潤沢一際格好之売方仕度心願ニ御座候、則当四月中彼地ゟ差越候書状之写相添申上候
一相手亀七義縮出商人之分一同江、縮売捌当分見合候様其外品々申達連印を取候、其後出商人共商ひ相成兼、依之御屋敷向御注文品売捌ニ差支候旨亀七江申出候所、四、五日之間差控候得者出入之筋も相立、勝手次第ニ

売捌方相成候様再応申談候由、尚又縮宿拾人之者江も訳柄相違是又連判取置候由、右者亀七義表向者筋立候義ニ者候得共、内心者出商人共売方差留候ハヽ、一同惑乱之余り、諸家様其外得意先江悪説之謀計与奉存候
一右出商人共御屋敷向江罷越、当夏者縮荷物国方津留ニ付品払底追々高直ニ相成、呉服屋ニ而買持・〆売可致取巧抔悪説申触し候由、右者全空説ニ而国方者勿論道中すじ・御府内商体聊以差支筋無御座候
右御尋ニ付此段奉申上候、以上
寅五月二日
寅四月朔日出越後十日町ゟ書状之写
一筆啓上仕候、暖気之砌ニ御座候得共其御表御店中様御揃益御勇健被遊御座、珍重之御義奉存候、随而当方無異義罷在候、乍憚貴意易思召可被下候
一爰元去月廿八日出飛脚伊勢松を以縮荷物差送候得者、定而無事貴着御入手、右得貴意候義ニ御承知可被成下候与奉遠察候
一当新縮市之義弥四月十八日相始候ニ付御案内奉申上候、尚仲間共連名を以奉申上候得者御承知被遊可被下候、且又当新縮之義昨年来追々不景気、尚又早春異国船渡来旁坪方人気も弱り居候様子、殊ニ御表持出商人御差留ニ相成候ハヽ、仕入方格別ニ相減、別而相庭引下ケ可申与奉存候、閏月有之暑気永之年柄旁御考察、何卒御増御注文被仰付被下置度奉願上候、先者右得貴意度如此御座候、恐惶謹言
四月朔日
蕪木孫右衛門
白木屋店宛名
前条略之、然者当地新縮初市之義者当月十八日ゟ簾明ケ買初候積り治定仕候、兼而先般下代忠右衛門を以得御意候通、此夏ゟ前代未聞不景気ニ候処、又候早春ゟ異国船渡来ニ付御地一入不印之趣田舎迄も相響キ、殊ニ銘々残り品等多分ニ抱江有之新縮仕入者差扣可申候間、縮上布共余程下直ニ可有之与奉存候、此段得与御勘考御注文御多分被仰付被下置度奉願上候、余者忠右衛門・文吉ゟ御願申上候、宜敷御承引可被下候、先者右御願申上度如此御座候、恐惶謹言

四月朔日

根津五郎右衛門

田原屋直七様
　孝兵衛様
　　参人々御中

前文略之、然者兼而御注文被仰付候冬縮追々都合能調入仕上ケ出来ニ付則
一縮反数略之
右之通今般両人を以出荷仕候、無事尊着御落手可被成下候、相場之義兼而得御意候通当夏暑気強御座候得とも、三都者不及申諸国一統暑之割ニ者捌ケ不申、少々宛之小売商人迄残物多分ニ持合有之、秋仕入等者買客一切無之、至而品沢山之所思儘ニ引〆り調入候間、昨年冬送り与見競七、八百文者聢与下直ニ可有之候、中ニも上布風織者一段見安く相見大慶奉存候、追而御荷開之刻篤与御一覧御調入被成置度奉願上候、尤御注文ゟ少々反数余慶ニ相成候得とも、相庭下直故割合格好之もの余分加入仕候、此段御勘弁被成下度奉頼上候、且又並上布八反のし縮未タ仕上ケ残しニ相成、近々出来次第出荷可仕候、先者得貴意度荷物添状迄如斯ニ御座候、尚後便之期待候、恐惶謹言

十月十八日

根津五郎右衛門

田原屋直七様
　孝兵衛様

差上申御請書之事

一呉服問屋行事富沢町家持清三郎京都住宅ニ付店支配人与市煩ニ付代久兵衛ゟ、越後国魚沼郡十日町村・同郡堀之内村・同郡小千谷村・同国頸域・同国苅羽郡柏崎町右五ケ所縮商人百八拾六人惣代、右苅羽郡柏崎町百姓亀七相手取、縮荷物商法筋之義当三月廿六日御訴訟仕、同四月三日公事合被召出御吟味中ニ御座候処、右出入者先年度々出入ニ及候済口証文之趣茂有之、又享保以来之商法も有之候間、不容易御調ニ付日数も可相懸処、此節国元ゟ持参候縮荷物者季節之品ニ付、御吟味中荷物留置候而者出稼商人共及難渋候ニ付、格別之以御慈悲御吟味中ニ者候得とも、当時持出し荷物縮商

人宿立会反数麁漏無之様精細相改、諸色懸名主共江反
数并品口訳書差出候上者、差支なく荷物仮ニ売捌方可
仕旨被仰渡、縮商人共一同御仁恵難有仕合奉存候、勿
論御吟味筋之義者追々御沙汰可被為在旨是又奉畏候、
依之御請書奉差上候所、仍如件

越後縮商人
同国苅羽郡柏崎町
百姓
嘉永七寅年五月九日　相手　亀　七　印
右宿
本石町弐丁目家主
重　兵　衛
信州諏方郡御射山神戸村
百姓
引合人　金　蔵
同国同郡若宮新田
同
同　藤　四　郎
右宿

本石町壱丁目清助地借
又兵衛後見
吉　兵　衛
越後国苅羽郡柏崎町
百姓
十　五　郎
同太右衛門代
太　助
同
清左衛門
右宿
本石町弐丁目家主
重　兵　衛
越後国苅羽郡柏崎町
百姓兼松代
弥　助
同儀右衛門代
庄　橘
右宿

本石町四丁目徳左衛門店
甚　蔵
越後国蒲原郡山王塚村
百姓留蔵代
伊之蔵
右宿
本石町四丁目家主
宇右衛門
越後国魚沼郡十日町村
百姓八郎右衛門代
茂　助
同五郎右衛門代
忠右衛門
同国同郡堀之内村
百姓理助代
半　七
同国三嶋郡吉崎町
同太助代
藤　平

右宿
本石町三丁目清兵衛店
庄兵衛
越後国魚沼郡小千谷村
百姓清八代
小　八
同音七代
米　八
同国同郡外丸村
百姓儀兵衛代
勘兵衛
同国蒲原郡永之新田
同
十　蔵
右宿
本石町四丁目庄兵衛店
喜兵衛
越後国魚沼郡十日町村
百姓孫右衛門代

同国同郡小千谷村
　　宇兵衛
百姓新次郎代
　　文　助
同新兵衛代
　　佐兵衛
同
　　平三郎
同国苅羽郡柏崎町
百姓庄右衛門代
　　幸　助
右宿
本銀町三丁目家主
　　金　蔵
越後国頸城郡大原村
百姓
　　清五郎
同国同郡仁上村
同
　　千　蔵
右宿
本銀町三丁目太兵衛店
　　庄　八
越後国蒲原郡長渡村
百姓留蔵代
　　源　蔵
同国頸城郡仁上村
同三代吉代
　　万　吉
右宿
本銀町三丁目家主
　　金　蔵

右之通被仰渡於私共も奉承伏候、以上

呉服問屋行事
富沢町家持
近江屋清三郎京都住宅ニ付
店支配人与市煩ニ付代
　　久兵衛

諸色懸
堀江町名主
熊井理左衛門
長谷川町同
鈴木市郎右衛門
坂本町同
新助後見
新右衛門

御番所様

一越後縮壱反ニ付
去丑四月新縮相庭
上　九拾匁
当五月右同断
七拾六匁五分　壱割八分程引下ケ申候
「札ケ下」

本文上中下直段申上候、右品ゟ高下之品御座候へとも右ニ准シ引下ケ売捌方仕候

同
中　六拾匁
同
五拾壱匁　壱割七分程引下ケ申候
下　四拾五匁
同
四拾匁五分　壱割壱分程引下ケ申候

右之通引下ケ直段申上候、以上

呉服問屋行事
湯嶋壱丁目
奈良屋嘉右衛門
京都住宅ニ付
店支配人
寅五月　九兵衛印
外弐人

乍恐以書附歎願奉申上候

一本銀町三丁目家主金蔵方ニ止宿罷在候越後国魚沼郡小

千谷村縮屋平三郎義、同国苅羽郡柏崎町庄右衛門代幸助持参之縮反数調方相違有之候ニ付、惣代亀七ゟ宿金蔵并右平三郎呼寄候節、金蔵者病気之由ニ而平三郎罷越取調方談請候砌、不紛明之義申聞亀七并宿重兵衛ゟ種々申諭候而も屈伏不仕、無余義不当之廉御訴訟ニ相成、平三郎被召出始末御糺御座候節、申披可致与相違之義申立候ニ付仮牢留被仰付於私共も奉恐入候、然ル処同人義平常持病ニ而時々逆昇いたし候所、其砌も同様持病差発候故彼是不当申張候義ニ而、今更発明先非後悔心得違夫々相弁、向後縮商之義ニ付而者兼而右亀七惣代ニ相頼置候義ニ付、都而同人任取計聊たり共我意不申張、被仰渡堅相守可申趣申之、只顧相歎罷在候、依之此上入牢等被仰付而者、老年多病之平三郎何様可相成哉難計、殊ニ右体心得違相弁候上者旁歎ケ敷不便至極ニ奉存候間、不顧恐も出府罷在候者共連印を以此段御歎願奉申上候、何卒格別之以御憐愍平三郎義仮牢留御免被成下置候様、御慈悲之御沙汰幾重ニ茂奉願上候以上

松平越中守領分

嘉永七寅年五月十三日

越後苅羽郡柏崎町
百姓
亀七
同
重五郎
同吉右衛門代
太助
同清左衛門代
栄助
右宿
本石町弐丁目家主
重兵衛
右柏崎町同庄右衛門代
幸助
松平肥後守御預所
同国魚沼郡小千谷村
同新次郎代
文助

同新兵衛代
佐兵衛
里見源左衛門当分御預所
同国同郡十日町村
同孫右衛門代
宇兵衛
同御代官所
同国頸城郡仁上村
同三代吉代
万吉
右宿
本銀町三丁目家主
金蔵
同御代官所
同国同郡大原村
同
清五郎
右仁上村
同

仙蔵
右宿
本銀町三丁目太兵衛店
庄八郎
右小千谷村
同清八代
小八
同音七代
忠次郎
内藤紀伊守領分
同国蒲原郡長渡村
同留七代
源蔵
篠本彦次郎御代官所
同国同郡永野新田
同重蔵代
倉蔵
右源左衛門御代官所
同国魚沼郡外丸村

同儀兵衛代
勘兵衛

右宿
本石町四丁目庄兵衛店
喜兵衛

右柏崎町
同兼松代
弥助

同儀右衛門代
庄橘

右宿
同町徳左衛門店
甚蔵

溝口主膳正領分
同国蒲原郡出山王塚村
同留蔵代
伊三蔵

右宿
同町家主

卯右衛門

右十日町村
八郎右衛門代
茂助

同五郎右衛門代
忠右衛門

右彦次郎当分御預所
同国同郡堀之内村
同理助代
半七

同御代官所
同国三嶋郡吉崎村
同
太助

右宿
本石町三丁目徳兵衛店
正兵衛

御番所様

入置申詑一札之事

一今般江戸町呉服問屋惣代ゟ相懸り候縮反物売捌方之儀、於池田播磨守様御吟味中着荷反数取調方之義ニ付不調法有之、亀七殿并宿十兵衛殿ゟ御教諭被成下候を、却而不当之及挨拶候ニ付御捨置難相成訳合を以、無拠御懸御奉行所江御申立被成候ニ付、直様仮牢留被仰付置既ニ入牢ニも可相成場合ニ至り、是迄之取計方重々心得違先非後悔発明いたし、亀七殿・重兵衛殿者勿論御一統江御詑始末達而相歎候処、御勘弁之上御連印を以御奉行所向御慈悲御願被下難有仕合存候、然ル上者已来縮渡世向之義ニ付而者亀七殿者素ゟ惣代相頼置候義、其外御一統御取計ニ任以前之如く彼是申出間敷候、若此後心得違有之候ハヽ、何様ニも御申立御取計可被成候、依之詑書入置申所仍如件

魚沼郡小千谷村

嘉永七寅年五月十五日　平三郎

亀七殿
外弐拾弐人宛名

乍恐以書附奉願上候

一呉服問屋行事富沢町家持近江屋清三郎京都住宅ニ付店支配人与市煩ニ付代久兵衛奉申上候、越後縮直売差障一件御吟味中ニ御座候所、去月六日相手直売之もの一同被召出、国許より持参之縮季節之品留置候而者及難渋候ニ付、格別之以御慈悲反数精細取調申立仮ニ売捌方被仰付、其節持参之分并追々着荷之反数御届申上、当月廿日迄書上之分凡四万九千反余着荷御座候処、銘々買持之分而已ニも無之、去月六日後飛札ニ而申遣追々買入之縮も着荷仕候由、右者当夏見合居候者共も買入候故直段ニ相響キ、一反ニ付銭弐百文、三百文程引上ケ候様承知仕候、全相手方買進候故之義ニ御座候、右旅人共持参買持之分留置候而者可及難渋様被聞召、格別之以御仁恵仮ニ売捌方被仰付候義与乍恐奉存候、右ヲ無際限買入送り荷いたし、且少分ニ而も御吟味中高直ニ相成候而者御趣意ニも振、私共ゟ御願立丹誠仕候詮無御座奉恐入候間、此上旅人共御府内直売之縮国方買入者見合候様仕度奉存候、尚来卯年夏売之縮当盆後者私共仲間買入ニ取懸候得者、此上格別利口ニ買入

下直之売方仕度奉存候、何卒御賢慮被成下相手方一同
御府内直売縮国元買入之分、御吟味中者差控候様被仰
付被下候様御慈悲之程奉願上候、以上

呉服問屋行事
富沢町家持
近江屋清三郎京都住宅ニ付
店支配人与市煩ニ付代

嘉永七寅年六月廿八日　願人　久　兵衛
権右衛門

御番所様

越後十日町ゟ来状之写

一筆啓上仕候、薄暑ニ御座候所御店表各様御揃貴君様
益御勇健被遊御座珍重御義奉存候、随而当方無別条罷
在中候、乍憚御安意思召被下度候、然者爰元当月四日
出飛脚茂兵衛を以御用荷物附合ニ而壱箇差送候所、無
事着御請取御覧可被下与奉存候、用済候義文略仕候

未姫君様
一御召縮　七反

御雛形相添
一新縮　六拾反　三番送り
一冬縮　拾反　壱番送り
〆壱箇

右之通飛脚文吉を以差送申候、其着御改御請取御覧可
被下候、御召縮目出度御上納相済候様奉祈上候
一御表当月六日御認之御状同十三日帰り飛脚徳松持参相
達、御細書被下并御買金当百両御送被下難有奉存、無
事着慥ニ請取入帳仕候間、此段御安意思召被下度候
一縮相庭下落ニ付追御注文沢山被仰付難有奉存候、然ル
処兼而承り居候株式一件ニ付追々沙汰ニ者、是迄御府
内小売ニ罷出候商人既ニ御差留ニも可相成哉之趣、右
一条ニ付仕入方等区々引〆居候所、此間之沙汰ニ而者
先年之通小売方差支も無之由、俄ニ引上ケ殊ニ異国舟
追々帰艘旁ニ付、畑前無何与気配強く相庭引立残念奉
存候、尤此節者畑前追々田植ニ差支縮出来方も無之、
例年共此節者少々相庭引上ケ申候、田植相済候上者
追々出来持出候へ者、何卒押方を以都合能買取申度奉
存候、此節上布・紺絣・竪嶋類取分気配強、他国物其

外者別条も無御座、いつれニも欠引利口之品撰買仕度
丹誠仕候、此段宜敷御承引被成下度奉願上候
一山王様御神事も当年者七月ニ相成候由、此節押而買入
候得者自然与せり合相庭引立候間引〆罷在申候、何分
都合能利口ニ買入来月廿日時分迄ニ者出荷仕度奉存候
間、不悪御賢慮被下置度奉願上候、乍憚各様江宜敷被
仰上被下度奉希上候、此方店皆ゟ呉々入書奉申上候、
右得貴意度御報旁愚札を以如斯御座候、恐惶謹言

五月十六日　　　　上村藤右衛門
判

升屋多七様

差上申御請書之事

一越後国五ケ所縮商人同国苅羽郡柏崎町百姓亀七外百八
拾七人申上候、私共義国元ゟ縮荷物持出御当地ニ而売
捌候義ニ付、先年者呉服問屋共江示談仕候趣も御座候
処、天保十二丑年諸商売手広被仰出候ニ付、右示談も
相止国元ゟ直売仕候処、去ル亥年御当地問屋組合再興
被仰付候ニ付、私共御当地江縮荷物直売差障申立、呉
服問屋より御訴訟仕御吟味中ニ御座候得共、季節ニ差
懸国元ゟ仕入候品御吟味中御差止相成候而者、私共大
勢之者難渋可仕旨格別之御趣意ヲ以、仕入持出候品者
御当地売捌方御宥免被成下置候所、私共之内心得違之
者有之、江戸直売者御免相成候抔与在所江追注文申遣
仕入方相進候ニ付、越後表此節縮荷物元仕入直段引上
候趣呉服問屋ゟ申立候ニ付、今日私共一同被召出御糺
請奉恐入候、全持出候荷高之義者売捌方仕、心得違ニ
而追注文いたし候義者此上堅不仕、在所元仕入直段彼
地ニ而引上候而者、世上諸色直段引下ケ之御趣意ニ相
背候廉ヲ以厳重之御吟味御沙汰可相成も難計候間、心
得違仕間敷旨国元縮商人共一統江、壱人別ニ行渡候様
急達可仕旨被仰渡奉畏候、依之御請書奉差上候処仍如
件

越後国柏崎組
松平越中守領分
同国苅羽郡柏崎町
藤蔵跡

嘉永七寅年六月

亀　七

外六拾弐人連印

同国小千谷組

松平肥後守御預所

同国魚沼郡小千谷村

新　助

外三拾四人連印

同国堀之内組

右彦次郎御代官所

同国魚沼郡堀之内組

忠兵衛代

彦　七

外拾壱人連印

同国頸城組

里見源左衛門御代官所

同国頸城郡峠村

清八代

平　吉

外五拾四人連印

同国十日町組

右源左衛門当分御預所

同国魚沼郡十日町村

五郎右衛門代

忠右衛門

外弐拾弐人連印

右宿

本石町弐丁目家主

十　兵　衛

外拾人連印

御番所様

文化十一戌年十一月九日

根岸肥前守勤役中

済口証文取極廉之内

一越後国出商人之儀今般御吟味中百拾人罷在候得とも、出入別増減者国元ニおゐて右仲間対談之上取締申合、年々縮荷物箇改反毎取締請候義ニ付、右改之義者魚沼郡・頸城郡・苅羽郡村々商人共、小千谷・十日町・堀之内三市場出荷物之分者、国元運上請負人方ニ而改之上、反数何程・箇数何程・国元誰方ゟ江戸旅宿江運送致候趣ニ而送状請取之、出府之節旅宿最寄呉服問屋行事共方江右送状差出、荷物之義者旅宿江附込早速箇数見届請、聊差支無之様取極申候

但送り状印鑑兼而呉服問屋行事方江相渡置可申事

一箇数ニ而反数見届候得共、不審之箇者切解改請候積り、勿論箇造ニ不致都而持出候反数之分も改請可申候

一同国頸城郡高田町并苅羽郡柏崎出稼之分も、同所縮問屋方ニ而改之上送状差出方、反数箇見届之義者前条同様取極候事

但送状印鑑相渡候義其外箇改方共右同断之事

一右之通総而出商人旅人共持出候反数不洩様呉服問屋方江相附候積を以、反数直段上下平均代銀三拾匁積り歩合壱歩五厘之口銭、但壱反ニ付銀四分五厘宛呉服問屋方江相渡、右反数旅人共方江引請可申段仕法相立申候

但代銀拾匁以下たくり之義者、壱反ニ付平均代銀七匁之積を以壱分五厘之口銭、但壱反ニ付銀壱分五毛ツ、差出可申候

右済口規定之趣意者全越後国五ケ所并信濃国縮商人共、江戸表武家方町方共直々出売難相成義者吟味之上顕然之義ニ有之、乍然寒国ニ而稼方等之次第も相歎候故、江戸問屋共勘弁之上外国々荷物引請之廉与者意味相寛メ、前段之通熟談いたし候義与相聞候所、出入後無間も縮商人とも反数改其外国元より持出し方不直之仕業及候もの度々ニおよひ、其度毎問屋共方江誤証文等差出内分ニ而為相済候得共、右者畢竟出商人とも国元ニ而一己限之商売致来候を、江戸表問屋ニ而悉ク反数改請高ニ応し平均口銭相立候通差出候而者、夫迄之商ひ方与相違致候ニ付、無謂口銭差出候様心得違、口銭高を可減ため手段を以不改請、洩荷物追々出来種々不取締ニ至候ニ付、江戸問屋ともハ一途ニ減荷無之不直之取計無之様ニ与之趣意ニ而、天保四巳年ゟ五ケ年相定、口銭金百両、改方下代失脚金三拾両ニ取極、下々限ニ而一旦及対談候得とも、前段不取締及所業候ものハ不相止、既ニ天保七申年越後国之者共ゟ江戸問屋共を相手取、寺社奉行江出訴ニおよひ候次第ニ至り、尤右済口証文者文化度済口之趣ニ基キ夫々及対談内済致候得

共、畢竟両度出入共済口文段之上ニ而十分行届居候様ニ相見候得とも、右規定ハ徒法ニ流れ其詮無之、既ニ今般及出入候義ニ而、元来享保已来諸問屋取締方之主意ニも不相協候ニ付、以来之義者

越後国魚沼郡十日町村
上村藤右衛門
蕪木孫右衛門
根津五郎右衛門
蕪木八郎右衛門
青木喜兵衛
樋口平次郎

同郡堀之内村
宮忠右衛門
宮治兵衛
宮崎理助

同郡小千谷村
吉右衛門
小平次
沢右衛門

右三市場問屋ニ而従来江戸呉服問屋共縮荷物仕入取引いたせ

同国頸城郡高田町
縮屋惣代
佐右衛門
三代吉
常吉
太吉
才兵衛
八五郎

同国苅羽郡柏崎町
縮屋惣代

此弐ケ所者江戸呉服問屋共仕入者不致由ニ相聞候得共、縮問屋与唱来候由

右五ケ所ゟ江戸表江出稼縮商人共、文化十一戌年者百拾五人、天保七申年ニ至り八拾人相加り、都合百九拾五人之もの当時連綿いたし居候ハヽ、右之者共江戸表江年々出稼売捌候縮之義、向後国元ニ而仕入候義者相止、五ケ所縮問屋共より江戸表呉服問屋方江縮荷物

年々仕入請候而、百九拾五人之出商人共者縮商ひ之季節江戸表江出府いたし、江戸呉服問屋共方ゟ銘々縮商ひ高に応し買取、江戸表武家方町方得意江商ひ致候様相成候ハヽ、享保度ゟ江戸表諸色売買方之主法ニ相協ヒ正路之筋ニ可至候、尤一ト通ニ而者縮商人国元ニ而手仕入難成事を難渋可申哉ニ候得共、国元ニ而手仕入いたし道中運送荷物損益を見込、江戸表江着致し候而も直ニ手儘之商ひ者不相成、江戸問屋共ニ而反数改請候規定者則問屋ゟ仕入候積り之法則ニ而、先ン済口面之通相立居候義ニ有之、其上問屋江口銭差出、売余り候縮者帰縮与唱国元江持戻候ニ付、此帰り縮之口銭者着荷之節江戸問屋江請取置候分を割戻遣候是迄之仕法ニ相聞、全ク正路ニいたし候得者出商人共悉ク手数相懸り候仕来之所、向来江戸問屋ゟ出商人共銘々売前之縮買取、直々江戸表得意江売捌、売余り候品者江戸問屋江差戻候而仕入勘定相立、国元江立帰候仕法ニ改、尤右之通り相成候上者江戸問屋方ニ而も、出商人共年々出稼いたし売徳も有之渠等行立候様深節ニ睦合、江戸問屋通例之売徳ゟ者出商人共江売渡候縮代金ハ格別薄キ利徳ニ而取引いたし、出商人共稼方難儀不相成様厚取扱遣、出商人百九拾五人之者共正路之商法相守候ハヽ、前々之国元仕入ゟ却而江戸問屋ゟ仕入いたし、是迄之得意江商ひ致候方懐合ニ而者失脚も薄く、先出入之節之廉々窮屈之仕法ゟ者弁利可有之、第一去ル亥年問屋再興諸色売買物価下落之御主法ニも相当可然候、右取極候上者問屋共者身柄之義、相手方ニおゐてハ出稼商人之事故、慈愛を加江口銭増等決而不致、如何様之義有之候而も右之外余計之懸り物等不差出筈、右仕法双方已後急度相守不取締之義無之様取極可申候

一御用縮并御三家・御三卿方御注文を以別段織立等被仰付候場合者、戌年済口証文之通居置可申者勿論ニ候事

呉服問屋行事
富沢町家持
近江屋清三郎京都住宅ニ付
店支配人与市煩ニ付代
九月廿四日　願人　久兵衛
右町役人
松平越中守領分

越後国苅羽郡柏崎町
百姓　亀七
相手
諏訪因幡守領分
信濃国諏方郡御射山神戸村
同　金蔵
引合人
同国同郡若宮新田
同　藤四郎
同
越後国五ヶ所縮屋惣代
松平越中守領分
右苅羽郡柏崎組
惣代
比角村百姓
引合人　源蔵
同村同
同　伴吉
里見源左衛門当分御預所

右魚沼郡十日町組
惣代
百姓　九右衛門
同
同　万吉
同
松平肥後守御預所
惣代
百姓　新兵衛
同
同　伝右衛門
同
篠本彦次郎御代官所
右同郡堀之内組
惣代
百姓　忠右衛門
同
同　平兵衛
同

頸城組惣代
里見源左衛門御代官所
右同郡仁上村
百姓
同　三代吉
同御代官所
右魚沼郡外丸村
百姓
同　儀兵衛
右源蔵宿
本石町四丁目
徳右衛門店
右亀七　甚蔵
伴吉宿
同町弐丁目家主
右九右衛門　重兵衛
伝右衛門

忠右衛門　宿
平兵衛
儀兵衛
同所四丁目
庄兵衛店
右万吉宿　喜兵衛
大伝馬塩町家主
右新兵衛
三代吉宿　平助
本銀町三丁目家主
右金蔵
藤四郎宿　金蔵
本石町壱丁目
清助店又兵衛後見
諸色懸名主　吉兵衛
熊井理左衛門
鈴木市郎右衛門

新助後見
新右衛門

右一同御呼込ニ而前書御利解被仰聞、尚今般惣代十人之者勝手ニ帰村不相成様被仰付、最早冬季ニも至候ニ付、一同熟談早々否可申立旨被仰渡候、殊之外長御利解ニ付御書下ケ相願候所、廿七日罷出候様被仰、当日罷出御書下ケ之趣写取申候

寅九月

乍恐以書付奉申上候

一縮直売之義ニ付御書下ケ御文言之内、文化・天保両度済口文段之上ニ而ハ十分行届候様相見得候得共、右規定者従（徒）法ニ流れ其詮無之、既ニ今般及出入候義者元来享保已来諸問屋取締方之主意ニも不相叶候ニ付、向後江戸表出稼縮商人共国元ゟ仕入候義者相止、五ヶ所縮問屋共ゟ江戸表呉服問屋方江年々仕入引請候而、百九拾五人之出商人共者縮商之季節出府いたし、呉服問屋方ニ而銘々縮商高ニ応し買取、御屋敷方其外得意方江売捌候ハヽ、諸色売買之御主法ニも相叶可申段、其外深意ヲ以私共家業永続相成候様与之厚キ思召を以、御労り之御書下ケ被成下置恐入難有奉存、聊以御深意之廉相拒候義ニ者無御座候得とも、実々難渋之訳柄御座候ニ付、愚案之次第左ニ奉申上候

越後国産縮之義者諸国産物与違、織屋・織元抔与申義更ニ無御座、山谷村々農間并雪中余業無之時節弐反、三反ツヽ織立候を、其最寄之出稼致候私共買取、又者親類縁者ニ而織立候品引請、其山方ゟ市場江持出候縮織放之儘買請、雪中之仕事ニ家内打寄水揉水晒又者雪晒仕、反物ニ仕上ケ候迄ニ者数扁手数相懸ケ、右を日雇手間ニ仕丹誠いたし、時節ニ至り候得者御府内者勿論諸国江持参売捌候義ニ而、畢竟手間相懸ケ候故売徳も有之、御年貢足合親妻子扶助も出来候義ニ有之、然ルを江戸表糴呉服同様反ニ仕立候品問屋ゟ引請売捌候而者、出府諸雑用ニも引足不申迚も渡世相成不申、誠ニ以難渋至極ニ有之、国元并江戸問屋ゟ売徳付ニ而買取候而者自然高直ニ相成売捌等ニも当惑仕、殊ニ御屋鋪様方御注文之品御請仕候而も御用弁ニ不相成、且御払之義者七月・九月御

切米時節或者極月収納ニ而御払之向々も有之、旁以国元仕入御差留相成候而者、雪国之艱難相凌家内養育可致手段無御座、誠ニ以当惑仕極ニ奉存候、左候迚厚御深意之御書付相拒候心底ニ者聊以無御座候得共、極難之国柄之故を以寛永年中ゟ引続御府内ニ而渡世仕、且者承応年中ゟ只今ニ至迄国方ニ而御運上差上候廉、雪国艱難之土地柄余業無之次第乍恐御賢察被成下置、御府内ニ而渡世永続相成候様偏奉願上候

一十日町村上村藤右衛門外拾七人国元五ケ所縮問屋之趣入御聴ニ、右之者共年々縮仕入引請江戸呉服問屋江差送り可申旨、御書下ケ御尤之御義ニ者御座候得とも、全以右之者共縮問屋与申義ニハ無御座候間、乍恐此段左ニ奉申上候

国産縮ニ不限外産物ニ而も、問屋与唱候者五ケ所ニおゐて往古ゟ一切無御座候所、今般縮問屋之趣御書下ケニ付、名前之内出府居合候者も御座候ニ付、在府之者共一同打寄取調候得とも、問屋体之者決而無御座、右者十日町・堀之内・小千谷を三ケ市場与唱、山谷村々ゟ市日ニ持出候縮買入ニ罷出候砌、銘々懇意近付を宿ニいたし仕上等仕来候ニ付、江戸問屋方者勿論上方筋其外諸国ゟ国方江罷越候者共、買宿ニ相頼仕入いたし候得とも、山谷村々ゟ持出候分縮七、八分通り者織放之儘ニ付、買入之上其宿々ニ而引請揉晒仕上ケ反物ニ仕、口銭諸懸り之分仕切相添送商物ニ仕候故、右買宿ヲ問屋与被存候義も可有之哉、右之外ニ問屋与申義更ニ無御座、既ニ此度御書下ケ名前之内小千谷村沢右衛門・小平次・吉右衛門、頸城組三代吉・佐右衛門、柏崎組太七・八五郎・才兵衛・常吉抔者当時日雇同様之者ニ有之、并十日町組名前之内ニも同様之者中々以問屋抔与申身柄ニ無之、尤柏崎・頸城組其外御用縮又者江戸問屋江買送り仕候者も御座候得共、右者全店方仕入得意近付之訳を以仕入被相頼、店送りいたし候義ニ而問屋抔与申義ニは無之、其余株式御停止已前頸城組・柏崎組ニ而行事ニ相当候者心得違を以、送り状江問屋与相認差出候ものも可有之も難計候得共、於五ケ所往古ゟ問屋与申義全以無御座候、然ル処今般一件ニ相成

候を幸ニ致し、国許問屋ニ相成度与心懸候もの両三人も御座候由ニ候得共、右体之もの問屋ニ相成候得者、国方買〆勝手を以相場相立、縮直段高直ニ相成候義者目前之義ニ有之、今般改而諸色下落ニ売買可致与之御趣意ニも相振不申様之仕法も可有之哉与種々相談之上、厚御深意ニ基キ候ニ者、五ケ組仲間之内手厚もの問屋役ニ相頼度及示談候得共、兼而及御聴も可被為在哉、元来国産縮之義者三都を初メ、中国・四国・東海道・中山道・名古屋・桑名御城下・甲府・加州金沢・富山大聖寺・越前福井・奥羽両国・常州水戸其外御城下・下総佐倉・土浦・日光道中・古河・宇都宮・上州高崎・武州熊ケ谷・忍・川越、其外宿々者勿論相州浦賀を初、上総・下総・九十九里海岸在々迄も、目立候村々江出稼ニ罷出候分者田舎廻り与唱、御府内江罷出候人数之外夥敷其数難計、右之者共山谷村々勝手ニ買入候得者、国方ニ而問屋ニ相成候而も、五人、三人之者ニ而百九拾五人御府内商ひいたし候分仕入取計方難出来由ニ而申断有之、是以尤之次第ニ付銘々仕入御差留ニ相成候而者、一同雪中農間之渡世相止候ゟ外無御座、私共而已之義ニ無之山谷村々迚も自然余業を失ひ、親妻子扶助、年貢納方ニも差支必至与当惑仕候次第ニ至り、無拠銘々領主役場江も申出候所、領分ニ相成候而も百年又者弐百年ニも相成候村々も有之、素ゟ難渋不弁理之土地柄ニ候得共、国産縮御府内者別而外諸国江持出し直々売捌候故を以、無差支物成上納も仕来、其上昨年已来異国舟渡来ニ付物入多、引続用金申付候而茂無滞御上納いたし候故、御公辺御用筋も無差支相勤候義之所、今更仕来之家業相止候而者時節柄如何様之急場入用出来可申も難計、尤外ニ金子出来方無之国柄ニ候得者、御公辺御用差支相成候而者不相済候間、右之段能々承知いたし領主江之奉公与相心得、御府内問屋江難渋之始末頼入候而相歎候ハヽ、御膝元町人与申呉服問屋共者何れも身柄之者ニ候得者、其方共是迄之振合ヲ以渡世相成候仕法も有之へく間、尚此上示談いたし家業永続、領主貢物臨時等差支無之様精勤可致旨被申渡、是以難黙止願人方江種々相歎及示談候処、問屋方ニ而も私共難渋之次第相察示談之上、廉々強而相拒候心得ニ者無之候得とも御書下ケも有之義ニ而、何様被相歎候とも問屋共ニ而取計方無之、御奉行所様被仰付次第ニ致候ゟ外無之旨ニ而、兎角之義申聞も無之当惑仕候得とも、乍恐御書下ケ之趣ニ而者迚も渡世難有成候ニ付、聊御深意ニも基可申哉与愚案之趣意書面ニいたし問屋方江内談仕候所、是以相拒候義ニ者無之候得共、何れニも御上様御差図次第与而已申聞何分示談行届不申、誠以奉恐入候御義御座候得とも此上御奉行所様奉縋御袖ニ候ゟ外無御座候間、問屋江内談いたし候別紙書面相添御歎願奉申上候、何卒格別之以御憐愍雪国艱難之土地柄御仁察之上、是迄之通御府内ニ而渡世永続相成候様御慈悲之御沙汰幾重ニ茂奉願上候、以上

越後国五ケ所
縮商人惣代
亀　七
寅十月　外拾人連印

呉服問屋惣代江及内談候口上書
(朱筆)「并呉服問屋江御下ケニ相成、右江下ケ札致候写」

私愚案申上候　(下ケ札)「亀七ゟ及内談候書物」

一此度厚思召を以御書を以被仰渡候御文言之内、国許縮問屋与唱来候もの名前拾八人御認御座候得とも、右方ニ茂粗御承知之通国方ニ是迄縮問屋 与 申もの壱

「下ケ札」
(朱筆)「縮問屋名目之義者文化十一戌年済口之内ニ、柏崎・頸城両組出荷之分彼地縮問屋ゟ江戸問屋共江送状相添着荷仕候筈対談有之候、今般御利解之内十日町組外四組とも問屋とも買送いたし、右を買次与唱候へとも、国方ニ而者縮問屋与唱候様及承候」

(朱筆)「縮取扱不致ものを問屋ニ相頼候義者不宜、縮取扱候もの之内ニ而身元慥成もの相撰、壱人ニも限り不申事与奉存候、此段別紙ニ奉申上候」

人も無御座候得とも、御書下ケ御趣意ニ相振奉恐入〔下ケ札〕
候ニ付、今般五ケ所ニ而（貼紙）是迄縮取扱候もの
相除、身元宜敷慥成人物相撰問屋ニ相頼五ケ所ニ壱人
ツヽ問屋相定、右之者共ゟ江戸問屋衆惣代宛之送状差
出候様致度存候事

一右之通五ケ組問屋壱人宛取極候上者、問屋惣代出張〔下ケ札〕
所与唱ひ右町近所ニ聊之場所補理、御用私用共ニ御
府内入荷物不残其所江付込、問屋衆御惣代御名宛ニ而
送状持参御改請候方可然与存候、其訳者先年口銭御定
之砌、両三年程者目立候口銭も有之候得とも、仲間之
内種々悪方相考御店送り抔申紛し、縮弐、三拾反御
注文有之候得者百、弐百反も御店送荷ニいたし、口〔下ケ札〕
銭相掠候もの出来候故、後ニ者大半御用物与御店送り
荷ニ相成、問屋方江上り候口銭格別相減候様相成申候、
此度之義者後年ニ至り右様之義出来不致様、御府内入
荷物之内御用物も御注文難形之外者不残、其外御店送
り荷之分も一同口銭付ニいたし候ハヽ、聊之不正無之義
与存候間、右之通堅取極度心得ニ御座候事

（朱筆）「出張所之義者呉服問屋方ニ而寄合所補理取締方仕度奉存候」

（朱筆）「呉服問屋共江着荷等之義ニ付、縮問屋とも差配請候心得無之、尤不締之義者仲間規定取締罷在候」

一此度改而国許問屋ゟ江戸問屋衆江送り込ニ相成候旨申
聞候ハヽ、愚昧之田舎もの問屋衆中之御慈愛茂不弁、
後年之障りニも相成可申哉与疑惑心配仕候族多人数有
之、定而問屋衆ニ而も御不承知ニ者可有之候得とも、
荷物着次第御改之上荷主共江直様御渡可被下旨、五組
江壱通ニ而も内規定書願上度存候

一仲ケ間取締規定之義申上度候得とも、元方問屋衆中江
之御示談相定り不申内者、何様御談仕候而も地形定り
不申内ハ普請已前之造作之ことく致方無御座候

一口銭之義ニ付文化度済口議定は四分五り、又壱分五毛
両様ニ御定、又残り品戻縮之義者口銭御渡戻ニ相成候
得共、右ニ而者各様方も御手数相懸候而已ならす、自

然不正之義も御座候間、已来之義者品々上下ニ不拘、又者売残り何程有之候共割戻等不致、着荷之節御用物其外御三家様・御三卿様方御注文雛形之外者、不残一反ニ付何程口銭与歟売徳与歟名付差出候ハヽ、則問屋方ゟ請売之筋ニ相当り、御手数も不相懸且者不正之義も無之、往々之御助成ニも相成問屋方之御趣意も相立可申哉、左候ハヽ、仲間取締之義者手堅仕法相立、不取締無之様可仕候、万一心得違之もの有之候ハヽ、問屋方ゟ御渡被置候名前札取上置御差図請可申、左様ニいたし候ハヽ、仲間一同猥ケ間敷義無之、万事取締方ニも相成、問屋方御再興之御威光も相立可申哉与存候間、御勘考有之度存候事

〔下ケ札〕

本文之通売残何百反御座候共口銭差戻相止候上者、格別之御慈愛を以可成丈薄利之御勘弁相願候

右之通御勘弁被成下、私共無難ニ渡世永続相成候義ニ候ハヽ、万事各様方手ニ付聊我儘之売買不仕御差図請可申候、且国元五ケ組一同与者乍申、十日町村之内三、四人心得方不宜者も相見江、縮仲間之間柄不宜、同村内乱も有之、其訳者十日町村之義者格別縮出来不申土地柄ニ候得とも、凡五、六百軒も有之百姓共半ハは縮取扱家業ニいたし居候趣、隣村近郷七、八分通者会津様御預所・出雲崎御代官所・桑名御預所并御本領、当時江戸向之縮者不残他所他領より出来候得者、万一領主限り商売いたし候様之義ニも相成候得者、十日町ニ而者縮買入ニも差支、同所之者共難儀可致与存候間、右様之義無之ため心配仕候得とも、十日町弐、三軒之代々者とも一向ニ勘弁無之困入申候

> 此度之御利解奉承伏候上者、先年之口銭等ニ不泥慈愛を加ひ、格別薄利ニ而売渡遣度心得罷在候

一国方問屋名前之義者五ケ組ニ而何様ニも手堅もの相撰ミ、一ト組壱人ツヽ取極可申候

一越後国産物之義者縮并牧野備前守様御領分産物紬之外織もの一切無御座、然ル処諸国産物呉服様之もの少々宛取扱候者、仲ケ間之内五、七人も相見得申候、是者問屋衆中御差図ニ随ひ取締相附可申候

越後国五ケ所

縮商人
寅十月　　　惣代

差上申済口証文之事

一呉服問屋行事富沢町家持近江屋清三郎京都住宅ニ付店支配人与市煩ニ付代久兵衛奉申上候、去ル亥年三月中問屋組合再興被仰出、私共仲間四拾三人再興相成難有仕合奉存候、然ル処私共商体取扱品下落之仕法追々心懸ケ罷在候得とも、越後縮近来元方高直ニ御座候所、別而去夏格別之高直ニ而御趣意ニ相振、私共仲間一同奉恐入候ニ付追々探索仕候処、縮出稼人近年夥敷人数出府ニ而、小前呉服屋者勿論素人直売大行ニ渡世いたし、不束之売捌方致候段粗承知仕候ニ付、去六月中舘御役所江取締之義奉願、其後越後国魚沼郡十日町・堀之内・小千谷縮出所之市場并頸城・柏崎之弐ケ所、都合五ケ所縮取扱候惣代之者方江、去ル亥年十二月国々産物何ニ而も素人直売買不相成旨御触之趣を以文通仕、已来御府内之義者私共問屋之外素人直売無之様、国元取締方為行届度段書状を以申達候義ニ御座候、然ル処当月初旬縮旅人為惣代、同国苅羽郡柏崎町百姓亀七出府仕、本石町弐丁目旅人宿家主重兵衛方江止宿之上申聞候ニ者、去ル天保度寺社御奉行堀田備中守様御勤役中熟談為取替之趣ニ而、旅商人百九拾五人者先前之通直売示談仕度旨再応申出候へ共、文化已来之商法ニ不泥と之被仰出、且者御府内之義者私共仲間ニ而取締出情売方可仕心得ニ御座候処、右体多人数ニ而素人直売仕候而者直段引下ケ方等ニ相障候間、去ル亥年十二月被仰出之趣ニ基キ再三申断候得共、願書ニ認強而申出候処何分承引相成兼申断候得者、去ル亥年御触等之義者更ニ相弁無之、且天保度為取替之節出稼百九拾五人者御府内直売仕度、其余之人数者為相止申度候、万一聞届無之上者其筋江申立候抔手強申張、市中諸問屋商法申談候而も更ニ不取用、此儘等閑置候ハヽ、弥増長いたし元方買荒縮不締故、直段引下ケ方ニ差障仲間一同奉恐入候間、已来国産之縮御府内入荷之分者彼地引合置候買次之者方江引取、其上私共問屋方江相送候様并出稼一同御府内直売不仕、都而文化已前之商法取締相守候様仕度、惣代亀七相手取当三月廿六日御訴訟申上候得者、同四月三日相手一同公事合ニ被召出、相手亀七ゟ返答書差上御吟味ニ相成、越後出稼百八拾六人惣代亀七外拾人并信州出稼九人之義者、去ル天保七申年之頃越後出稼之内死失いたし候分譲請、諸事越後国ニ附属渡世いたし候ニ付、右九人惣代信濃国諏方郡御射山神戸村百姓金蔵・同所若宮新田百姓藤四郎義も為引合被召出候、尤右旅人とも当年持参候縮荷物季節之品ニ付、御吟味中売捌方御差留ニ而者難義可仕与、格別之以御仁恵出稼持参之縮者宿立合精細相改、反数品書差上仮ニ売捌方被仰渡、出稼共難有仕合奉存候、然れ共多人数之内ニ心得違之者有之、江戸表直売御免相成候抔与国元江追注文申遣仕入相進候ニ付、元直段ニ相響可申段奉恐入候、元来国元ニ而御運上役銭とも合、上縮壱反ニ付六拾文、下縮壱反ニ付四拾壱文差出来り候得とも、右者縮反物惣織元ゟ差上候御運上ニ而、縮其外都合七品之御運上納ニ有之、出稼人共縮反物持出直売仕候ニ付而之御運上ニ者曽而無之段、去ル文化度済口文面ニ歴然ニ相分り、其外御年貢足し合等之義者越後国百姓ニ不限、何国之百姓ニ而も余業之稼方者孰も御年貢足し合ニ有之、又享保年中御当地江諸色問屋被仰付売買方之御主意御取極被成下、越後縮出稼人取締方文化十一戌年中呉服問屋ゟ出訴仕、御吟味之上直売難相成趣意聢与取極有之、乍併其節呉服問屋とも勘弁之上、雪国余国ニ稀成次第茂相歎候故、外国々荷物引請之廉与者意味相寛メ熟談いたし候得とも、不直之仕成方度々ニおよひ、其時々誤証文呉服問屋江差出、追々右出稼人実々之取締方実用相立不申全其詮無之、猥之仕成直売仕候段縮出稼百九拾五人之者重々奉恐入、向後永久之仕法ヲ立呉服問屋江篤与及相談候処、呉服問屋ニ而茂国柄格別之慈愛を以示談之上左之通取極申候

一越後国産縮ニ限り元仕入之義、国方ニ縮買次之もの身元慥成もの十日町組・堀之内組・小千谷組・柏崎組・頸城組、右五ケ組ニ而壱組五人ツヽ、出稼人数之内相撰此度呉服問屋江名前書差出、右出稼人共御府内売捌縮銘々ゟ注文を請前金取之、縮買次方ニ而不残買入箇荷ニ纏メ、仕切書相添呉服問屋江送り込、不直之義無之様互ニ睦合永続取引可仕候、向後出稼人共国方機前者

勿論市場仕入方一切相止可申候
一越後出稼人別百八拾六人并信州出稼九人者越後ニ附属致、都而越後之差配を諸候筈、都合百九拾五人現在之人別取調、全之名前書呉服問屋江差出可申候、後年家名断絶又者勝手を以出稼相止候分減し切ニいたし、此上人別相増不申様取極、縮買次之もの立合毎年連印帳呉服問屋方江差出候筈取極申候、右之者縮商ひ之季節江戸出府止宿之宿倶々呉服問屋江相届、銘々兼而買次之者江注文之品其余之分とも呉服問屋ゟ買取、御府内武家方町方得意江売捌方可致候、尤呉服問屋方ニ而も慈愛を加ひ薄利之売徳ヲ以売渡、現金取引可仕様取極申候
一縮荷物入津之分陸荷者勿論、上州倉ケ野ゟ船廻之分者呉服問屋手附之船積屋江水揚、其外背負風呂敷包之反物とも不洩様呉服問屋江買入候筈、尤呉服問屋仲間多人数ニ有之、行事宅手挟之向も有之候間、熟談之上本石町辺之内江右縮荷物着荷改所補理、右場所江皆着荷一ト纏メニ仕、反数越後表買次之もの送状与突合相改申候、尤此改所之義十組問屋之内、両組薬種問屋仲間江着荷物鑑定鍛練之もの出合、薬品相改候場所本町三丁目家主林蔵地面内ニ補理有之、并両組油問屋とも下り荷物者買附状、地廻り荷物者送状封印ニ而御番所江差上置、御下ケ之上仲間立合相改候場所、堀江町壱丁目家主友吉地面ニ補理有之、今般右ニ見合縮荷物改所双方熟談之上、呉服問屋ニ而補理候義ニ御座候、此改所ニ而元直段ニ薄利を以仕切勘定取引之上、荷物出稼方江相渡可申筈、且縮荷物是迄麁漏之義も有之候間、呉服問屋とも越後表買次共方江注文買送り之分とも、縮ニ限一般ニ右改所江着荷いたし候様取極候得者、改所外江壱反たり共持込候分者不正品ニ付、双方申合不直之義無之様取締相附候様取極申候
　但御当地打越通り荷物是又右改所ニ而改を請可申候、
　尤庭口銭差出候筈取極申候
一御用縮并御三家様・御三卿様御用之分者前広御注文ヲ以織立被仰付、通例之壱物与者別格ニ候間、右御注文御請仕候ハヽ、其節呉服問屋改所江其者ゟ相届可申筈、右御用品摺痛無之ため売捌縮作り込候ニ付、此分縮買次之者仕切書相添可申候、着荷之節御場処江呉服問屋

立会、反数改請即日右改所江差出可申筈、其外御大名様方諸家様方ゟ御注文之分者前同様改所江附込、仕切勘定取引之上荷物引取可申筈取極申候

一国方機前者勿論市場ニ而も江戸売之縮者出稼人とも買入不仕様、縮買次之者共ニ而取締仕法相立、出稼人ゟ規定連印取置候得者若不取用者者御府内出稼人別相除可申候、尚又江戸出府中取締之義者一組弐、三人ツヽ年番相立、出稼一同取締規定連判取置可申候、且又宿之義も拾壱軒ニ止宿仕来候得共、出稼人并宿共不直之義有之節者出稼人者人別相除、宿之義者外宿江一同宿替候筈取極申候

一文化十一戌年双方熟談済口証文差上候後、出稼人之内ニ而異論を生し及出入候義等有之、呉服問屋方ニ而疑念致候所、今般熟談之趣を以百九拾五人之者永久相守候義ハ勿論、国方ニ而人数外心得違之者有之候而も、出稼年番之者方ニ而引請今般規定相背候義者決而為致申間敷候

右之通熟談之上仕法取極、右出入一同無申分内済仕度奉存候間、何卒以御慈悲御吟味下ケ被成下置度奉願上候得者、願之通被仰付右出入熟談内済仕、偏ニ御威光与難有仕合奉存候、依之為後証済口証文奉差上候処仍如件

嘉永七寅年十一月十九日

呉服問屋行事
富沢町家持
近江屋清三郎京都住宅ニ付
店支配人与市煩ニ付代
願人　久兵衛印
五人組　権右衛門印
名主源六煩ニ付代
孝　七印

越後国産縮出稼五ヶ組
百九拾五人惣代
松平越中守領分
越後国苅羽郡柏崎町
百姓
相手　亀　七印
本石町弐丁目

家主
右宿　重兵衛印

柏崎組
右同国同郡柏崎町
徳　蔵
藤　吉
松五郎
庄右衛門
茂兵衛
徳三郎
長兵衛
宗三郎
権右衛門
長　作
久兵衛
甚　七
常次郎
太　助
伊之吉

吉　六
友之助
権太夫
太　七
源　七
清之助
治兵衛
新　蔵
儀兵衛
善　助
次　作
同州同郡比角村
重五郎
吉右衛門
半五郎
伊　八
庄　蔵
伴　吉
仙之助

源之丞
与　助
武左衛門
徳　七
伝四郎
栄　蔵
長兵衛
喜　八
利兵衛
藤　吉
菊　松
仁　助
卯右衛門
源　吉
重兵衛
源　蔵
弥右衛門
新五右衛門
同州同郡柏崎町
善　作
同州同郡高畑村
啓　吉
同州同郡新田畑村
織右衛門
同州同郡折居村
惣　吉
同州同郡春日村
啓　吉
同州同郡上田尻村
清左衛門
同州同郡堀村
茂平次
同州同郡中浜村
才兵衛
為右衛門
栄　蔵
同州同郡枇杷嶋村
八五郎

藤左衛門
同州同郡木津村
和　吉
同州同郡城河原村
五　助
右六拾五人惣代
引合人　右伴　吉印
同　源　蔵印
本石町弐丁目家主
伴吉宿　重兵衛印
同所四丁目徳左衛門宿
源蔵宿　甚　蔵印
右柏崎組之内
高木清左衛門御代官所
信州水内郡小沼村
平右衛門
同州同郡戸隠新田
平　助
同州高井郡斗見村

嘉右衛門
本多豊後守領分
同州同郡飯山町
常　八
真田信濃守御預所
同州同郡中条村
清　吉
同州同郡八丁村
嘉兵衛
松平伊賀守領分
同州小県郡上田町
金五郎
諏訪因幡守領分
同州諏方郡御射山神戸村
金蔵死失跡悴
吉三郎
同州同郡若宮新田
藤四郎
右九人惣代

引合人　右吉三郎印
同　藤四郎印
本石町壱丁目清助店
又兵衛幼年ニ付後見
右宿　吉兵衛印

同小千谷組
松平肥後守御預所
越後国魚沼郡小千谷村
卯兵衛
吉右衛門
長吉
喜兵衛
兵吉
伝右衛門
清五郎
善兵衛
孫八
又七
虎之助

八太郎
文四郎
新兵衛
平三郎
倉右衛門
新助
新次郎
沢右衛門
順助
吉松
権六
市左衛門
伝八
与平太
小平次
定蔵
庄蔵
孫蔵
松平越中守領分

同州古志郡小栗山村
与　助
米三郎
牧野備前守領分
同州三嶋郡来迎寺村
清　八
内藤紀伊守領分
同州蒲原郡長渡村
富　七
松平山城守領分
同州同郡下横沢村
甚太郎
右三拾四人惣代
引合人　右新兵衛印
同　伝右衛門印
本銀町三丁目
家主
新兵衛宿　金　蔵印
本石町四丁目
正兵衛店
伝右衛門宿　喜兵衛印
同十日町組
里見源左衛門当分御預所
同国魚沼郡十日町村
孫右衛門
五郎右衛門
八郎右衛門
藤右衛門
九左衛門
次右衛門
蔵之助
半左衛門
定次郎
忠　七
佐兵衛
万　吉
助三郎
治兵衛

忠五郎
忠兵衛
富右衛門
九郎右衛門
平　六
溝口主膳正領分
同州蒲原郡中野嶋村
富　蔵
篠本彦次郎御代官所
同州同郡永野新田
重　蔵
右弐拾壱人惣代
引合人　右九左衛門印
同　万　吉印
本石町四丁目
正兵衛店
九左衛門宿　喜兵衛印
大伝馬塩町家主
万吉宿　平　助印

同堀之内組
篠本彦次郎当分御預所
同州魚沼郡堀之内村
利　助
九左衛門
与之助
平兵衛
次兵衛
忠右衛門
同州同郡浦佐村
嘉兵衛
藤兵衛
同州同郡六日町村
松平肥後守御預所
同州同郡小出嶋村
万　助
松平日向守領分
同州同郡須原村
七右衛門

幸　七
牧野備前守領分
同州古志郡栃尾村
新　助
右拾弐人惣代
引合人　右忠右衛門印
同　平兵衛印
本石町四丁目
正兵衛店
右宿　喜兵衛印
同頸城組
里見源左衛門御代官所
同州頸城郡仁上村
小右衛門
仙　蔵
与三兵衛
三代吉
同州同郡義明村
多　七

同州同郡仁上村
竹　松
同州同郡円平坊村
武左衛門
助左衛門
同州同郡牛か鼻村
甚兵衛
同州同郡西浦田村
団右衛門
同　東浦田村
多　六
同州同郡安塚村
与三右衛門
八左衛門
栄之丞
庭　助
幾右衛門
忠兵衛
同州同郡諏方峠村

七郎右衛門
同州同郡中野村
勇　内
同州同郡中尾村
与五右衛門
与太郎
同州同郡天水越村
重　吉
同州同郡菖蒲村
藤　蔵
同州同郡下達村
栄　助
佐右衛門
同　上達村
寅　吉
同州同郡仁上村
吉蔵改
善右衛門
同国同郡和田村

伴右衛門
郡　次
同国同郡大原村
富　蔵
栄　助
同国同郡横住村
常　吉
同国同郡外丸村
義兵衛
同国魚沼郡宮ノ原村
多右衛門
榊原式部太輔領分
同国頸城郡高田町
政　吉
権　八
常　吉
守　吉
八郎右衛門
同国同郡田中村

新　吉
同国同郡高野村
林　三　郎
同国同郡大月村
又　蔵
忠　七
同国同郡柳嶋村
友　吉
同国同郡長峰村
熊　吉
同国同郡岡田村
弥　市
同国同郡岩神村
滝右衛門
同国同郡棚広村
忠　蔵
同国同郡小川村
万　吉
同国苅羽郡清水谷村

徳左衛門
同国頸城郡峠村
清　八
同国同郡横住村
常右衛門
篠本彦次郎代官所
同国三嶋郡吉崎村
多　助
右五拾三人惣代
引合人　右与三兵衛印
同　三代吉印
本銀町三丁目
太兵衛店
右宿　庄八郎印
同町　家主
同　金　蔵印
御用縮取扱
同国魚沼郡十日町村
五郎右衛門

同国苅羽郡柏崎村
　重五郎
同国魚沼郡小千谷村
　平三郎
同国同郡堀之内村
　九左衛門
　忠右衛門
　治兵衛
　利助
同国頸城郡外丸村
　儀兵衛
同国蒲原郡永渡村
　富七
右九人惣代
　右五郎古衛門代
同　忠右衛門印
同　右　重五郎印
本石町三丁目清兵衛店
忠右衛門宿　正兵衛印

同　弐丁目家主
重五郎宿　重兵衛印
信州高井郡八丁村
　嘉兵衛印
同州水内郡小沼村
　平右衛門印
（貼　紙）
御番所様

（貼紙）「信州九人之内、藤四郎・吉三郎・嘉兵衛・平右衛門義不束之義相認願出候処、当人者勿論宿又兵衛義心得違之旨御察斗を請、一同奉恐入候得共御聞済無之候ニ付、諸色懸名主衆ゟ御慈悲相願書面御下ケニ相成候、乍然右様心得違之ものニ候得者藤四郎・吉三郎者前書調印致候得共、嘉兵衛・平右衛門江も済口之趣申開調印可差出旨被仰渡、則書面之末江調印致奉差上候」

右済口証文写取、後年異論無之ため双方調印之上、為取替置候処仍如件

寅十一月

右亀　七印
伴　吉印
源　蔵印
伝右衛門印
新兵衛印
九左衛門印
万　吉印
平兵衛印
忠右衛門印
三代吉印
与三兵衛印

江戸呉服問屋行事
近江屋清三郎殿

入置申証文之事

一去ル嘉永四亥年三月中御府内問屋再興被仰出、文化以前之商法ニ不流深大平之御仁徳を奉仰、諸品物価引下け実直ニ産業を営、渡世永続いたし候様被仰出候後、追々呉服問屋御仲間再興相成候所、同十二月中何国ゟ出候何品ニ而も素人直売買不相成、其筋問屋江相払候様被仰出候段、縮出稼一同之者粗承知仕候得共、心得違いたし以前之通国元畑前并市場ニ而縮直段糴上ケ、御再興後却而相庭引上ケ、其上御府内直売増長致候段御趣意ニ相振、呉服御仲間方奉恐入不得止事、当三月中縮出稼百九拾五人惣代私共之内亀七江御懸り商法取締筋之義、町御奉行所播磨守様江御訴訟ニ相成、追々御吟味之上九月廿二日訴答引合一同被召出、右出稼とも売捌之縮者越後買次屋ニ而仕入呉服問屋江買送り、右を出稼共銘々江薄利売徳を以売渡遣、出稼共者呉服問屋ゟ請売いたし候ハヽ、享保度ゟ御府内諸色売買之御主意ニ相協ひ双方弁利ニ可有之旨、厚御利解被仰含尚御書下ケ奉拝見、一同難有奉承状候、然ル処呉服問屋方ニ而茂去ル文化・天保両度之規定出稼人共度々相破候故、右規定者徒法ニ流れ其詮無之、今般熟談仕候而茂迚も永続難相成、達而御不承知之趣ニ御座候処、私共義内実難渋之次第、請売等之意味御寛メ御慈愛被下度、追々貴殿方江歎願之上、出稼一同ゟ永久実明之仕法相立御示談仕候所、御仲間様方ニ而も別格之御憐察を以御談合被成下、右御書下ケ享保度ゟ之商法者歴然ニ相居、済口証文奉差上右商法ニ基キ、内熟談別紙之趣御得心被成下、御影を以渡世永続家族扶助仕候段冥加至極難有仕合奉存候、然上者出稼一同右熟談者勿論、万事御仲間方御差図毛頭無違背相守、尚商法之趣堅相守自儘之義無之様急度相慎睦合渡世可仕候、万一御熟談廉書者不及申御差図相背候段及御聴、買次屋并年番共江右始末御察斗請候ハヽ、早速出稼人別可相除申候、尚又国元市場并畑前買入方取締之義者縮買次屋ゟ申渡之通堅相守可申候、若一己之利欲ニ迷ひ規定ニ振候者有之候者前同様人別相除可申候

右之通御熟談廉々少茂相違無御座候、依之惣代調印差出申候、帰郷之上者一組限一同ゟ私共并買次屋宛ニ而、前書之趣請印取之急度為相守可申候、万々一別紙内熟談仕法相背候もの有之候ハヽ、内熟談御取用無之、済口証文面之仕法ニ相改可申旨是又承知奉畏候、依之出稼人共江巨細申聞心得違無之、永久之熟談急度為相守可申候、為後日入置申連印証文仍如件

越後国苅羽郡柏崎町　百姓　亀　七印

嘉永七寅年十一月　惣出稼人惣代

同州同郡比角村

柏崎組惣代　伴　吉印

同　源　蔵印

同州魚沼郡小千谷村

小千谷組惣代　伝右衛門印

同　新　兵　衛印

同州同郡十日町村

十日町組惣代　九左衛門印

同　万　吉印

同州同郡堀之内村

堀之内組惣代　平　兵　衛印

同　忠右衛門印

同州頸城郡仁上村

頸城組惣代　三　代　吉印

同　与三兵衛印

前書之通相願別紙内熟談書を以御示談申上、御承知被下候段、於私共も難有仕合奉存候、依之一同調印差出

中候、以上

寅十一月

本石町弐丁目　伏見屋重 兵 衛印
同三丁目　茗荷屋正 兵 衛印
同四丁目　大坂屋喜 兵 衛印
同町　嶋　屋甚　蔵印
同町　伊勢屋宇右衛門印
大伝馬塩町　上州屋平　助印
本銀町四丁目　越後屋重右衛門印
同三丁目　樋口屋金　蔵印
同町　原口屋庄 八 郎印

檜物町　伊勢屋安 兵 衛印
本石町壱丁目　百足屋又 兵 衛印

呉服問屋
御行事衆中

差入申一札之事

一去ル亥年御府内問屋御再興ニ相成、諸品物価下落之仕法被仰出、同十二月何国ゟ出候何品ニ而茂其筋問屋江相払、素人直売買不相成段被仰出候処、其已来私共国産縮相庭高直ニ成行、右者畢竟国元取締も無之、御府内売捌出稼人共銘々畑前并市場競合自然買進高直ニ相成、尚出稼人共先前之通出府直売増長ニ付、不得止事当三月中出稼惣代柏崎亀七江御懸り町御奉行所江右取締筋之義奉出訴、追々御吟味之上出稼共者国方直仕入者相止、同人共売捌縮者買次屋ニ而仕入置呉服問屋江買送り、右品薄利之売徳を以呉服問屋ゟ出稼方江売渡候得者、享保度ゟ御府内問屋売買之御主意ニ相協候旨、双方江厚御利解被仰渡一同奉承伏候所、出稼人共請売仕候而者内実難渋之次第呉服問屋方江相歎、別紙内熟談書を以深ク御慈愛被下度歎願仕候処、格別之御憐察ニ而御承引被成下、則買次屋之義是迄名目而已ニ候処、此度我等共一同買次屋ニ相極名前書差出候上者、国方縮買入出情いたし御注文品無差支買送り可申候、且取締仕法相立追々品下落之御趣意相守、猥ケ間敷義無之様情勤可仕候

一呉服問屋御見世売縮之義者国方ニ夫々買次之者ゟ旧来買送り、其御店々江荷入致候得共、今般為取締一般ニ呉服問屋出張所江差向ケ着荷之筈ニ御取極被成候段承知仕候、旧来御取引右買送り品ニ付、差支筋無之様買次屋共厚心懸ケ、是迄有来買次之者与茂睦合、縮下落之仕法出情仕渡世永続可仕事

一江戸表江出稼人売捌縮之義者銘々ゟ注文向も有之、尚諸家様方御注文品者勿論壱反之端物ニ候共、買次屋ゟ仕切書いたし、送状番附・注文主姓名・宰領其外共、雛形を以御引合置候通、箇数・反数・元直段吟味之上書送り、不正之義無之様情細相改出荷可仕候事

一縮出稼人是迄者畑前市場等勝手儘ニ買入致候得とも、向後自儘之買入者無之様取極候、尤買入手廻り兼候節出稼共ニ代買為致候筈熟談相成候旨承知仕候、右代買為致候もの者縮相庭下落御趣意相守、無滞様代買可為致候、右代買名前之義ハ組々買次屋江相届置、若心得違ニ而組法相背候もの者代買一切為致間敷候事

一出稼人共銘々江一名弐枚宛名前札呉服問屋ゟ其年限御渡被下、右名前札持参御府内渡世相成候段承知仕候、無札人別外之者者無之筈ニ候得とも、右之族見当候ハヽ、出稼人共ゟ改所江召連候筈御熟談之趣承知仕候事

一国元ニ而羅与唱元方買出し之者仲間商ひ与号、御府内江持出候類是迄多分有之候得共、右者不残不正品ニ付出稼人共者一切買入不申筈仲間規定致候ニ付、右之分御府内問屋方者勿論、仮組其外之者買入不申様御取締被下度候事

一毎年四月初市定日初直立之儀者、飛札ニ而御懸合御差図請取計可申候、其外四季とも相庭之高下案内状差出可申候事

右之通少茂相違無御座候、其外都而内熟談之趣委細承

知仕候、万一買次屋者勿論出稼人共ニも不直之義有之
節者内熟談御破談ニ相成、今般済口証文面之仕法ニ相
改候段畏候、為後日入置申一札仍如件

嘉永七寅年十一月

越後柏崎買次屋
丸田屋伴　吉
松　屋重　五　郎
和田屋兼　松
桜井屋長　蔵
大嶋屋甚　七
代　伴　吉印
源　蔵印

同堀之内組買次屋
住吉屋忠右衛門
万石屋九左衛門
新　屋治　兵　衛
福田屋平　兵　衛
相模屋利　助
代　平　兵　衛印
忠右衛門印

同十日町組同
加賀屋八郎右衛門
越前屋孫右衛門
最上屋藤右衛門
松村屋五郎右衛門
佐渡屋九左衛門
代　九左衛門印
万　吉印

同小千谷組同
西脇屋新　兵　衛
三芳屋伝右衛門
住吉屋長　吉
信濃屋吉右衛門
住田屋新　助
代　伝右衛門印
新　兵　衛印

同頸城組同
上野屋善右衛門
南雲屋団右衛門

今井屋八左衛門
中村屋又　蔵
竹之内屋権　八
代　三　代　吉印
与三兵衛印
五ヶ組買次惣代
亀　七印
呉服問屋
御行事衆中

差入申証文之事

一越後縮取締之義当三月中呉服問屋ゟ町御奉行所江奉出訴、御吟味中貴殿方ゟ追々願人方江及示談、済口証文奉差上一件落着仕候、右済口之廉御寛メ内熟談歎願いたし候所、呉服問屋ニ而茂国柄之訳を以御得心被下、双方無申分熟談為取替被成下候段難有仕合奉存候、私共九人之義近来御国方出稼衆勝手を以譲請是迄出稼仕来候処、外国々産物取扱之廉与格別ニ意味相寛メ御熟談、越後国産縮ニ限り渡世相成候段委細承知仕候、私共義御組江附属いたし万事差配可請旨、呉服問屋江御中立被成下候段重々難有奉存候、然ル上者熟談之趣無違背急度相守可申候、御国産縮之外呉服類一切売捌間敷候、万一熟談書之趣相背候歟、縮之外品素人直売仕候ハヽ、御府内直売御差止名前札御取上、出稼人別御除被成候段奉畏候、為後日差入申証文仍如件

越後縮売捌
信州出稼
嘉永七寅年十一月
常　八印
清　吉印
嘉兵衛印
金五郎
平右衛門印
平　助印
嘉左衛門
吉三郎印
藤四郎印
越後縮柏崎組
御惣代衆中

右之通九人之者私共組内江附属、万事私共組法堅為相守可申候、若不直之義御聴ニ入候而御察斗請候ハ、、渡世相止名前札取上早速返上可仕候、依之奥印差出申所仍如件

柏崎組取締惣代
亀　七印
伴　吉印
源　蔵印

呉服問屋
御行事衆中

熟談書之事

一国元仕入五ヶ所買次屋之義、組々ニ而身元慥成者一組五人宛相立、呉服問屋江示談之上国方取締規定書別紙一同ゟ差出申候

一出稼人別百九拾五人之内、越後出稼百八拾六人、信州出稼九人、全現在之人別組限相調、姓名書巨細ニ相記連印帳差出置、来卯年ゟ買次屋ニ而取調、毎年十二月限呉服問屋江差送可申候、尤家名断絶又者勝手ヲ以出稼相止候分者減切ニいたし、向後人別不相増様国方ニ而取締可仕候、尤人別之もの江名前札壱名弐枚宛呉服問屋ゟ御渡被成、尤一ヶ年限之札ニ而翌春出府之節古札与引替其年々札可相渡筈、尤呉服問屋商法ヶ条書為読聞、心得違無之様請印取之、毎年四月出府縮売渡之節右札銘々江相渡可申候

一右名前札持参ニ而御府内得意場江縮売捌いたし、帰国之節者銘々呉服問屋行事江相届可申候、右札年々印鑑相替り、去年之名前札一切取用無之候、且直売之もの紛敷義者呉服問屋并手続之もの相改候筈ニ付、右得意場売捌之節右札所持可致候、無札之者見当候ハ、其当人并持参之縮とも呉服問屋改所江引取、宿立会之上品相改其段舘御役所江御届、組法之通仲間入札払ニいたし、代金其当人宿立会相渡可申候、其節請取書并向後御府内直売不仕趣之誤証文、当人并宿調印之書面呉服問屋行事江取置可申候

一呉服問屋改所本町辺江補理、右江行事并手代共一同詰合荷物請取候ニ付、縮荷物入津之節者越後買次屋ニ而、箇荷者勿論風呂敷包背負荷共改所江送込可申候、其外

呉服屋并仮組ゟ買次方江注文買送之分、其店々先前ゟ仕来之買次方送り状を以改所江荷入請取候筈ニ取極候得者、一反たり共外場所ニ而請取候分者不正荷物ニ付、双方申合取締方相附候筈取極申候

一御用縮・御三家様・御三卿様御用之分者、前広御注文を以別段織立被仰付別格ニ候間、右御注文御請仕候ハ、其段呉服問屋江相届可申候、右御用品摺痛無之ため売捌縮ヲ作り合候間、此売捌之縮者今般仕法之通買次屋仕切書を以改所ニ而改を請可申候、尤熟談之上一駄四箇之内売捌縮百反与見積り、此分定之売徳仕切勘定取引可致候、御大名様諸家様方御注文品之義者売捌縮ニ付、前同様仕切書を以改所江附込、仕切勘定取引之上荷物引取可申筈取極申候

一毎年四月初市定日、前以案内状買次屋ゟ呉服問屋江差出可申候、初直立者飛札ニ而懸引可仕候、夏季者勿論不絶互ニ文通取引可仕候

一市日ニ不拘仕入之義、出稼注文品買送者買次屋ニ而取締買入候得共、若手廻り兼代買之義者出稼人之内相雇市場江召連候筈、其段買次屋仲間江相届、買次屋ニ而も出稼とも窮屈無之様慈愛を加江可申候、尤市場競合元方糴上ケ等無之様品下落之御趣意相守、都而畑前糴買等不束之義無之様、出稼一同締能呉服問屋商法堅相守、相場不同無之様神妙ニ買入可申候

一買次屋江出稼之者注文縮一組限買次屋ニ而取締仕法相立、洩品無之様相纒何村誰注文買送り之分、譬者少分之風呂敷包背負一反之端物ニ而も仕切書相添、買次屋ゟ呉服問屋改所江前広案内状差出可申候

一陸荷物者板橋宿ゟ本郷通改所江着荷可仕候、横道往来不致様宰領之もの相心得、尚船廻し倉ケ野・関宿舟積屋并江戸水揚廻舟屋之義者呉服問屋手附御差図之方江荷入可致候、若不正之義有之候ハ、前同様出稼渡世為相止可申候

一五ケ組荷印銘左之通

十　十日町組
堀　堀之内組
小　小千谷組
柏　柏崎組
頸　頸城組

右荷印之銘送り状之頭ニ太筆ニ相記し、其下江一番・
弐番・三番与順ニ番附いたし出荷可致候

荷札

頸　柏　小

堀　十

右焼印差渡一寸程、五ケ組とも同
様之大サナリ

割判

送状之事

一柏何番縮何拾反入　壱箇
宰領何村何兵衛
右之通差送候間、其着御改
御請取可被成候、以上
越後柏崎
卯何月何日　買次屋　宛判
江戸呉服問屋
御改所

仕切書之覚

十ノ何番
一銀何百匁　上下縮手繰とも取交何拾何反
右者十日町組何村誰注文品買送り近々
差立候条、御地着之上者御改御請取、
注文主江御引合御売渡可被成候、以上
越後十日町
買次屋
卯何月何日　何屋誰　印
江戸呉服問屋
御改所

但追而当人出立之節相渡候仕切書者近々差立与申文字相除、其外前同断之事、尤一、弐反之端物ニ候とも仕切書同様ニ候

一右之荷物注文主宰領いたし候筈、無拠拋飛脚ニ相頼候節者其訳相記可申候、右仕切書持参出府ニ而改所江着荷之節、前広案内ニ引合せ反数・銀高明細相改、相違無之上者帳面ニ相記、右元直段ニ薄利之売徳歩合壱歩

ニ取極、上下縮たくり共平均壱反代三拾五匁ニ見積、此売徳銀三分五厘宛差出可申候、決而歩合増等不致仕切勘定取調、帳面江当人宿調印いたし荷物引渡可申候、若反数等相違致候節者買次屋江懸合致候迄荷物相渡不申候、尚又一己之利欲ニ迷ひ、諸家様御用荷物等ニ取拵縮持参之族、又者止宿方江直ニ附込候族、名前貸余人之荷物等持参之分其外不正之義者、双方ニ而取調方いたし候筈ニ取極申候、右体不直之及始末候ハヽ、名前札取上、出稼渡世為相止可申候

一五ケ組ニ而一組弐、三人宛年番相立、都而出稼人一同之取締方致候ニ付、何事ニ不依右年番共方ニ而進退いたし、問屋方江聊迷惑相懸申間敷候、但出府いたし候ハヽ、着届可仕候

一売残り縮之義先年者戻縮抔対談有之候得とも、已来取用無之候

一入津荷物洩荷紛荷并人別外之出稼人見改取締筋之義者、呉服問屋手続之者、縮出稼人手続之もの情々探索いたし候筈、尤見出候節者其当人江褒美金呉服問屋改所ゟ差遣可申候

一東海道其外国々江持出御府内打越通り荷物之分、是又改所ニ而改を請可申候、尤庭口銭壱箇ニ付銀拾匁宰領之者ゟ差出、無差支通り荷可致候、若市中売捌品を右之名目ニ而差送候分者改所江荷物相預り、懸合之上入札払其外組法之通取計可申候

右之通縮直売取締熟談行届御吟味下ケ相願、本文済口証文ニ委細奉申上候処、乍併国方直売不仕買次屋より呉服問屋江仕入置、季節ニ至り出稼共呉服問屋ゟ買取、御府内得意江売捌候趣意者御触之御主法ニ相協、其旨奉承伏候ニ付、済口証書本文ニ為取替置申候、乍併余国稀成国柄之廉を以呉服問屋ニ而相寛メ熟談相成候上者、出稼人一同右恩儀無忘却永久相守之、相互ニ睦合正路実直ニ渡世を営可申候、為後証熟談書仍如件

越後国産縮五ケ組出稼
百九拾五人惣代
越後国苅羽郡柏崎町
百姓

嘉永七寅年十一月　　亀　七印

同国柏崎組出稼七拾四人惣代

右同国同郡比角村
百姓　伴　吉印
同　源　蔵印
同国小千谷組出稼三十四人惣代
同国魚沼郡小千谷村
百姓　伝右衛門印
同　新兵衛印
同国十日町組出稼弐拾壱人惣代
同国魚沼郡十日町村
百姓　九右衛門印
同　万　吉印
同国堀之内組出稼拾弐人惣代
同国同郡堀之内村

百姓　平兵衛印
同　忠右衛門印
同国頸城組出稼五拾三人惣代
同国頸城郡仁上村
百姓　三代吉印
同　与三兵衛印

前書永続之仕法を以相互ニ睦合熟談仕候条相違無御座候、依之奥印致双方為取替置候処仍如件

呉服問屋惣代行事
近江屋清三郎
京都住宅ニ付
店支配人与市代
久兵衛印
白木屋彦太郎
京都住宅ニ付

店支配人
又兵衛印
伊豆蔵屋吉右衛門
京都住宅ニ付
店支配人
半兵衛印

以書附御届申上候

一呉服問屋行事富沢町近江屋清三郎京都住宅ニ付店支配人与市煩ニ付代久兵衛外弐人申上候、越後縮近来高直ニ成私共仲間一同奉恐入、尚右品国元糴買之上御当地江持参素人直売増長仕候ニ付取締方仕度、去六月中当御役所江奉願上候、尚又当三月中右取締筋池田播磨守様御番所江御訴訟申上追々御吟味之上、出稼共者国方仕入相止、彼地買次屋ニ而元方仕入いたし呉服問屋江買送り、縮売捌之季節出稼とも出府之上、呉服問屋ゟ薄利之売徳を以売渡、右品御府内武家方町方得意江売捌候得者双方弁利可有之旨厚御利解被仰渡、一同奉承伏熟談之上取締仕法相立、并洩荷無之ため呉服問屋方ニ而石町辺江呉服改所補理、右場所江着荷取引仕候筈取極、双方無申分内済仕度当月十九日済口証文奉差上候得者、願之通被仰付取締茂相立、偏ニ御威光与難有仕合奉存候、依之済口証文之写相添、此段御届奉申上候、以上

嘉永七寅年十一月

呉服問屋行事
富沢町家持
近江屋清三郎京都住宅ニ付
店支配人与市煩ニ付
久兵衛
通壱丁目家持
白木屋彦太郎京都住宅ニ付
店支配人
又兵衛
本町四丁目家持
伊豆蔵屋吉右衛門京都住宅ニ付
店支配人
半兵衛

舘御役所

以口上書申上候

一縮出稼之義者去ル寅年取締行届、其砌御召御用縮人数九人与書上候処、右人数之外十日町組之内蕪木孫右衛門義、去月廿四日入御用縮六箇差送候ニ付、御改所御不審被成、去寅年惣代ニ罷出候亀七江御尋御座候ニ付篤与御糺候処、右者去寅十一月中御用縮取扱名前書上候砌、右孫右衛門手代共而已出府罷在、殊ニ同人御用之義者毎年与取極候義ニも無之、旁国許江問合不申候而者名前差出兼候由ニ而其儘等閑ニ仕、御吟味下ケ済口証文ニ名前差上不申段無申訳重々奉恐入候、全先前より御用縮取扱候義ニ者相違無御座候得共、済口面ニ調印無之義も更ニ不相弁、無沙汰ニ附送り候段不行届、当人者勿論召仕一同申訳無御座候、右様事実相訳り候上者済口御証文奉差上候五郎右衛門八人同様御差加被下、御用縮取扱人都合拾人向後無差支取扱相成候様、加判人一同奉願上候、以上

越後十日町組之内

同村孫右衛門代

孝吉印

安政二卯年五月

御用縮取扱九人惣代

柏崎町

重五郎印

右之通取調方仕候処相違無御座候、依之奥印仕候、以上

惣出稼惣代

柏崎町

亀七印

呉服問屋

御行事衆中

御用縮取扱熟談書之事

一去寅十一月中永久熟談仕法書之内、御用縮・御三家様・御三卿様御用之分者前広御注文を以別段織立被仰付別格ニ候間、右御注文御請仕候ハヽ、其段呉服問屋江御届可申候、右御用品摺痛無之ため売捌縮を作り込候ニ付、此分縮買次之者仕切書相添可申候、着荷之節御場所江呉服問屋立合反数改請、即日右改所江差出可申筈、其外御大名様方諸家様方より御注文之分者前同様改所江附込、仕切勘定之上荷物引取可申筈取極申候

一右取極之外取扱九人之者ゟ内熟談書面差出候通少も相違無之候、尤私方御用縮之義者毎年取扱候与申ニも無之候得共、御注文有之候節は前広御行事江御届可申候

右之通熟談之上永久仕法取極、為後日証文差出置候処仍如件

越後十日町組之内
同村孫右衛門代
孝　吉印

安政二卯年五月

御用縮取扱
九人惣代
柏崎町
重　五　郎印

呉服問屋
御行事衆中

双方申合

一縮荷物国方差立之節、買次屋より送状仕切書弐通差出

候仕法之所、此度相談之上送状者相止、仕切書而已差出候筈、尤書振左ニ

仕切書

何番
十何番何番　宰領たれ
何番何番　縮五箇
一何〆何百何拾匁　何番　六拾反入
何番　何拾反入
何番　何拾反入
何番　何拾反入
何番　何拾反入
〆　何百何拾反

右者十日町組誰注文品買送差出候条、御地着之上御請取、注文主江御引合御売渡可被成候、以上

越後十日町
買次屋
何ノ何月何日
何屋　誰◯

呉服問屋
御改所

右之通十日町・堀之内・小千谷三市場者年番之買次屋より一手ニ差立候得共、柏崎組者三ケ所、頸城組者場所隔り候ニ付一ケ所ニ而者不都合ニ付、五ケ所買次屋ゟ差立候ハヽ、いろはにほと五ツ訳、柏い何番、頸い何番与御記し、い印ハたれ、ろ印ハ誰与御取極可然候、番之小口者当卯年弐拾番ニ候ハヽ、来辰者壱拾壱番ゟ順ニ番付相送候様申合候

一出稼人数百九拾四人之名前旧冬書出候分者、先年之名前又者親之名前等ニ而代名前之者数多有之甚不都合ニ付、此度人別御取調名前帳相認メ御調印被成、来ル九月晦日限改所江差出可申候、以来右名前之もの改名又者親類江譲替之節者、年番ゟ改所江印紙届之上人別名前相改可申旨一同申合候、旧冬御差出候人別帳相戻候間、此度改差出之名前永久居置可申候

一名前札弐枚ツヽ相渡置候分、来辰年古札持参出府之節者、辰年之札与引替相渡可申筈申合候

一商法帳請印いたし候呉服仲間四拾三軒、仮組四十九軒江売捌候義者勝手次第之事ニ候得とも、右之外小前呉服屋江前売之縮売捌候義者無之筈ニ候得共、中ニ者買次屋其外ニも心得違之向も有之哉ニ付、寄々御申聞旧冬之仕法者江戸問屋ゟ薄利ニ而買請、年来仕来之得意江一、弐反ツヽ小売方いたし候与申義ニ而示談被致候意味相心得候様一同江申談可仕候、則古組名前・仮組名前別紙之通相心得可申候

右之外旧冬熟談之通心得可申候、右商法双方申合之上取極申候、以上

呉服問屋行事
白木屋彦太郎
卯七月廿六日　代　又兵衛
外弐人
十日町組年番
助三郎
外組々同
弐三人ツヽ

一御公儀様御法度之趣一同大切ニ相守、別而去ル亥年問屋再興被仰出、諸品下落之御主意堅相守正路ニ渡世可仕事

一越後縮之義嘉永七寅年十一月中熟談取極候通、出稼名前之者者国方ニ而精細取調、人別帳調印差出置候名前之もの一同無違背急度相守、若仕法不相用不束之始末及見聞候ハヽ、其筋江申出相除可申候、其外人別外之者出稼致候もの見当候ハヽ、時刻不移其筋江早々可申出事

一出稼百九拾五人之者壱人別ニ、一ヶ年限之名前札弐枚宛人別帳印鑑ニ引合せ銘々江御渡被下、慥ニ請取大切ニ可仕候、右札持参ニ而御府内武家方町方得意江小売方致、無札ニ而一切渡世仕間敷候、若無札ニ而渡世仕候を見当り御察斗請候節、一言之申披無之何様共御取計可成候、冬季ニ至り帰村仕候共右札者大切ニ仕、翌年出府いたし候節無相違持参、御改所ニ而人別印鑑ニ引合せ、当年之札与御引替御渡被成下、若出稼相休候ハヽ、年番方ニ而持参、休中御改所江預ケ置、追年相始候節御渡被下候段承知仕候、万一札紛失致候節者買次一同并年番一同より連札ニ而相願、其上事実相訳り候上者札御渡可被下候、若又紛失之躰ニ申成余分之札欺請候義、後日ニ相顕候ハヽ、出稼人数相除可申候、其外熟談ニ相振候もの者是又出稼人数相除向後札申請間敷候事

一御慈愛を以薄利之売徳ニ而御売渡被下候縮反物之義ニ付、得意先江聊不実之義無之様下直ニ売捌、身元不慥之もの江貸売其外不束之義無之様、実直ニ渡世可仕候事

一国方仕入之義ハ買次屋方ゟ御仲間并仮組之内江買送り、右品之内薄利を以出稼銘々江買受、得意先売捌候仕法取極ニ御座候所、御慈愛御寛メ被下内熟談相整候得者、右問屋・仮組之外無株之呉服屋江出稼之ものゟ買送り者一切無之候、多人数之内心得違いたし出稼逗留中紛敷義無之様、年番之者者勿論一同心付不束之義無之様、正路ニ渡世可仕候事

右之通一同堅相守可申候、為其連印差出置候、以上

松平越中守領分
越後国苅羽郡
柏崎町
安政二卯年四月　亀　七印
外百九拾四人連印

右出稼之人数我等方ニ止宿仕罷在候間、心得違之もの
有之候而者不熟之基ニ付、我等仲間寄々申合相互ニ心
付、不直之者江者先般御熟談永続御仕法之趣可申聞候、
為後日一同奥印仕置候、以上
卯四月

伏見屋重 兵 衛印
茗荷屋正 兵 衛印
大坂屋喜 兵 衛印
嶋 屋甚 蔵印
伊勢屋宇右衛門印
上州屋平 助印
越後屋重右衛門印
樋口屋金 蔵印
原口屋庄 八 郎印
伊勢屋安 兵 衛印
百足屋又兵 衛印

解説

林　玲子

本書には近世前期・中期・後期に大別して、東京大学経済学部所蔵「白木屋文書」中の諸問屋仲間記録を収録した。これら仲間は白木屋傘下諸店が所属していたものであり、三期のそれぞれの特徴を示していると思われる史料を選んだ。

Ⅰ　近世前期

一六五〇年代に京都で材木店を開店した白木屋は、明暦三（一六五七）年の江戸大火以前から江戸へも材木を出荷し始めていたが、寛文二（一六六二）年には江戸日本橋通町に小間物・呉服類の店を開いた。その後急速に発展し、京都からの下り商品を中心に呉服・木綿・小間物店として元禄期には大店といわれるほどになった。同店は通町に店を構えたため、「通町組」という問屋仲間の一員となり、元禄期に結成された江戸十組に近世を通じて白木屋彦太郎名義で所属していた。

（一）「万記録」の表紙には亼三の記載があり、白木屋所蔵文書群の中でも最も初期の史料に属するものといえよう。これには通町組と、これとほとんど同性格の問屋仲間である内店組とが合体した「三拾軒組諸色問屋」の記録と、同仲間を含む「江戸十組」の記録が明暦三年から寛延二（一七四九）年まで書き継がれている。通町組に十組結成の提唱者である大坂屋伊兵衛が所属していたことから、「大坂屋伊兵衛覚書」と似通った文書も収められており、さらに享保期における幕府の動態や、それに対応した江戸諸商人・諸仲間の動きも知ることができる興味深い史料である。

これを中核として、筆者は東京大学大学院経済学研究科博士課程一年目の一九六三年に、業績第一号論文「元禄—享保期における江戸問屋の動態——三拾軒組諸色問屋を中心として——」を執筆した。昨二〇〇〇年暮に出版した『近世の市場構造と流通』(吉川弘文館刊行)の第二部第一章に同論文をほとんど原文のまま収めた。なお、白木屋については、一九六七年出版の『江戸問屋仲間の研究』(御茶の水書房刊行)に前記論文とともに採り上げているので、本史料の分析についての筆者の見解は両書を参照されたい。

なお、日本海事史学会編『続海事史料叢書』第二巻(一九七二年、成山堂刊行)にも菱垣廻船に関する「十組関係史料」として筆者の解題を付し全文を収録している。

Ⅱ　近世中期

(二)「市場之一件写」は白木屋傘下四店の一軒である近江屋与市店所有史料であることが末尾の「近与」でわかる。富沢町店とも呼ばれたこの店は、以前は白木屋の得意先であり商品を仕入れていたが、経営が困難となり白木屋への支払いが滞ってしまったので、その清算のため店や株すべてを白木屋に譲り渡し、屋号も以前の伊世屋太郎兵衛から近江屋与市に変えた。与市というのは六代白木屋彦太郎商全の幼名である。

富沢町は日本橋にあった町で、伝承によると鳶沢という盗人が捕えられ死罪となるところを徳川家康が助命し、江戸に入りこむ盗賊の取り締りを命じたという。彼はこの地に部下とともに古着市を開いてその任に当たったといわれ、鳶沢が富沢に変わっていつか地名となったと伝えられている。

この史料はそういう由緒のある富沢町が享保期に町奉行大岡越前守忠相から古着市場の独占的地位を認められたことを契機に、同町の市特権を主張したものである。これは享保期に江戸市場を幕府の支配下に置き、問屋仲間に一定の資格を与えようと計った幕府権力のあり方を示す史料といえよう。

享保期に江戸幕府は、近世を通じて最高ともいえる幕領からの年貢収納高を示す時期に入ったにもかかわらず、「米価安の諸色（品）高」という、武士階級にとって容易ならない事態においこまれ始めていた。幕府は米価の値上げ策や、商人仲間の掌握、貨幣改鋳、畿内を中心とする強引な流通政策を通じての、江戸物価値下げなどの諸政策を十八世紀に連発するが、成功には至らず天明期には江戸打ちこわしまで経験する。松平定信下の新政権は江戸の物価政策を政権の重要事項とした。十八世紀に商人たちは力を貯え、諸仲間を形成していたので、幕府は寛政改革の一環として仲間を利用しての物価政策方針をとった。特に衣類として庶民層に広く使われ、江戸を通じて東国一帯に供給されていた木綿値段に幕府は目をつけ、木綿問屋仲間を統轄している行事を何度も呼び出し、値下げを強要した。

江戸の木綿問屋には「大伝馬町組」「白子組」の二組があった。大伝馬町組所属の店は大伝馬町一丁目に集住しており、仲買や小売層に木綿類を卸す問屋の集団で、近世中期以降は伊勢店によって占められていた。これに対し、白木屋のように呉服・小間物その他各種商品を扱っていた通町組・内店組＝三拾軒組諸色問屋には近世前期から木綿を扱っていた店が多く、これらは東海地域産木綿荷の積出地である伊勢白子港を組名に唱えるようになり、後には呉服問屋たちも白子組加入を希望するようになっていた。

（三）から（一〇）に至る史料は、寛政改革時に幕府の指令のもと作成された史料群である。

江戸へ廻船で流入した木綿荷は二組の木綿問屋仲間に「下り木綿」として送付されるが、（三）は西国側の木綿買次名前、（四）は「白子組」の由来・構成者を示している。（七）～（九）は尾州木綿買次吹原九郎三郎の江戸白子組

第1表　江戸両組木綿問屋　上方中国筋　木綿仕入買次問屋　寛政2年（1790）

摂州　大坂木綿仕入問屋	袴屋弥右衛門
	袴屋仁右衛門
	袴屋善兵衛
	住吉屋七右衛門
	井筒屋三右衛門
	船橋屋五郎兵衛
	河内屋三郎兵衛
	信濃屋勘兵衛
	和泉屋三郎右衛門
	小刀屋佐市
	井筒屋庄右衛門
	播磨屋彦三郎
	小山屋久兵衛
紀州　和歌山　木綿仕入問屋	岡田屋忠兵衛
	嶋屋平兵衛
	松嶋屋久右衛門
	浜野屋吉右衛門
勢州　木綿買次問屋	越後屋久右衛門
	織戸忠右衛門
	柘植儀兵衛
	浜田伝右衛門
	加藤弥右衛門
	三井藤兵衛
	伊豆蔵伊平治
	津嶋屋嘉兵衛
	長井宗七
	茶碗屋長兵衛
	小野屋伊右衛門
	竹口治兵衛
	神田弥兵衛
	久保田屋源兵衛
	松田九郎右衛門
	中嶋勘十郎
	服部三左衛門
	伊藤作兵衛
	野崎所左衛門
	中嶋七右衛門
	白子兵太夫
	長谷川新兵衛
尾州　木綿買次問屋	吹原九郎三郎
	磯貝忠左衛門
	知多屋源兵衛
	平野喜兵衛
	浜嶋伝右衛門
	竹内源助
三州　木綿買次問屋	大河原藤右衛門
	深谷半左衛門
	外山弥治右衛門
	林孫右衛門
	粕屋縫右衛門

諸問屋への送り荷数量、（一〇）はその仕切勘定と伊勢の買次浜田伝右衛門からの送り荷数量史料である。第1表に示したが、江戸両組木綿問屋は下り木綿仕入にあたり、出荷地ごとに買次を指定し、買次は集荷にあたり定まった仲買から買入れ、仲買は農家で織られている木綿を二反、三反と買い集める傘下の小仲買から集荷するという、問屋――仲買――小仲買――生産者という集荷機構が十八世紀には各地で作り上げられていた。

ところが十八世紀後半になると、それまで微々たるものだった関東での木綿生産が成長してきた。（五）（六）は寛政初期の関東産の白子組取扱い額を示す史料である。店名が符牒の史料があるので、該当の店名を第2表に呈示した。この他にも、幕

第2表　白子組の該当店名符牒

店名符牒	店名
木印	柏屋孫左衛門
大丸	大丸屋正右衛門
三八	越後屋八郎兵衛
「印	白木屋彦太郎
岩城	升屋九右衛門
千印	大黒屋吉右衛門
ヱ八	蛭子屋八郎左衛門
中印	伊豆蔵屋吉右衛門
丸本	亀屋七左衛門
ホ印	大黒屋三郎兵衛
升太	升屋太兵衛
嶋市	嶋屋市郎左衛門
藤田	槌屋幸助
	合計

府は宝暦期と天明―寛政期の二期にかけての木綿価格調査や、各種木綿の織手間（織日数・織賃）、流通機構など細かな書上げを要求し、この期には各種の史料が遺っている。木綿以外の商品でも呉服類なども似たような措置をとっていたらしい。

Ⅲ　近世後期

十九世紀に入った頃から商品流通機構に変化がみられるようになる。寛政期の木綿問屋が文句を言い始めているように、問屋を経ずに商品が各地に送られるようになり、問屋層もこの動きを権力を背景に抑える必要を感じ始めていた。一方、年貢米販売によって財政をまかなっていた武士政権にとって米価の動向は手がつけられないほどとなり、幕府は十八世紀に主として畿内で行なっていた、商人層に出金させて米価の値上りを計る「買米令」を江戸でも強行するようになる。享保期にも江戸での買米令政策はとられたが、主として米穀商人が対象で、白木屋など他商売のものも出金させられたがそれほど大規模ではなかった。

文化期には各種問屋層を始め、豪商と思われた者は軒並み出金させられたうえ、問屋商売そのものも順調でなくなり、さらに下り商品の輸送大動脈である菱垣廻船組織が急激に衰退した。この幕府の財政危機と江戸問屋の焦りのなかで、文化期の「三橋会所」の設立、政商杉本茂十郎の登場とその没落、天保改革期の株仲間解散令を経た嘉永期の問屋仲間再興の動きと、それに関わる諸商人の動態などの諸史料を収録した。

（一一）～（一三）は「御国恩に感腹（伏）せよ」を連発した三橋会所頭取の杉本茂十郎に反発して書かれた長編の「感腹新話」中の二冊と、十冊あったらしい「感腹新話」の目録を含む史料である。三橋会所・杉本茂十郎については白木屋文書中に勘定関係その他多数あり、紙数の関係上ここにあげることはできないが、内容については拙著『江戸問屋仲間の研究』および拙稿「菱垣廻船と杉本茂十郎——海運と問屋仲間——」(人物海の日本史6『鎖国と海商』毎日新聞社刊行、一九七九年)を参照されたい。なお、ここに収録した三点は『続海事史料叢書』第四巻(一九七九年)にも収めている。

「感腹新話」の筆者は、大伝馬町組の木綿問屋長井九郎左衛門方で支配人までつとめた助八の後身である桂雲院三作であったといわれている。「十組再興発端録」は(一三)の最後に記されているように、岸部屋安兵衛森嶋英勝の作らしい。恐らく三橋会所や杉本茂十郎をめぐって諸種の記録が作成されたと思われ、三井文庫や他問屋諸家にも各種史料が遺されている。

杉本茂十郎が没落した後も幕府の菱垣廻船問屋仲間維持策は変更されなかった。東京大学所蔵「白木屋文書」の史料集刊行は、『問屋株帳』が一冊目であるが、それは文政二(一八一九)年現在の問屋帳面を収録したもので、これらが白木屋で保存されてきたことからみても、三橋会所廃止後は十組を中心とする問屋仲間が指導権を握ったとみてよい。問屋仲間の特権を守るため、横暴ともいえる仲間外商人への弾圧が天保十三(一八四二)年まで続けられたが、水野忠邦指揮下の天保改革で株仲間は解散を命ぜられ、問屋と称することも禁じられた。もっともこの政策は長続きせず、十年ほど経った嘉永期には問屋仲間再興の動きが出てくる。(一四)(一五)はその再興の過程で、木綿・越後縮を扱った江戸問屋や、それに関連した江戸中小問屋・販売を担当した商人たちの動向を示す史料である。

(一四)は筆者の業績第二号論文「江戸木綿問屋仲間と関東木綿——天明・寛政期から幕末にかけて——」(一九六三年)の執筆にあたり、中心史料としたものである。同論稿は『江戸問屋仲間の研究』及び『近世の市場構造と流通』に収めている。

(一五)の史料の表紙には、「弐番」と題しているが、白木屋文書中には壱番は存在しない。越後縮は青苧を原料とする夏季に愛好された上等麻織物で、上層武家から庶民層にまで着用されるようになったが、その流通を握ろうとして呉服問屋仲間が地元や信州から縮荷を江戸や各地に売りさばいた縮出稼人たちと対立し、熟談に至った経過が記されている。

あとがき

桜井由幾

林玲子さんが古稀をお迎えになって、著作集と、その各巻に対応した史料集を刊行される運びとなった。林さんの長年のお仕事の集大成が出来上がるわけで、大学院在学中から林さんのパワフルな活躍を仰ぎ見てきた者として大変喜ばしく思う。私は今から思えば留年する代わりに大学院に進学した程度の低レベルの学生だったので、林さんの有能さ、勤勉さ、そしてスタミナの凄さにただただ感動して、ゼミや研究会に、調査に、ひたすら後をついて歩いた記憶がある。

林さんは、研究だけでなく教育力にも優れていて、流通経済大学に赴任されてからも、非常勤で講師に行かれた先々の大学で数多くの優秀な研究者を育てられ、現在も「醬油醸造業史研究会」をはじめ多彩な勉強会を主宰して、幅広く人材を育成されている。また、「総合女性史研究会」の創立以来のメンバーとして活躍され、代表もつとめられた一方で、ご自宅を開放して女性史研究会を二十数年も続けて、近世の女性史研究の発展に大きな貢献をされている。その上かつては退職後のお父上を、今は昔のクラスメートや史料所蔵者など近世の専門家以外の方々を集めて優秀な古文書解読者に再教育されている。

林さんのこの摩訶不思議としか思えない教育力には、被教育力に全く欠けている私も否応なく巻き込まれ、いつの間にか「総合女性史研究会」の事務局を担当する羽目に追い込まれ、今回の史料集の刊行に際しては校正をすることになってしまった。林さんのためなら喜んで引き受けたというべきところであるが、校正のような緻密な仕事は私のもっとも不得意なもので、却って林さんの業績を汚すのではないかと戦々兢々としている。万一、誤読や校正ミスがあったら、それはすべて私の責任であることを明記しておきたい。

林さんは今後も次々と史料集を刊行される予定と伺っている。計画が順調に実現することを願うとともに、私の力及ばぬ難題が出現しないことを密かに願っている次第である。

編者略歴

林　玲子（はやし・れいこ）
一九三〇年　東京都に生まれる
現　在　流通経済大学名誉教授

主要著書
『江戸問屋仲間の研究』（御茶の水書房、一九六七年）
『商人の活動』（中央公論社、一九九二年）
『近世の市場構造と流通』（吉川弘文館、二〇〇〇年）

谷本雅之（たにもと・まさゆき）
一九五九年　札幌市に生まれる
現　在　東京大学大学院経済学研究科助教授

主要著書
『日本における在来的経済発展と織物業』（名古屋大学出版会、一九九八年）
『近代アジアの流通ネットワーク』（共著、創文社、一九九九年）
『日本経済史1　幕末維新期』（共著、東京大学出版会、二〇〇〇年）

白木屋文書　諸問屋記録

二〇〇一年四月二〇日　発行

編　者　林　玲子
　　　　谷本雅之

発行者　林　玲子

発行所　るぼわ書房
郵便番号　一五八—〇〇八三
東京都世田谷区奥沢七丁目四〇—一六

印刷　亜細亜印刷

発売所　株式会社　吉川弘文館
郵便番号　一一三—〇〇三三
東京都文京区本郷七丁目二番八号
電話〇三—三八一三—九一五一（代）